초등
상담
새로 고침

새로 고침

맘에드림

발행일 2019년 5월 17일 초판 1쇄 발행
지은이 심경섭, 김태승, 박수진, 손희정, 김성희, 김진희, 남민정, 박창열
발행인 방득일
편 집 신윤철, 박현주, 문지영
디자인 강수경
마케팅 김지훈

발행처 맘에드림
주 소 서울시 도봉구 노해로 379 대성빌딩 902호
전 화 02-2269-0425
팩 스 02-2269-0426
e-mail momdreampub@naver.com

ISBN 979-11-89404-18-5 93370

우리를 불편하게 하는 것들이야말로

자신을 이해하기 위한 지름길이다

-카를 융-

학교 현장을 주제로 한 TV 드라마가 나온다면 교실에는 어떤 아이들이 있을까요? 아마 마음이 병드는지도 모른 채 무조건 공부해야 살아남는다고 믿는 소수의 학생과, 자신은 목표가 없으며 왜 공부를 해야 하는지 모르겠다는 다수의 학생이 등장인물로 나올 것입니다. 그리고 그들 앞에 선생님들이 서 있을 것입니다. 선생님들은 걱정을 합니다. 아이들이 초등학교 고학년만 되어도 공부를 해야 하는 이유를 모른 채 학교에 다니고, 또한 학교에 나오는 것 자체가 고통이라고 호소하는 사례가 점점 늘어간다고 말입니다.

2000년대 어느 날 갑자기 학교폭력과 집단따돌림이 빈번해지고 수많은 부적응 문제가 한꺼번에 발생하게 된 것이 아닙니다. 우리나라가 두 번의 경제위기를 거치고 장기불황의 한가운데 놓인 결과 사회에서는 중산층이 무너지고 학교에서는 중간층이 줄어들었습니다. 학력 저하에 따른 하향 평준화 현상이 나타난 것입니다. 그런데 하향 평준화 현상은 학교 부적응 문제와 상당한 연관이 있습니다.

우리는 학교 부적응 문제에 대해 하나의 해답을 찾고 싶었습니다. 그리고 오랜 교직 경험과 상담 공부를 바탕으로 학교 부적응 문제에 관한 효과적인 해결 전략을 알리는 과제는 충분히 가능하다고 생각했습니다. 이는 저자들에게 몇 가지 공통점이 있었기에 가질 수 있었던 자신감이자 희망이었습니다. 저자들은 학교 현장의 교사이자 고려대학교 교육대학원에서 함께 공부한 동문으로서, 감수성 훈련 집단상담에서 수년간 촉진자와 참여자로 만나 자신을 개방하고 타인을 공감하는 의사소통과 만남을 함께 체험하고 공유하는 모임을 이루어왔습니다.

상담만으로 완벽한 정답을 찾을 수는 없을 것입니다. 그러나 현장전문가인 교사가 상담 이론으로 무장했을 때 교실 상담은 분명한 지향점을 가질 수 있습니다. 교실에서 매우 전문적인 심리상담은 어렵겠지만, 요즘처럼 상담의 수요가 많은 시대에 만약 선생님들이 상담에 대한 리터러시를 갖춘다면, 그 혜택은 학생과 교사, 그리고 학부모에게 골고루 돌아갈 것입니다.

경험 없는 이론은 공허하고, 이론 없는 경험은 위험할 수 있습니다. 그래서 이 책에서는 먼저, 교실에서 자주 경험하는 15가지 장면을 모아서 사례로 구성하였습니다. 다음으로, 각 사례의 이론적인 배경을 설명하였습니다. 끝으로, 교직 경험과 상담 역량을 모아 해결 전략을 제시하였습니다. 독자들이 이 책에서 출발하여 자신의 경험에서 나온 새로운 솔루션을 추가한다면, 상담 역량의 신장과 함께 자신만의 상담 틀을 만들어갈 수 있을 것입니다.

2019년 봄

저자 일동

상담은 이론만으로 되지 않는다는 것을 고려대학교 교육대학원 상담심리교육 전공 주임교수를 맡아 30여 년간 현장 선생님들을 만나 이야기 나누는 과정에서 절실히 깨달았습니다. 실제 현장의 경험과 만나지 않는 이론은 큰 도움이 되지 못합니다. 상담은 글로만 배우는 것이 아니라 직접 경험하고 느껴야 하는, 우리의 삶과 함께하는 학문입니다.

교육 현장에서 상담이 필요하다는 것은 이제는 하나의 상식이 되었습니다. 그렇지만 안타깝게도 아직도 많은 선생님들이 꼭 필요한 상담에 대해 많은 정보를 얻고 있지 못합니다. 그렇기 때문에 아이들을 사랑하는 마음이 상처를 받고 소진하며 때로는 교직을 그만두려는 극단적인 생각까지 하게 됩니다.

저는 이 책을 함께 엮은 선생님들 여덟 분과 강의실에서, 집단상담 속에서, 그리고 다양한 워크숍 등에서 오랫동안 함께했습니다. 이 선생님들은 상담에 대한 이론과 실천을 오랫동안 함께해온 분들입니다. 그리고 이분들은 학교 상담에 대해 함께 모여 고민하고 토론하고 연구하는 모습을 곁에서 지켜보았습니다.

이 선생님들은 아이들의 행복한 성장을 위해 함께 공부했습니다. 때로는 교육 현실에 대해 좌절하기도 하였지만 또 다시 일어나 식지 않는 열정으로 우리 교육의 미래를 위해 분투하는 모습에서 저는 큰 희망을 발견할 수 있었습니다.

초등학교에서는 담임교사가 학교 상담을 하는 경우가 많습니다. 교사는 과중한 학교 업무, 교사와 상담자라는 이중 관계, 상담에 대한 전문적 지식 부족 등 때문에 학교 상담의 어려움을 호소합니다. 하지만 마음 놓고 자신의 어려움을 속 시원히 털어놓고 도움 받을 수 없는 경우가 많습니다.

이에 초등학교 교실에서 언제든지 만날 수 있는 아이들의 사례를 더 많은 선생님들과 함께 나누기 위해 준비한 책이 세상의 빛을 보게 되어서 기쁩니다. 여덟 분의 선생님이 소개하는 15가지 사례의 아이들은 우리 교실에서 늘 함께하던 아이들입니다. 단순히 어렵고 힘든 아이로만 생각했던 그 아이들의 말과 행동이 사실은 자신들이 많이 힘들고 아프다는 절실한 고백이었다는 것을 이 책을 통해 발견할 수 있습니다. 다양한 색깔의 아이들이 함께 생활하는 교실이 알록달록 무지개 빛깔이 되기를 꿈꾸는 선생님들의 진솔한 초등 교실 상담 이야기가 이 책에 담겨있습니다. 이 책이 초등학교 아이들의 건강한 성장을 응원하는 모든 선생님들과 부모님들께 매우 훌륭한 길잡이가 되어줄 것으로 기대합니다.

2019년 2월

고려대학교 심리학과 명예교수 한 성 열

2018년 EBS의 《다큐프라임》 코너에서는 초등 교사들이 겪는 어려움에 대해 기획 취재해서 소개하는 프로그램이 방영된 적이 있습니다. 바로 〈번아웃 키즈 4편, 비긴 어게인, 교사의 탄생〉이라는 프로그램이었습니다. 이 프로그램에서는 초등 교사 양성 기관인 교육대학교 학생들과 초임 교사들이 갖고 있는 고민들을 소개하고 이에 대한 사회적 관심을 촉구하는 내용으로 구성되었습니다.

취학 연령이 되고 나면 아동 및 청소년들은 일상생활의 대부분을 학교에서 보냅니다. 따라서 아동 및 청소년들이 행복하게 성장해 나가는 데 교사들의 역할이 중요하다는 것은 너무나도 자명합니다. 하지만 안타깝게도 교사 양성 프로그램에서는 교사들이 학생들을 지도하는 데 꼭 필요한 전문적 지식과 기술이 효과적으로 전달되지 못하고 있는 것 같습니다.

《다큐프라임》에는 한 초등 교사가 첫 발령을 받은 학교에 출근한 첫날부터 시작해서 약 2주간 촬영되었습니다. 그 프로그램에서는 학교에서 벌어지는 놀라운 일들이 계속 소개됩니다. 학교에서 생활하면서 나이 어린 학생들보다도 오히려 교사가 더 긴장하고 당황해하는 것입니다.

결국 처음 부임한 초등 교사는 인터뷰에서 "대학에서 '생활지도와 상담', '아동심리' 등 심리상담 과목들을 조금 더 열심히 공부했다면 좋았을 것 같다는 후회 섞인 반성을 합니다. 그리고 자신이 경험했던 지난 4년간의 교육대학 교육과정에 자신의 이러한 고충이 반영될 필요가 있다는 점을 강조합니다.

이 책은 고려대학교 교육대학원에서 동문수학한 여덟 분의 선생님들이 이와 유사한 문제의식에서 출발해, 오랫동안 동고동락하면서 '교사들이 꼭 알아야 할 상담의 지혜'를 엮은 것입니다. 저는 고려대학교 교육대학원의 상담심리교육 전공의 주임교수로서, 졸업생들이 의기투합해 오랫동안 이 주제에 대해 탐구를 한 후 책을 집필하고 있다는 소식을 들은 다음부터 출판이 되는 날을 커다란 기대감을 갖고 손꼽아 기다려 왔습니다.

이 책은 이 땅의 아동 및 청소년들이 지금보다 조금 더 행복하게 성장해 나가는 데 관심을 갖고 있는 선생님이나 부모님들이라면 누구라도 눈여겨볼 수밖에 없는 좋은 안내서라고 생각합니다. 부디 저자들의 남다른 지혜가 이 책을 통해 하나둘씩 세상에 전해져 '교사와 학생이 모두 행복한 학교'가 점점 더 늘어날 수 있기를 기원합니다.

2019년 3월

고려대학교 교육대학원 상담심리교육 전공 주임교수 고영건

| 차 례 |

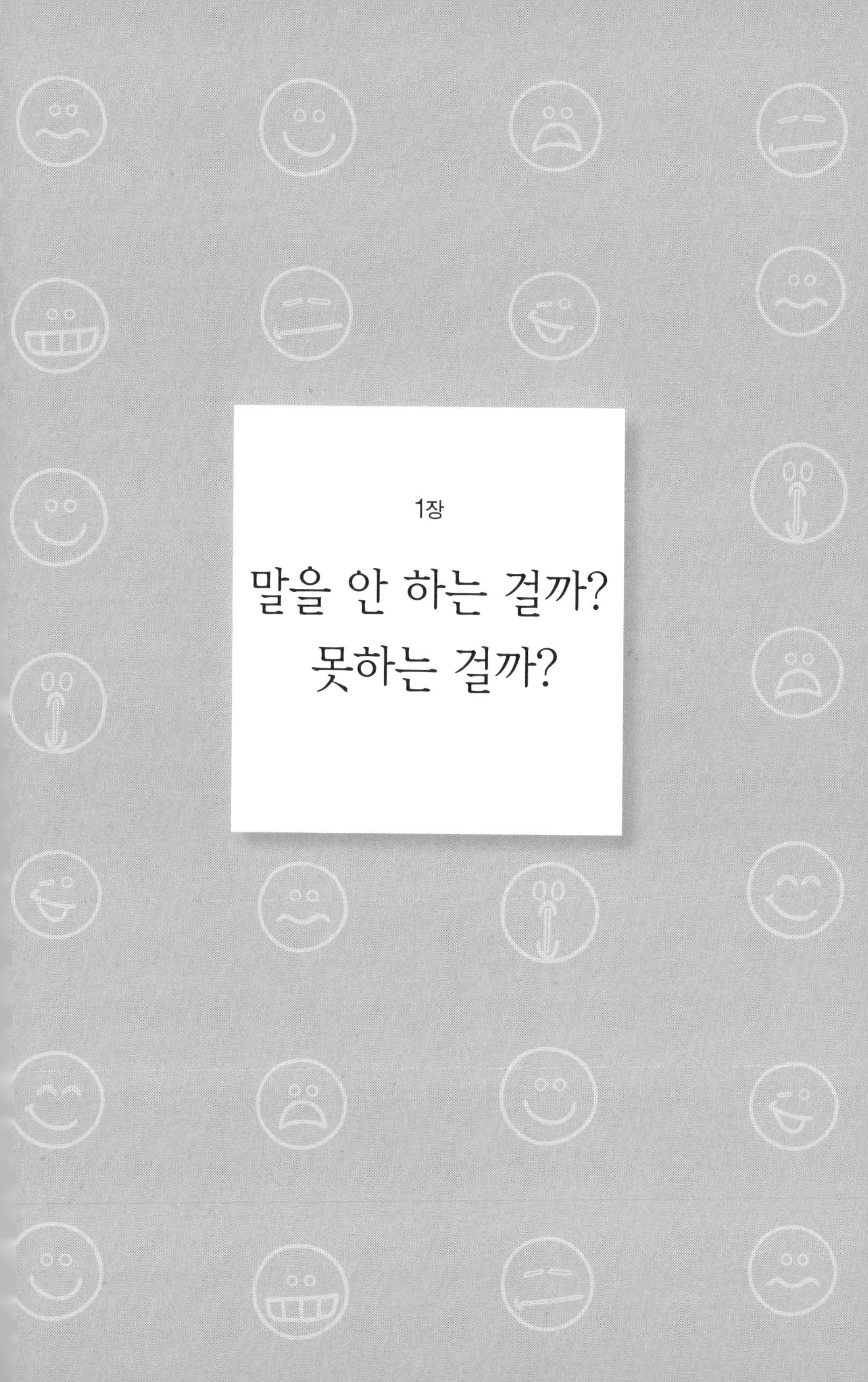

1장

말을 안 하는 걸까? 못하는 걸까?

"종훈아~"

"……"

"종훈아, 오늘 발표 있는 거 알지? 준비는 잘했어?"

"……"

"왜? 준비 못했어?"

"……"

"괜찮으니까, 선생님한테 얘기해봐. 무슨 일 있어?"

"……"

종훈이는 오늘도 역시 말이 없고 멀뚱멀뚱 나를 쳐다보더니 이내 눈을 피해버린다. 입학식에서 본 종훈이의 첫 모습이 뇌리를 스치며 이런저런 생각이 많아졌다. 겁먹은 표정에 초점을 잃은 눈빛은 금방이라도 울음을 터뜨릴 것 같았고, 엄마의 손을 꼭 붙잡고 끝까지 놓지 않았다. 조용하게 학교를 다니고 있어 수줍음이 많은 내성적인 성향의 아이 정도로 보았다. 자기표현이 아직은 서툴 수 있다고 생각했고 언어 기능이 좀 느리게 작동하겠거니 짐작만 했었다.

먼저 말을 건네는 것은 생각할 수도 없고 불러도 대답조차 잘 안 하는, 아니 이제는 못하는 것으로 보인다. 어떤 상태인지 알고 싶어 따로 상담 시간을 잡아 질문을 해도 전혀 입을 열지 않는다. 급기야 최근에는 수업 시간이지만 화장실을 가겠다는 말조차 하지 못해 하마터면 교실에서 '실례'를 할 뻔했다.

이해하기 어려운 것은, 학교 밖에서 친구들이나 가족들과는 별 문제없이 얘기를 잘한다는 종훈이가 학교만 오면 말 수가 적어지고, 특히 발표 같은 특정한 상황에서는 더더욱 입을 열지 못한다는 것이다. 어쩔 수 없이 앞에 나가도 우물쭈물하며 입을 떼지 못한다. 어떤 문제 때문인지 개인적으로 상담 시간을 갖고 불렀지만 어쩌다 고개만 살짝 끄덕일 뿐 나 혼자 벽에 대고 얘기하는 격이다.

종훈이 부모님은 집에서 전혀 문제가 없이 말을 곧잘 한다며 이유를 알 수 없다고 하신다. 학교에서는 말 수가 적고 자기표현을 거의 하지 않는다 하니, 놀래시며 그럴 리가 없다며 의아해하신다.

그럼 내가 문제인가?

아니면 학교가 싫은 건가?

대체 어떤 문제가 있어서 그런 것일까?

이유를 알 수 없어 너무나 혼란스럽고, 또 앞으로 종훈이를 어떻게 대해야 하나 걱정이 앞선다.

왜 그럴까요?

학급에는 적게는 20명, 많게는 40명까지의 아이들이 함께 지냅니다. 요즘같이 분화된 소수의 가족에서 지낸 아이들은 20명이 넘는 단체 생활이 낯설 수밖에 없습니다. 다양한 성향을 지닌 아이들이 함께 지내며 친구 관계를 맺고 다양한 언어적 표현을 주고받으며 다름을 경험하고 배우며 성장합니다. 이러한 점에서 학교는 하나의 작은 사회라고도 합니다.

그런데 우리는 교실에서 유독 내성적이며 말 수가 적은 아이를 심심치 않게 만납니다. 이런 경우 우리는 대부분 내향적인 성향이겠거니 하고 대수롭지 않게 넘어가곤 하죠. 그런데 성향 또는 성격과 아이의 언어 표현은 어느 정도 상관이 있을까요? 평소에 조용한 줄로만 알았던 아이가 갑자기 자기주장을 똑 부러지게 내세우고, 평소에 너무나도 활발했던 아이가 앞에만 나가면 한 마디 말도 못한다면 단순히 성향만 가지고 이 상황을 판단하기는 어려울 것 같습니다. 그렇다면 제시된 사례처럼 학교 안과 밖, 그리고 특정 상황에서 언어 표현에 차이가 생기는 현상은 어떻게 설명해야 할까요?

단순히 성향의 문제로 볼 수 없는 경우, 특정 장소나 상황에 따라 평소와 다르게 말을 하지 않고 입을 닫는 아이를 우린 어떻게 바라보고 대처해야 할지 알아보도록 하겠습니다.

선택적 함구증

하고 싶은 말만 하고 살 수 있을까요? 우리 아이들 중에서도 유독 본인이 불편한 상황이면 시선을 돌리거나 딴청을 피우며 말하기를 거부하는 아이들을 볼 수 있습니다. 더 자세히 살펴보면 교실에서 언어 표현 자체를 어려워하는 아이들도 종종 목격하게 됩니다. 발달 수준이나 언어 능력의 차이도 있겠지만 단순한 대답조차 힘들어하는 아이들도 나타납니다. 또한 평소에 잘 얘기하다가도 기분에 따라 입을 닫는 아이들을 만나면 이해하기 어렵고 마땅한 이유를 찾기도 쉽지 않습니다.

심리학에는 '선택적 함구증'(selective mutism)이란 용어가 있습니다. 다른 상황에서는 말을 잘 하면서도 또 다른 특정한 사회적 상황에서는 말을 개시하지 않거나, 다른 사람의 말에 언어적으로 반응하지 않는 것을 일컫습니다. 의학적으로는 이러한 함구 행동이 1개월 이상 지속되어 사회적 의사소통을 방해할 때 선택적 함구증으로 진단하고 있습니다.

과거에 선택적 함구증은 소아 청소년기의 기타 정신장애로 분류했으나, 최근 개정된 정신질환의 진단 및 통계 편람 제5판(Diagnostic and Statistical Manual of Mental Disorders, 5th edition: 이하 DSM-5)에서는 불안장애의 한 범주로 분류합니다. 선택적 함구증은 말문이 막힐 정도의 당황스러운 상황, 극도의 수줍음, 사회적 고립, 강박적 특성 등의 불안과 관련성이 높은 것으로 알려져 있습니다. 선택적 함구증이 발화 능력에 문제가 없음에 근거할 때, 다른 불안장애와 함께 진단되는 경우가 많고 특히 흔하게 사회불안장애와 공병하는 것으로 나타납니다.

말을 하지 않는 아이들을 모두 선택적 함구증으로 진단할 순 없지만 점점 말수가 줄고 말하기를 어려워하기 시작한다면 초기 증상으로 의심할 수 있습니다. DSM-5에 나오는 선택적 함구증 진단 기준은 다음과 같습니다.

A. 다른 상황에서는 말을 할 수 있음에도 불구하고 말을 해야 하는 특정 사회적 상황(예: 학교)에서 일관되게 말을 하지 않는다.

B. 장해가 학습이나 직업상의 성취 혹은 사회적 소통을 방해한다.

C. 이러한 증상이 최소 1개월 이상 지속된다(학교생활의 첫 1개월에만 국한되지 않는 경우).

D. 사회적 상황에서 필요한 말에 대한 지식이 부족하거나, 언어가 익숙하지 않아서 말을 하지 않는 것이 아니다.

E. 장해가 의사소통 장애(예: 아동기 발병형 유창성 장애, 즉 말더듬기)로 설명되지 않고, 자폐 스펙트럼 장애, 조현병, 또는 다른 정신증적 장애의 경과 중에만 발생하지는 않는다.

[선택적 함구증의 4가지 유형(Torye L. Hayden, 1991)]

(1) 공생적 함구증: 주양육자(엄마)와 공생적 관계

(2) 언어공포성 함구증: 말하는 것에 대한 명백한 공포

(3) 반응성 함구증: 3세 이전에 심리적 손상을 입을 만한 신체적 외상 경험

(4) 수동공격성 함구증: 고집이 세고 적대적 행동이 주로 나타나는 아이

학교 적응

대부분의 아이들은 학교 적응에 많은 힘을 쏟고 있습니다. 초등학교 저학년, 특히 1, 2학년의 경우 아이들은 새로운 환경인 학교

에 적응하려고 다양한 행동 양상을 나타내며 학교에서도 낯선 상황의 충격을 최소화하여 아이들을 적응시키려 최선의 노력을 합니다. 적응의 방식은 다양하게 나타나는데 같은 상황에서도 어떤 아이는 울음을 터뜨리지만, 또 다른 아이는 꾹 참고 버텨냅니다. 부모의 곁을 떠나 새로운 환경인 학교에 적응한다는 것은 사실 쉬운 일이 아닙니다. 낯선 곳에서 아이들은 각자 나름대로 적응의 몸부림을 때로는 크게, 때로는 작게, 때로는 보이지 않게 표현하고 있습니다. 적응을 빨리 하는 아이들이 있으면 반대로 느린 아이들도 있겠죠.

매년 3월에는 '새 학기 증후군'이라는 말이 등장합니다. 새로운 환경에 적응하지 못해 나타나는 정신적 · 육체적 증상을 뜻하는데 아이가 전에 없는 행동을 보이며 이를 지속하는 것입니다. 분리불안, 등교거부, 두통 · 복통 등의 신체화 호소, 폭력적 행동 등의 증상을 나타내며 심하게 움츠러드는 아이들의 행동 양상으로 함구증상도 보이게 됩니다. 결과적으로 학교 적응에 어려움을 겪으면 불안이 심화되어 심리적으로 위축되며, 소극적인 태도로 자기표현이 힘들어지게 되는 것이죠.

내·외적 외상 사건 경험

외상 사건(traumatic event)이란 개인에게 심각한 충격을 주는 다양한 사건들을 의미하는데, 지진이나 홍수 등의 자연재해나 납치, 살인, 폭행, 성폭력 등을 직접 경험하는 것부터 간접적으로 목격하는 것까지 포함합니다. 초등학교 입학 전 영유아기에 받은 심리적 충격이나 신체적 상해 등의 외상 사건을 경험한 아이들은 그 기억에서 벗어나지 못하고 말하기를 두려워하여 함구 증상을 보일 수 있습니다. 초등학교 입학 후에도 충격적인 사건을 경험하게 되면 그 순간 말을 못하고 증상이 심화될 가능성이 있겠죠. 외상 경험은 동일하거나 유사한 사건에 모두 똑같이 반응하진 않습니다. 개별적으로 반응한다는 점에서 실제 모든 아이들이 심리적 외상을 겪을 가능성이 있습니다.

일상적으로 쓰는 '말문이 막히다'라는 표현이 있습니다. 무엇인가에 의해 입이 열리지 않고 하려던 말이 뜻대로 나오지 않거나 무슨 말을 해야 할지 모를 때 쓰이는 말입니다. 너무나 큰일을 경험 또는 목격하거나, 너무나 어처구니가 없을 정도의 상황에 처해 있을 때 우리는 충격을 받고 말문이 막히는 현상을 경험합니다. 이처럼 성인의 경우에도 심리적 충격 때문에 말문이 막히는 일시적 함구 증상을 보일 수 있습니다.

영유아나 초등학교 때 심리적 외상 경험은 일상적인 의사소통

능력에 부정적 영향을 줄 수 있고, 외상 경험과 관련된 특정 상황에서 언제든 함구 증상으로 나타날 수 있다는 점에서 '외상성 함구증'(traumatic mutism)이라고도 합니다.

부모의 양육 태도

영유아와 초등학생 시기에 아이에게 가장 큰 영향을 끼치는 사람은 부모님입니다. 아이들은 가장 가까운 사람인 부모님의 모습을 보고 모방하며 나름대로의 행동 양식들을 만들어 갑니다. 민주적인 부모가 있는 반면에 독재적인 부모도 있으며, 온전히 자유와 책임을 가르치기보다는 방임이나 과잉보호로 아이들을 양육하는 부모들도 있습니다. 지나치게 강압적이거나 허용적인 부모의 아이들은 자기표현 능력에 부정적 영향을 받고, 특히 애착 관계에서 일탈과 학대를 받은 아이들은 사회적 상호작용에 어려움을 느끼게 됩니다.

맥코비와 마틴(Maccoby, E. E. & Martin, J. A.)은 쉐퍼(Elvira Schaefer)가 제시한 통제와 애정 두 가지 차원과 바움린드(Diana Baumrind)가 제시한 권위적 통제, 엄격한 태도, 허용적 태도의 3가지 유형을 바탕으로 다음과 같이 부모 양육 태도를 도출하였습니다.

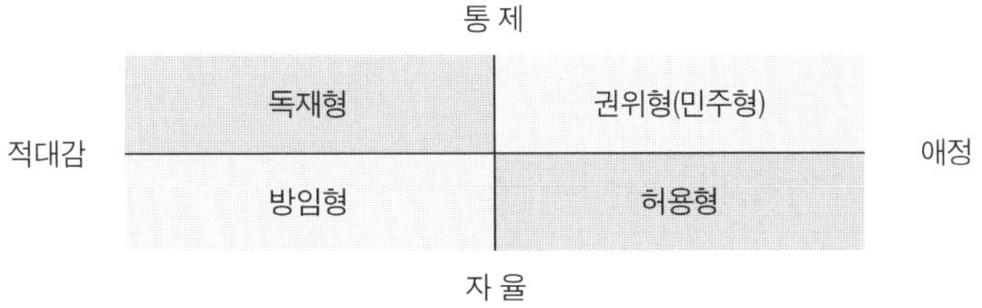

	통 제		
적대감	독재형	권위형(민주형)	애정
	방임형	허용형	
	자 율		

권위적(민주형) 양육 태도를 제외한 허용형, 독재형, 방임형 양육 태도는 아이의 불안, 반항, 반사회성, 위축, 통제 등 부정적 특성들을 형성하게 하고 사회적·학업적 기능에 장애를 유발할 수 있습니다. 이러한 기능적 장애는 함구 증상을 동반할 것이고 언어를 통한 자기표현 능력에 심각한 손상을 주게 되겠죠. 바람직한 부모의 양육 태도는 아이와 안정적인 애착 관계를 형성하게 만들고 긍정적인 대외적 관계를 유지할 수 있는 힘을 키워줍니다. 따라서 아이가 함구 증상을 보일 때는 반드시 부모의 양육 태도가 어떤 유형으로 나타나는지 살펴봐야 합니다.

또래 관계

아이들에게는 부모님이나 선생님과의 관계 이상으로 또래 관계가 매우 중요합니다. 초등학생들이 학교생활에서 가장 고민되는 것으로 1위 '학업', 2위 '또래 관계'라는 조사 결과가 있듯이(임용순, 2012), 또래 관계는 아이들의 생활에서 매우 큰 비중을 차지하고 있습니다. 또래 관계가 원활하지 못한 경우 가출, 비행, 폭력 등의 학교생활에 노출될 위험이 크고, 나아가 사회 부적응의 문제를 일으킬 수 있다는 연구도 보고되었습니다(천성문, 1999).

이미 또래 관계에서 부작용은 왕따와 따돌림, 학교폭력를 통해 사회적으로 학교의 큰 문제로 계속 이슈화되고 있고 모든 부모들이 주시하며 걱정하는 일이 되었습니다. 친구들과 잘 어울리지 못하고 혼자 지내는 시간이 많은 아이들은 의사소통 기회가 부족하게 되고 결국 말을 주고받는 상황조차 두려워하는 결과를 가져옵니다. 학급에서 급격하게 말 수가 줄었거나 위축된 모습으로 말을 못하는 아이가 보인다면 또래 관계에서 문제가 생기지 않았나를 살펴보는 것이 중요합니다.

이렇게 해 봅시다

말을 잘 하지 않는 아이를 말하게 하는 것은 정말 어려운 일입니다. 먼저 말을 하지 않는 것인지, 말을 못하는 것인지, 판단도 쉽지 않습니다. 무작정 말을 시켜 말을 하게 하는 것을 목표로 잡는다면 아이는 말하기는커녕 더욱 움츠러들 것이 분명합니다. 문제의 해결은 말을 하게 하는 것이 아니라, 말을 못하는 아이의 심리적 상태 및 환경을 파악하는 것입니다. 말을 못하는 순간의 장면보다는 아이의 내적 심리 상태를 기본으로 탐색하고 과거 충격적 경험, 부모님과의 관계, 또래 관계 등 아이를 둘러싼 외적 환경에도 주의를 집중해야 합니다.

또한, 아이가 말을 못한다고 해서 성급하게 '선택적 함구증'으로 보는 것은 위험합니다. 함구 증상이 심각해져 '선택적 함구증'으로 발전할 순 있지만 진단의 역할은 자격을 갖춘 전문 상담사나 정신건강의학과 의사 등 관련 전문가의 영역입니다. 전문적인 개입과 치료 역시 교사로서 역할이 제한적일 수 있어 사전에 아이에 대한 충분하고도 면밀한 탐색이 필요합니다. 그렇다면 다음과 같이 교사로서 우리가 대처하고 개입할 수 있는 방안들에 대해 살펴보겠습니다.

1. 아이를 기다려주고 지지해주세요

많은 선생님들이 아이가 말을 하지 않을 때 답답함을 호소합니다. 말을 해야 문제를 알고 해결도 할 텐데 도통 말을 하지 않으니 할 수 있는 일이 거의 없겠죠. 선생님은 답답하고 조급한 마음에 아이를 달래기도 다그치기도 하며 말을 하게끔 유도합니다. 문제는 말을 하지 않거나 못하는 아이에게 말을 하라고 다그치거나 부추기면 그 아이는 더더욱 움츠러들고 말하기를 힘들어한다는 것입니다. 아이가 입을 열지 않는 것은 그만큼 위축되어 있고 불안과 긴장 상태에 있다는 것을 보여주는 행동입니다.

아이들에게 교사의 지지 영향은 부모의 지지 다음으로 가장 크다고 보고되고 있습니다. 학교에서 교사의 지지는 아이들에게 긍정적인 자아개념을 형성하게 해주고 불안감을 감소시켜주며, 학교생활에 보다 잘 적응하고 더 높은 성취를 이루도록 역할한다고 합니다.

아이의 함구 증상에 부딪혔을 때, 1차적인 대처는 기다려주기입니다. 기다리며 아이의 심리 상태를 지지해주는 것입니다. 충분히 기다려주면서 원인을 살펴보는 것이 중요하고, 당장 아이에게 한 마디를 듣는 것보다 말하기 힘든 상태를 지지해주며 아이에게 안정감을 주는 것이 필요합니다.

특히, 저학년은 학교 적응에 많은 에너지를 쏟는 시기입니다. 적응에 어려움을 겪는 아이들은 불안과 긴장의 상태로 언어 표현이 힘들 수 있습니다. 적응의 시기를 잘 기다려주며 아이의 상태 변화를 주시하는 것이 좋습니다. 아이가 말하기를 힘들어할 때나 말하기를 원하지 않을 때에는 긴장이 풀릴 수 있게 편안한 분위기를 만들어 주세요. 장소를 옮기거나 시간을 뒤로 미뤄 그 상황을 벗어나는 것도 하나의 방법입니다.

저학년에 비해 고학년은 상황에 따라 스스로 말하기를 거부하는 아이들이 나타납니다. 이런 경우 아이에게 말하기를 강요하면 반항 또는 위축의 역효과가 날 수 있습니다. 아이에게 지금 말을 하지 않아도 괜찮다, 언제든 하고 싶을 때 말하면 된다는 등의 표현으로 안정감을 주세요. 가장 중요한 것은 지지적 태도를 통해 선생님이 남이 아닌 내 편이라는 인식을 심어주는 것입니다.

2. 아이의 내·외적 환경을 탐색해주세요

초등학교에서 아이의 함구 상황이 관찰되면, 무엇보다 정확한 원인 파악이 중요합니다. 단순히 성향에 따른 것인지, 특정 상황에서만 나타나는 것인지, 내적 문제인지, 외적 문제인지, 또래 관계는 어떠한지, 과거에 충격적 사건을 경험했는지 등 다양한 차원에서 그 이유를 찾아봐야 합니다. 아이가 스스로 자신의 문제를 말하기는 어렵습니다. 아이의 학교생활 전반을 충분히 관찰하여 함구 상황과 관련한 심리 상태를 파악해야 합니다.

이를 바탕으로 학부모 상담을 실시하고 가정에서 양육 환경과 함구 증상이 어떤지 확인하시는 것이 좋습니다. 아이의 함구 증상이 지속되어 고착화되면 개입 및 치료가 더욱 힘들기 때문에, 학부모에게 아이 함구 상태를 있는 그대로 설명하여 함께 원인을 찾아보시는 것이 중요합니다.

기질적으로 볼 때, 내향적 아이들은 함구 증상을 나타낼 가능성이 더 높습니다. 또한 언어발달이 늦은 아이들 역시 함구 증상을 보입니다. 병리적 원인이라면 더욱 판단이 어렵습니다. 이러한 문제들은 교사가 단독으로 판단하기가 어려운 문제이므로 반드시 부모님과 상담을 진행하여 아이의 기질과 주변 환경에 대해 확인해야 합니다.

3. 전문가와 2차 연계 전문 기관을 활용하세요

아이의 함구 원인을 파악했더라도 접근 및 처방을 하기는 매우 어렵습니다. 함구 증상이 오래 지속되었거나, 심리적 손상이 깊은 상태라면 단순히 교사의 상담적 접근만으론 해결이 쉽지 않기 때문입니다. 학교에는 학교 상담실인 Wee클래스가 설치되어 상담 전문 인력으로 전문상담교사 · 전문상담사가 배치되어 있고, 혹시

Wee클래스 및 전문상담교사가 미배치된 학교라면 상위 기관인 지역 교육청 산하 Wee센터를 활용할 수 있습니다. 이외에도 지역의 청소년상담복지센터, 청소년 수련관, 정신건강지원센터 등 학교를 지원하는 다양한 연계 전문 기관이 존재합니다. 아이의 함구 증상이 점차 심해지고 선택적 함구증이 의심된다면 전문가를 통한 상담 프로그램을 진행하는 것을 권유합니다. 여러 연구에서 함구증의 치료 개입 프로그램으로 놀이치료, 자기표현(주장) 훈련, 미술치료 등이 효과를 입증해주고 있으니 숙련된 전문가를 활용하는 것은 매우 중요합니다.

업무관리시스템에서 상담 관련 공문은 주의 깊게 살펴보시기 바랍니다. 교육부나 시 · 도 교육청 및 지역 교육지원청 차원에서 학교 지원 상담 프로그램을 많이 운영하고 있습니다. 특히 정신건강의학 전문의를 연계한 진단 및 치료 지원도 있으니 증상이 심각한 경우에는 꼭 활용하여 자문을 구하는 것이 좋습니다.

▸ 놀이치료: 놀이는 아이에게 자유롭게 자신을 표현하며 현실 세계에서 가진 심리적 긴장을 제거하도록 도와줍니다. 말을 하지 않거나, 선택적 함구증이 의심이 되는 아이의 경우 놀이는 아이의 언어를 대신할 수 있는 유용한 의사소통 수단이 됩니다.

▸ 자기표현 훈련 프로그램: 자기표현 훈련은 자신의 권리를 옹호하는 방법을 배움으로써 타인과의 상호작용에서 초래되는 불안, 초조, 긴장 등을 효과적으로 다룰 수 있는 활동입니다. 상대방의 인격과 권리를 존중함과 동시에 자기의 생각과 느낌을 표현하는 방법을 습득하고 일상생활에서 적극적이고 능동적인 생활 태도를 갖출 것을 기대할 수 있습니다.

한 걸음 더 알아볼까요?

[선택적 함구증 self check list]

- 출처: mom's magazine

1. 집 밖에서 이야기를 하지 않는다.
2. 교육기관에서 친구들과 이야기를 나누지 않는다.
3. 교육기관에서 선생님과 이야기를 나누지 않는다.
4. 엄마와 이야기를 잘 나누다가도 다른 사람이 곁에 오면 갑자기 말하기를 멈춘다.
5. 이제까지 말을 하지 않았기 때문에 갑자기 말을 하면 이상할 것이라고 주장한다.
6. 내일부터 집 밖에서 말을 하겠다고 하지만 실패한다.
7. 다른 사람이 이야기하는 것에 대한 즉각적 보상을 제안해도 응하지 않는다.
8. 주변 사람들이 아이가 말을 하지 않는 사람이라고 인식한다.
9. 친숙한 사람들과 자신의 집이 아닌 장소에서 이야기하지 않는다.

위 사항 중 4개 이상 해당되면 주의 깊은 관찰이 필요.

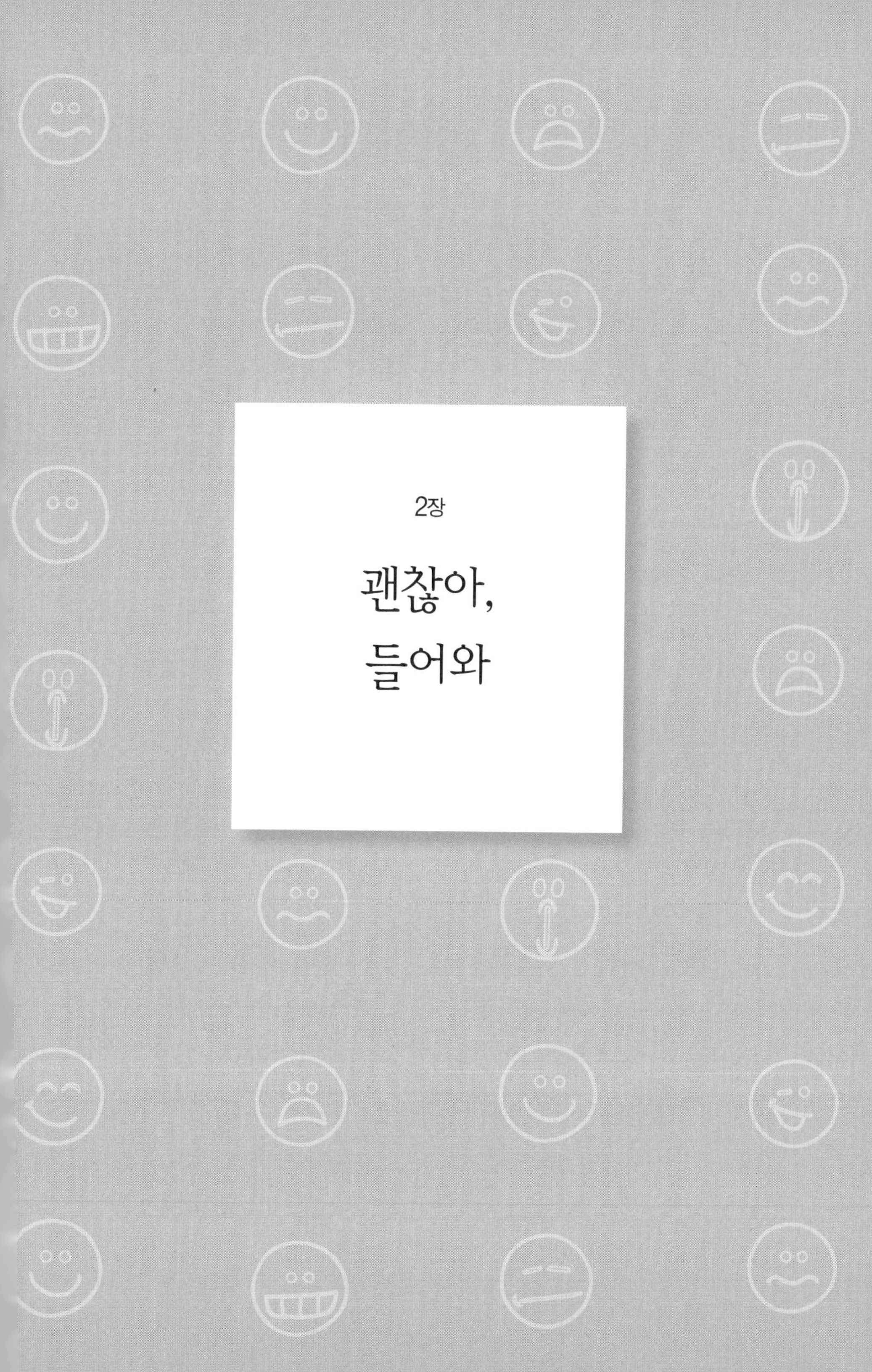

2장

괜찮아,
들어와

따르르르릉~ 따르르르릉!

월요일 아침 출근길, 꽉 막힌 도로 위 차 안에서 울리는 벨소리.

'하아, 오늘도인가?'

월요일 아침이면 어김없이 걸려오는 이 전화, 반갑지 않다.

새 학기가 시작된 지도 어언 한 달이 다 되어 가는데, 별이는 매주 월요일, 심지어는 아무런 이유도 없이 학교를 오기 싫다며 떼를 써댄다.

갓 입학한 1학년 아이도 아니건만, 갑자기 찾아오는 이유 없는 등교거부. 그때마다 온갖 회유와 꾸지람에도 꼼짝도 않고 복도 끝에 버티고 서서 들어오지 않는 별이.

친구들, 선생님, 부모에게 시위하듯이 나오지도 않는 눈물을 거짓으로 쥐어짜며 소리 없는 눈물을 흘린다.

이제 나도 서서히 지쳐간다.

언제까지 거짓 눈물에 한 주의 시작을 답 없는(?) 실랑이로 시작해야 하는가.

이제 본격적으로 학급운영을 시작해야 하는데 매일 아침부터 흐트러지는 이 상황은 정말이지 힘들다.

그래도 차라리 아침 자습 시간 즈음에 이러면 별이를 가정으로 돌려보내어 안정을 취하게 하던지 어쨌든 달래어 교실로 들이던지 할 수 있어 다행인 날이다.

어떤 날은 이동 수업 중간에 빠져나가 40여 개 교실, 10여 개 특별실, 그러고도 또, 10여 개 화장실 중 어딘가 숨어있을지 몰라 헤매고 다니게 된다. 어떤 날은 학급의 나머지 아이들에게 단단히 일러 놓고 여기저기 찾아 다니기 일쑤다.

또, 어느 날은 학교 밖으로 나가 교통사고라도 났으면 어쩌지, 유괴라도 당했으면 어쩌지, 애타게 한 적이 한두 번이 아니다. 밖으로 나가기까지 하면 정말, 이마며 등에 식은땀이 흐른다. 그런 날이면 유난히 찾아 헤매는 계단도 많게 느껴지고 교실에서 말썽쟁이들이 사고를 치고 있는 모습이 머릿속에 맴돌아 별이를 찾는 데도 집중하지 못하고, 교실로 돌아가자니 별이가 어디서 무엇을 하고 있는지 몰라 불안하고……, 입술만 바짝바짝 타들어 간다. 그 누가 이 마음을 알까!

처음에는 마음을 잡지 못하는 별이의 등교거부가 안쓰럽고 안타깝기도 했으나 증상이 나아지지 않으니 나를 싫어하는 건가, 친구들에게 따돌림을 당하는데 모르고 있는 건가 의구심도 들고, 월요일이 점점 더 두렵기 시작한다.

왜 그럴까요?

한창 뛰어놀기 좋아하는 아이들이 학교를 가기 싫어하는 것은 당연한 걸까요? 아이들은 탐구심이나 호기심 때문이 아니더라도 또래와 어울리기 위해서 학교를 찾아옵니다. 아니면 친구들과 함께 재잘거리며 영양가 높고 맛있는 급식을 먹기 위해서라도 졸린 눈을 비비고 학교를 옵니다.

등교거부(School Refusal)란 학교에 가야 된다는 것을 인식하고 있음에도 불구하고 개인의 심리 · 정서적 요인이나, 학교와 관련해서 느끼는 부정적인 감정이나 생각 때문에, 혹은 학교 밖의 활동이 더 재미있어서 간헐적 또는 지속적으로 결석하는 것을 뜻하는 용어입니다.

등교거부는 1930년대 이전까지만 해도 비행 행위와 연관되어 나타나는 무단결석의 행위로 여겨졌습니다(이소희 · 노경선 · 김창기 · 고복자, 2000). 아이가 학교에 가지 않으려는 증상이 나타난다는 점에서 등교거부와 무단결석 모두 동일하지만 차이점도 있습니다. 무단결석 아동은 등교거부 아동에 비해 반항적이고, 학교 과제에 관심이 없으며 합당한 이유 없이 학교에 가지 않고 다른 장소에서 시간을 보내는 비행 행동이 많습니다. 또한, 무단결석 아동의 부모는 자녀의 결석에 그다지 관심이 없는 경우가 많습니다. 반면에, 등교거부 아동은 학교에 가야 하는 것을 분명히 인식하고 있음에도 불구하고 개인, 가정, 또래 문제 등의 복합적인 원인에 의해 결석을 반복하거나, 등교를 거부하는 현상을 나타냅니다. 이런 이유로, 등교거부는 불안에 의해 유발되는 무단결석의 변형 현상으로 엄마를 따라다니는 증후군의 한 형태로 받아들여지기도 했습니다.

등교거부와 무단결석, 학교공포증과의 차이

그러나 무단결석과 등교거부를 구별할 수 있는 더 객관적인 진단 기준이 있습니다.

첫째, 부모가 아동이 집에 있다는 것을 또는 학교에 가지 않았다는 것을 인지하고 있는가? 무단결석의 경우에는 아동이 부모에게 결석 사실을 숨기기 때문에 부모는 자녀가 학교를 결석하고 주로 학교 밖에서 시간을 보내고 있다는 것을 알지 못합니다. 둘째, 해당 아동이 심각한 반사회적 행동을 나타내는가? 등교거부 아동은 심각한 반사회성 행동을 나타내지 않는 반면, 무단결석 아동은 품행장애와 같은 반사회성 행동을 보이는 경우가 많습니다. 셋째, 해당 아동의 부모가 아동의 결석에 관심을 갖고 적극적으로 대처하려 하는가? 무단결석 아동의 부모와 달리 등교거부 아동의 부모는 아동의 결석을 무책임하게 허용하는 방임적 양육 태도를 지니고 있지는 않습니다. 넷째, 해당 아동이 등교할 때가 되면 특정한 정서적 반응이나 신체화 현상을 나타내는가? 등교거부 아동은 부모가 학교에 보내려 하면 불안, 우울증상 등의 정서적 반응이나 신체화 증상을 나타내기도 합니다.

등교거부와 유사한 또 다른 개념으로 '학교공포증'이 있습니다. 학자들은 학교공포증을 엄마로부터 분리되는 것에 대한 불안이 학교로 대치된 것으로 여기며 분리불안의 변형 현상이라 주장하기도 합니다. 하지만 많은 연구자들은 등교를 거부하는 증상은 '학교공포증'과는 이질적인 문제라는 것을 인식하게 되었고 이에 따라 '등교거부'라는 용어를 더 일반적으로 사용하게 되었습니다.

등교거부 행동은 남여 아동에게 공통적으로 나타나며 흔히 만 5~6세와 만 10~11세 경에 가장 많이 발생한다고 합니다. 또, 학교에 대한 지나치게 비합리적인 공포감은 유치원 시기나 초등학교에 입학할 때 처음 발생하여 초등학교 2학년 때 정점이 된다고 합니다. 그러나 등교거부는 어느 때라도 발생할 수 있으며 초등학교 고학년 혹은 청소년기에도 갑자기 나타날 수 있습니다.

등교거부의 주요 원인

우리가 등교거부에 관심을 가져야 하는 이유는 무엇일까요? 아동의 잦은 결석은 수업 결손으로 이어지고 학업에 대한 흥미를 떨어뜨려 낮은 학업 성적을 초래하게 되며 정서적으로 심한 우울감과 무기력감을 유발하기 때문입니다. 상습적으로 반복된 결석은 중도탈락으로 이어질 가능성이 높고 청소년 비행을 넘어 발현되는 사회 문제의 시작일 수 있습니다. 과거에는 가정의 경제적 빈곤이 주원인이었다고 한다면, 최근에는 비행이나 학교생활 부적응, 학습에 대한 무관심과 무기력이 주원인으로 등장하고 있기 때문에 지속적으로 더 많은 관심을 기울일 필요가 있습니다. 또한, 등교거부 상황에 처한 아이가 사회적으로 은둔형 외톨이가 될 가능성이 높다고 하니 심각한 문제가 아닐 수 없습니다.

그렇다면, 등교거부가 발생되는 이유는 무엇일까요? 등교거부의 원인은 개인·심리적 요인, 부모·가정 요인, 교사·또래 요인, 학교 환경 요인으로 추려집니다.

개인·심리적 요인

사소한 일에도 눈물을 보이고 소극적이며 두려움이 많은 예민한 기질, 친구들과 잘 어울리지 못하고 수줍음이 많은 사회성의 결여, 성장 과정에서 미발달된 자기조절감이나 정신건강상의 문제로 인한 분리불안이나 불안, 우울 성향 등이 원인이 될 수 있습니다.

부모·가정 요인

과잉보호나 방임과 같은 부모의 양육 태도, 아동의 등교거부 행동에 대한 부모의 미숙한 대처, 자녀에 대한 지나친 기대 또는 일관성 없는 훈육 태도, 잦은 부부 갈등으로 인한 정서 불안, 가족 내 낮은 응집력, 또는 경제적 어려움 등이 원인이 되기도 합니다.

기타 요인

그 외에 교사에 대해 두려움이나 무서움, 불신을 갖거나, 또래와의 갈등으로 인해 등교를 거부하거나 전학으로 인해 낯선 환경에 적응하기 힘들어서, 엄격한 학교·학급 풍토에 대한 거부감 등이 문제의 원인으로 나타나기도 합니다.

이 요인들은 개별적으로 작용하기도 하지만 대부분의 경우 몇 가지 요인들이 결합되어 나타납니다. 그러므로 다면적인 관점에서 원인을 찾아야 합니다. 그러나 대체로 초등학교 저학년일수록 가정 문제, 교사와의 문제가 원인일 가능성이 높고 고학년일수록 학업이나 또래 관계, 학교 문제가 원인일 수 있습니다.

학령에 따라 좀 더 구체적으로 살펴보면, 초등학교 저학년의 경우, 미해결된 분리불안이나 불안, 우울 성향, 주의력결핍과잉행동장애(ADHD: Attention Deficit Hyperactivity Disorder), 품행장애 등 개인 내적인 문제들과 새 학기 증후군 등의 문제로 등교거부가 나타날 수 있습니다. 특히, 부모와의 분리불안 때문에 나타났을 가능성이 높습니다. 분리불안장애를 가지고 있는 아동의 경우에는 학교에 가는 시간을 제외하고는 항상 가정에서 보호자와 함께 있으려 하고 가정에서는 잘 지내는 특성이 있으며 일반적으로 여자아이에게 더 자주 관찰됩니다.

반면에, 초등학교 고학년의 경우에는 개인적 요인으로 학업 스트레스와 우울 성향, 대인 관계 예민성, 사회불안, 품행장애 및 비행, 반항성 장애, 경계성 성격장애, 조현병 등 보다 복잡하고 다양한 정서·행동적 요인들에 의해 나타날 수 있으며, 교사나 또래와의 갈등과 이로 인한 스트레스, 부모·가정 요인, 학교 환경 요인 등에 의해 등교거부가 나타날 수 있습니다. 특히, 학교생활에 흥미를 갖지 못하는 등교거부 아동은 학교 이외의 다른 환경에서는 잘 지내는 특징이 있습니다. 예를 들면, PC방같이 또래와 잘 어울리는 장소에서는 잘 지냅니다. 이는 남자아이에게 더 자주 나타납니다.

등교거부의 다양한 유형

등교거부를 하는 아동은 앞에서 언급한 주요 원인에 따라 다양한 유형으로 나누어 볼 수 있습니다.

가정적 어려움을 지닌 가족 문제형

부모의 결손, 가족 간의 불화, 부모 양육 태도, 가정생활의 변화 등 가정에서의 어려움이 등교거부의 주된 원인으로 나타나는 유형입니다. 특히, 부모-자녀 관계에서 공감대가 형성되지 않았거나 신뢰하는 관계를 형성하지 못하여 발생한 분리불안, 불안애착 증상으로 등교거부 증상이 나타납니다. 또한, 부모가 과잉보호하거나 지나치게 기대하거나 간섭하는 경우 혹은 부모의 지지가 적은 경우, 부모의 양육 태도가 지나치게 엄격하거나 부정적인 경우에도 등교거부가 나타날 수 있습니다. 이들은 등교거부뿐만 아니라 반사회성장애, 도벽, 품행장애 등 다른 문제를 보일 가능성이 높습니다.

개인 내적 심리 · 정서 문제형

이 유형은 불안, 우울, 두려움 등 정서적으로 불안정하고 자존감과 자기효능감이 낮으며 대인 예민성을 지녀 사회성이 결여되어 있을 가능성이 높습니다. 반면에, 완벽주의 성향을 보이거나 비현실적이고 확대된 자아상을 가지고 있어 신경증적인 증상을 나타내기도 합니다. 그래서 의욕부진과 무기력을 보이며, 등교를 앞두고 신체화 증상이 나타나기도 합니다. 주로 복통이나 두통을 많이 호소하며 학교 활동에 비협조적이거나 집단 활동 때 무임승차를 자주하고 태만한 행동을 보일 수 있습니다.

또래 관계에서 갈등을 겪는 외톨이형

교우 관계가 수동적이고 의존적이어서 친밀한 친구 관계를 맺지 못하는 유형입니다. 소외감을 느끼고 스스로 인기가 없다고 생각합니다. 대인 관계가 이렇게 원만하지 못하여 고립(외톨이)이 되어 있는 경우가 많고 내향적인 성향을 지니고 있습니다. 또한, 자존감과 자기효능감이 낮아 생각이나 주장을 당당하게 표현하지 못하고 작은 일에도 크게 상처 받거나 상황에 비해 크게 화를 내거나 쉽게 울어버릴 때가 있습니다. 특정 친구와 자주 갈등이 생길 수도 있고 학교 활동에 태만하여 주변 친구들과 잘 어울리지 못하기도 합니다.

규칙과 제도 교육에 적응이 힘든 갈등형

이 유형의 아이는 학교의 규칙과 제약에 대해 어려움을 겪고 있으며, 한 명 또는 다수의 교사들과 갈등 관계에 있을 수 있습니다. 학교에서 아이에게 요구하는 규칙과 제약을 답답해하며, 꾸중이나 지적을 많이 하는 교사와의 마찰과 갈등이 두드러지게 나타납니다. 이 유형에 속한 아이는 부모의 훈육 태도가 엄격하거나 부모의 지지가 낮아 비슷한 훈육 태도를 지닌 교사와도 마찰을 겪을 수 있습니다. 또는 학업에 어려움을 겪고 있으며 현재의 제도권 교육에 대한 불만 때문에 학교를 다니는 것을 어려워하고 있는 아이입니다.

학교 밖이 즐거운 재미 추구형

학교생활에서 재미를 느끼지 못하고 학교 밖의 활동이나 재미있는 것에 더 많은 흥미와 관심을 나타내는 유형입니다. 이 유형은 주로 게임중독의 아이거나 불량 청소년 집단에 속해 있는 아이일 가능성이 높고 주로 초등학교 고학년에서 많이 나타납니다.

이렇게 해 봅시다

등교거부의 원인은 하나로 나타나지 않습니다. 그래서 교사가 대처하기가 더욱 어렵습니다. 하나의 원인으로 발생한다면 그 요인에 대한 대처만 하면 증상이 나아질 수 있지만 등교거부의 원인은 여러 가지가 복합적으로 나타날 수도 있어 한 가지 원인으로 섣불리 판단하여 대처하면 다른 요인으로 인해 또 나타날 수 있습니다. 그러므로 여러 관점에서 접근하여 대처해야 한다는 점에 유의해야 합니다. 그렇다면 등교거부 아이를 도울 수 있는 방법에는 무엇이 있을까요?

1. 편안하고 따뜻한 학급 분위기를 만들어보세요

교사로서 등교거부 아이를 도와줄 수 있는 방법은 무엇보다도, 우리 교실에 거부감 없이 들어와 소중한 또 한 명의 구성원이 되어 주길 바라는 마음으로 먼저 손을 내밀어주는 것이 아닐까 싶습니다. 학교가 집같이 때로는 집보다 더 편안한 곳이고 재미있는 놀 거리가 많은 곳이라는 인상을 품게 해주어야 합니다.

다음에 제시된 활동은 준비물도 도구도 특별한 조치도 필요 없는 편안한 학급이 될 수 있는 동시에, 효과만큼은 어느 활동 못지않게 좋은 간단한 활동입니다. 참고하셔서 학급 실정에 맞게 적용해보세요.

- 밝은 웃음으로 시작하는 4H 인사하기: 등교거부 아이가 학교에 왔을 때 가장 긴장되는 순간은 언제일까요? 아마도 아침에 교실 문을 열 때가 아닐까요? 이 순간에 그 아이의 긴장감을 해소시키기 위해 이런 방법의 인사를 나누어 보면 어떨까 싶습니다. 바로, 4H 인사법입니다. 4H 인사란, 'High five', 'Hand shake', 'Hi', 'Hug', 넷 중 하나의 방법으로 인사를 하여 그 친구를 맞이해 주는 겁니다. 만약, 저학년의 경우라면 등하교할 때 선생님께서 한 번씩 따뜻하게 포옹을 해주시거나 머리를 쓰다듬어 주시는 것도 좋습니다. 스킨십은 그 아동이 특별히 거부감을 가지고 있지 않는 한 관계 증진에 매우 효과적입니다. 단, 이성에 대한 호기심이 많은 사춘기의 아동이라면 주의해야 합니다. 사춘기의 아동이라면 따뜻한 3초 눈인사를 권합니다. 그들은 특별대우를 받는 것도, 그렇다고 투명인간 취급을 받는 것도 원하지 않으니까요.

▸ 함께 가는 등굣길 만들기: 등교거부 아이와 가까이 사는 친구가 있다면 그 친구와 함께 등하교할 수 있도록 짝을 지어주는 것도 하나의 방법이 될 수 있습니다. 다만, 이 경우에는 함께 등교해주는 친구의 부모님께 먼저 양해를 구하는 것이 필요합니다.

▸ 밥상머리 상담: 사람들은 밥을 먹으며 친해진다는 말이 있습니다. 밥을 먹을 때는 긴장감이 조금은 느슨해지기 때문이지요. 등교거부 아동은 일반 아동보다 긴장감이 더 높아 선생님과의 1:1 상담 시간도 부담스럽게 여겨 이야기를 잘 나누지 못합니다. 그러므로 급식 시간을 활용하여 등교거부 아동과 좀 더 터놓고 이야기를 나누어 보세요. 이때, 해당 아동의 옆에 앉은 다른 친구들(등교거부 아이와 가까이 앉아 있는 친구들이나 몇 마디라도 대화를 나누는 친구, 평소에 등교거부 아이를 잘 도와주는 친구 등)과 함께 말을 섞으며 자연스럽게 친구들과의 대화에도 어울릴 수 있도록 하면 일석이조(一石二鳥)의 효과를 낼 수 있습니다.

2. 등교거부 아이에 대한 특별대우(?)에 양해를 구하세요.

등교거부 아이는 교사의 훈육 태도가 엄할수록 학교 적응에 어려움을 겪을 수 있습니다. 그러므로 그 아이가 적응할 때까지 그 아이에게는 조금은 더 허용적인 태도로 대해야 합니다. 하지만 이 때, 선생님께서 주의하실 점은 사전에 이 사항을 토의·토론을 거쳐 다른 친구들에게 양해나 동의를 구해야 한다는 것입니다. 만약 민주적 회의 절차를 밟아 결정하지 않고 선생님 혼자 독단적으로 결정을 한다면 다른 아이들은 차별을 받는다고 느낄 수 있고, 이 사항을 모르는 일반 아이들 중 등교거부 아이가 규율을 지키지 않았을 때(예를 들면 잦은 지각, 모둠 활동에서 태만하게 굴기) 허용해주는 선생님의 모습을 보고 점점 등교거부 아이의 부적응적 행동을 따라하는 아이가 발생하거나 혹은 왜 그 아이만 허용해주냐며 불만을 품게 될 수 있습니다. 그렇게 된다면 학급 질서가 와해되어 학급운영이 힘들어질 수 있습니다. 그래서 반드시 민주적 회의를 거쳐 학급 아이들의 동의를 얻는 것이 중요합니다.

3. 수업 시간을 활용하여 등교거부 아이가 진정한 나를 찾도록 유도하세요

도덕이나 윤리 교과 혹은 창의적 체험활동 시간, 여가 시간을 활용하여 긍정적 자아개념 형성을 위한 프로그램, 또래 관계기술 향상 프로그램 등을 운영해보는 것을 권장합니다. 등교거부 아이가 자신의 강점을 찾고 계발할 수 있도록 유도하여 자존감이나 자기효능감을 높일 수 있도록 구성하거나 친구에게 다가가는 방법, 갈등 상황에서 대처하는 방법 등을 구체적으로 실습하도록 구안해보는 것을 권장합니다. 일반 아이에게는 너무나 당연한 것이 그들에게는 쉽지 않기 때문입니다.

4. 학교가 즐거운 곳이라는 것을 느낄 수 있도록 다채로운 학급 놀이를 마련해보세요

등교거부 학생들은 일반적으로 자신감이 결여되어 있고 의기소침하거나 소극적인 태도를 지니고 있습니다. 학급 내에 다채로운 행사나 프로그램을 운영하여 학급 친구들과 자연스럽게 어울릴 수 있고 자신만의 장기를 발견할 수 있는 기회를 제공해보세요. 다양한 행사와 체험학습을 통해 자신의 특기를 찾고 강점을 발견해내면 자신감과 성취감이 향상되면서 자연스럽게 등교거부도 사라질 것입니다.

- 쉬는 시간 놀이터: 학급 내에 다양한 놀잇감을 상시 배치하여 쉬는 시간 틈틈이 삼삼오오 어울려 가지고 놀 수 있도록 장을 마련해줍니다. 이때, 보드게임, 뜨개질, 공기놀이, 핸드벨, 그림퀴즈 등 다양한 영역의 적성을 체험해 볼 수 있는 놀잇감을 배치하면 비슷한 성향을 지닌 아동끼리 어울리게 되어 또래관계를 형성힐 수 있는 기회가 되거나 자신의 새로운 재능을 발견할 수 있는 기회가 될 수 있어 좋습니다.

▸ 우리 반 음악 카페: 요즈음 아이들에게 노래, 댄스와 같은 예능은 뗄래야 뗄 수 없는 핫 아이템입니다. 이런 특성을 적극 활용하여 구성한 프로그램입니다. 학급 내에 신청곡 상자를 배치하여 아동들에게 자신이 좋아하는, 친구들과 함께 듣고 싶은 노래 제목과 가수를 쪽지에 적어 넣게 합니다. 매주 정해진 요일의 점심시간에 10분 정도의 시간을 마련하여 학급 리더나 희망하는 아동에게 진행을 맡겨 아동들이 함께 자주적으로 운영할 수 있도록 합니다. 신청곡 상자에서 쪽지를 뽑아 당첨된 노래를 함께 들으며 함께 따라 부르고 친구들과 어울리는 시간을 보냅니다. 참여 방법이 쉽고 특별한 노력을 필요로 하지 않아 학급 내 누구든 참여할 수 있으며 자신이 신청한 곡이 선정되었을 때 아동들의 만족감이 매우 높은 프로그램입니다.

등교거부는 보호자의 협조가 반드시 필요한 문제입니다. 따라서 보호자와의 상담은 꼭 거쳐야 할 해결 관문입니다. 만약, 등교거부 아동의 보호자와 상담을 하게 된다면 다음의 사항을 요청하여 협조를 구하세요.

1. 아이가 학교에서 안정감을 가질 수 있도록, 학교에서 돌아왔을 때, 가족이 항상 기다리고 있다는 것을 충분히 인식시켜주

세요.

2. 가능한 아이 앞에서는 부모가 갈등을 겪거나 다투는 모습을 보여주지 마세요. 아이는 자신이 학교에 있는 동안, 또 그런 일이 일어날까봐 불안하여 학교생활에 안정적으로 정착하지 못하고 집중을 하지 못합니다.

3. 아이 때문에 속상해하는 모습은 아이 앞에서 보이지 않도록 주의해 주세요. 학교에 있는 동안 부모가 자기 곁을 떠나지는 않을까 걱정을 합니다.

4. 아이가 자주 아프다고 꾀병을 부릴지라도 아프다고 호소하면 애정을 갖고 인근 병원에 함께 가서 진찰을 받도록 해주세요. 대신, 학교는 늦더라도 꼭 등교해야 한다는 것을 인식시켜주세요. 그리고 담임 선생님과 보건 선생님께 미리 상의 드려서 양해를 구하세요.

5. 가능하다면 아이가 안정감을 찾을 때까지 함께 등교하고 헤어질 때 편안한 인상으로 인사를 나누어주세요. 이를테면, 포옹과 함께 인사 나누기.

6. 아이의 학교생활에 대해서 자주 관심 갖고 물어보고 또래나 학교에 대해 불평이나 불만이 있을 때는 경청해주세요. 필요한 경우에는 담임 선생님의 협조를 구하세요.

7. 자그마한 일에도 구체적으로 칭찬해주시고 격려해주세요. 등교거부 아이는 대부분 자존감이 낮아 일반 아이보다 더욱 많

은 지지가 필요합니다.

8. 필요하다면 Wee클래스나 Wee센터와 같은 전문상담기관을 방문하여 상담을 받아보세요.

한 걸음 더 알아볼까요? 

등교거부 아이가 학교에 발생했을 때 교사는 다음과 같은 행정 절차를 숙지하고 있으면 도움이 됩니다.

1. 학급 담임이라면 관찰일지와 상담록을 꼼꼼히 기록해주세요.
2. 학급에서 등교거부 아이가 있다는 사실과 등교거부 아이가 보이는 증상(결석, 신체화 증상, 또래 갈등 문제 등)을 관리자에게 정기적으로 보고하여 정보를 공유하고 동료 교사와 공유하세요. 그리고 등교거부 아이 예방을 위한 학교 업무체계를 구축하세요.
3. 전문 상담이 필요하다고 판단될 경우 학교 내 Wee클래스나 교육청 산하 Wee센터에 상담을 요청하시고 담임으로써 참고할 사항을 확인하세요.
4. 학부모에게 협조를 구하고 요청 사항이 잘 지켜지고 있는지 기록하세요.

5. 등교거부 아이가 특정 친구와 갈등을 겪고 있다면, 학교생활에서 추가적인 갈등이 발생하지 않도록 갈등을 겪고 있는 친구의 학급 담임에게 협조 요청을 구하고 그 아이와도 상담을 하는 것도 좋습니다. 또한, 가능하다면 학년 진급할 때 분반할 수 있도록 조정해주세요.
6. 교실 이탈이 잦다면 학교 선생님들에게 아이 사진을 공유하여 홀로 배회하는 것이 발견되었을 때 바로 교실로 이동 조치할 수 있도록 사전 협조를 구하세요(단, 학부모에게 개인정보 활용에 대한 동의를 구해야 합니다).
7. 연간 최대 결석일수는 수업일수의 1/3일이며 이 이상 결석 시, 유예처리 될 수 있으므로 사전에 이 사항을 숙지하고 보호자에게도 안내해야 합니다. 또한, 연속하여 3일 이상 무단결석 시 내교 통지서를 통보해야 하며 등교거부 증상이 심각하여 학교 적응에 힘들어한다면 학업중단숙려제를 고려해보도록 안내해주세요.

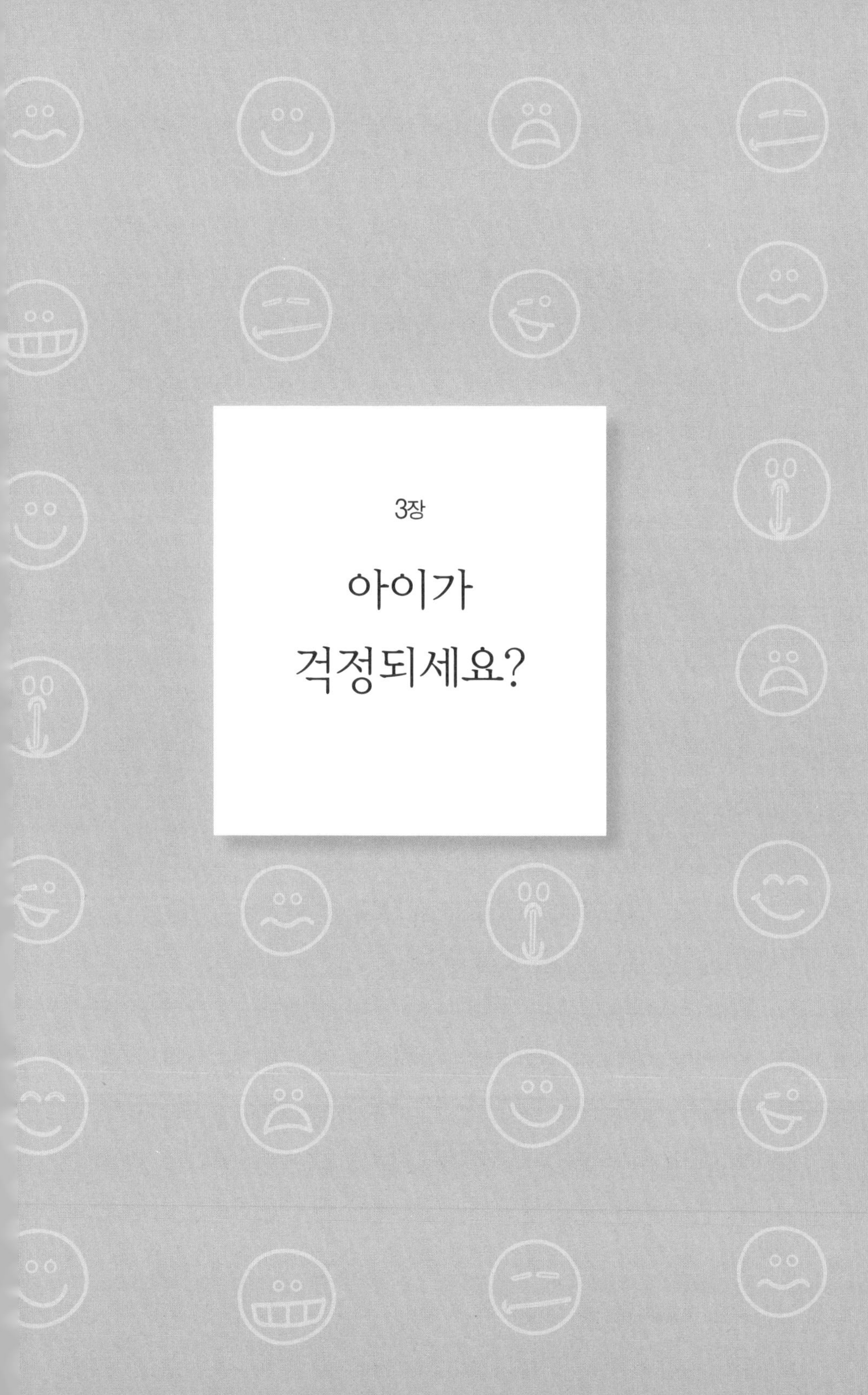

3장

아이가 걱정되세요?

영희는 유독 엄마가 따라다니며 챙긴다. 초등학교에 입학하는 날부터 1년이 넘어 2학년이 된 지금까지도 등하교를 함께 한다. 심지어 잠시 떨어져 있는 시간도 불안한지 교감 선생님한테 부탁해 교감 선생님이 직접 아이를 교문에서 인계하기까지 한다. 나는 영희가 너무 의존적이 될 것 같아 어머니께 말씀을 드렸지만 소용이 없다.

"어머니, 영희도 이제 혼자서 잘합니다. 그만 따라다니셔도 될 것 같아요."

"아니에요, 우리 영희는 아직 어려 특별히 챙겨야 합니다. 선생님도 좀 더 관심을 가지고 지켜봐주세요."

어느 날에는 갑작스럽게 학교를 방문하시더니,

"저, 오늘 점심 급식을 좀 먹어볼 수 있을까요?"

"네? 급식이요?"

"네, 애들이 먹는 거라 맛이 어떤지 궁금하기도 하고 영양소도 균형이 중요하니 애들과 똑같이 점심 급식을 먹어보려고요."

이제는 점점 화가 난다. 이건 걱정이 아니라 지나친 간섭이라는 생각이 들었다. 어머니의 이런 행동이 영희에게 전혀 도움이 안 되고 오히려 해가 된다는 말이 목구멍까지 올라왔지만, 들을 생각이 없는 어머니에게 괜한 꼬투리가 될까 꾹 참았다.

이외에도 나의 하루는 너무 바쁘다. 조회와 종례, 수업, 행정 업무 등 하루가 쉴 새 없이 지나간다. 수업 준비할 시간은 점점 줄어드는데 학부모님의 전화를 받고 문자, 카카오톡을 확인하는 일의 비중이 점점 커져만 간다.

일과 시간뿐만 아니라 방과 후에도 학생을 걱정하고 문의하는 학부모님의 연락은 끊임없이 온다.

"우리 아이 잘 있나요?"

"오늘 제 시간에 갔는데 지각은 안했죠?

"오늘 학교에서 별일 없었나요?"

"우리 아이가 만나는 이 친구는 괜찮은 애인가요?"

"학교 끝나는 시간에 맞춰 전화나 문자 연락 좀 주시겠어요?"

"우리 아이가 몸이 약하고 성격도 민감한 편이라 잘 좀 부탁드릴게요."

"집에서는 전혀 문제가 없는데 왜 학교에서는 자꾸 문제가 생기나요?"

"집에서 저랑 전혀 대화를 안 하려고 하는데 학교에서 무슨 일이 있었나요?"

아무리 안심시켜드리고 학교와 아이들을 믿고 맡기시라 말씀드려도 부모님들의 걱정은 끝이 없다. 학부모님들의 관심과 걱정을 나쁘게만 볼 수도 없고, 무시할 수도 없고, 다 들어주자니 시간과 에너지가 없고, 오늘도 답을 찾지 못하고 고민만 늘어간다.

왜 그럴까요?

많은 선생님들이 학부모님 대하기를 어려워합니다. 특히 초임·저경력 교사들에게 학부모 상담은 버겁고 부담이 되는 부분일 것입니다. 학교가 교육기관임에도 양육의 역할을 요구하는 상황도 겪게 되며, 가정과 학교의 경계선이 불분명해지는 혼란스러움도 느끼게 됩니다.

부모님들은 노심초사 아이들의 안위를 걱정하며 수시로 학교와 담임교사에게 전화와 문자, SNS 등 다양한 경로를 통해 연락을 합니다. 심한 경우에는 학교로 직접 찾아와 확인하고 때로는 교육활동에 개입하여 방해까지 일삼는 경우도 있습니다. 선생님은 이런 부모님께 어떤 말씀을 드리며 어떻게 대처해야 할까요? 또한 우리 학생들은 이러한 부모님을 보고 어떤 마음을 가질까요?

부모의 걱정은 어떤 형태로 왜 나타나고 아이들에게 어떤 영향을 주며, 우리는 이를 어떻게 바라보고 대처해야 할 것인지 알아보도록 하겠습니다.

불안한 부모님

자녀들을 학교에 보내놓고 아이들을 걱정하며 수시로 학교에 확인하는 부모님들을 종종 볼 수 있습니다. 부모 입장에서 자녀가 새로운 환경에 잘 적응하는지 궁금해하고 걱정하는 것은 어쩌면 당연한 일입니다. 리셋을 하면 새로 시작할 수 있는 게임과 다르게 자녀 양육에는 연습이 없기에 부모들의 불안은 더욱 커지고 매 순간 마음을 졸이는 것이 아닐까요? 자녀들의 지금 이 순간은 다시 오지 않을 시간이며, 지금 잘못되면 마치 첫 단추를 잘못 끼우는 것같이 앞으로 자녀의 인생이 잘못될 수 있다는 불안감이 드는 것이겠죠.

사실 불안은 우리에게 보편적이며 도움이 되는 감정입니다. 불안은 현실적으로 위험을 감지할 때 느끼는 자연스럽고 적응적인 반응이며 이를 정상적 불안(normal anxiety)이라고 합니다. 이러한 측면에서 부모의 불안은 지금 내가 아이를 제대로 키우고 있는지, 잘못하고 있는 건 아닌지 하는, 어떤 부모든 걱정하는 정상 범주의 불안 감정으로 이해할 수 있습니다. 자녀에게 위험이 드리우는 느낌이 든다면 그 자체가 부모의 불안으로 나타나는 것입니다. 그렇기 때문에 불안을 정상적인 감정으로 이해하고 자녀에 대한 부모의 불안 감정도 자연스러운 반응으로 받아들이는 것이 중요합니다. 부모는 불안의 감정을 줄이거나 극복하기 위해 자녀들에게 뭐라도 해주려는 노력을 하는 것인데, 이는 지극히 당연한 것입니다.

한편, 부모들은 자녀에 대한 불안을 다양한 방법으로 대처합니다. 무엇이든 해줄 것을 찾아다니며 적극적으로 노력하는 부모가 있는 반면, 의도적으로 방임하며 불안을 회피하는 부모도 있습니다. 때로는 "공부 안 하면 나중에 노숙자처럼 된다."의 협박조의 말이나 "자식이 뭔지, 너무 힘들어 죽겠다."의 신세한탄조의 말로 불안을 자녀에게 전가시키기도 합니다. 그리고 밖으로는 그 불안을 학교를 대상으로도 표출하게 되는 것이죠.

과보호적 양육 태도

부모의 불안이 당연하고 자연스러운 것이라면, 도대체 무엇이 문제일까요? 자녀도 성장을 하며 각각의 발달단계를 거치고, 부모의 역할도 자녀의 발달단계에 따라 달라져야 합니다. 하지만 우리의 부모님들은 자녀의 주도적 성장은 외면한 채, 본인의 불안과 욕심으로 과잉된 행동을 통해 부모의 역할을 충실히 하고 있다고 생각합니다.

여기서 부모의 역할은 부모의 양육 태도로 볼 수 있는데, 그중 과보호적 양육 태도는 걱정이 과한 부모들에게서 나타나며, 즉 불안 감정을 잘 다루지 못했을 때 드러나게 됩니다. 과보호란, 일반적으로 부모가 자녀를 양육하는 과정에서 과도한 보살핌이나 지나친 통제를 보이는 것을 의미합니다. '헬리콥터 맘(부모)'이란 용어는 평생 자녀 주위를 맴돌며 끊임없이 간섭하는 부모를 지칭하는 말로 우리 사회의 과보호적 양육 태도를 적나라하게 보여줍니다. 영유아기부터 초·중·고는 물론 대학, 취업, 결혼, 그리고 그 이후 삶까지도 간섭하며 특히 자녀가 다니고 있는 학교(조직)에 영향력을 행사하려는 학부모를 일컫는 말입니다. 정상적인 불안 범주에서 자녀의 주도적 성장을 믿고 안정된 관계를 형성하기보다는 과잉된 기대, 간섭, 통제, 보호, 분리불안의 과보호적 양육 태도를 보이는 안타까운 부모의 모습입니다. 결국 부모의 자녀에 대한 불안이 지나치게 올라가면 과보호적 양육 태도를 가지게 되고 학교 현장에서도 상식을 넘어선 이해할 수 없는 부탁이나 요구를 하게 되는 것으로 볼 수 있습니다.

한편, 쉐퍼(Elvira Schaefer)는 신생아부터 초기 청년기에 이르기까지의 발달과 부모의 양육 태도를 연구하여 다음과 같이 애정-거부, 자율-통제 두 축으로 분류하였습니다.

네 가지 유형 중 애정-통제적 양육 태도를 가진 학부모님들은 과잉보호형으로 자녀에 대한 애정이 깊지만 지나침이 있어 과보호와 소유적 모습을 나타냅니다. 부모의 지나친 접촉과 과보호, 의존성을 조장하는 모습은 결국 아이들이 의존적, 낮은 사교성과 창의력, 상상적 적대 감정 등의 부정적 특성들을 가지게 만듭니다. 또한, 거부-통제적 양육 태도를 보이는 학부모님들은 독재형으로 권위를 내세우며 독재적 개입으로 아이에게 요구 사항을 반복하는 모습을 나타냅니다. 문제는 이러한 부모의 자녀들은 반항적이고, 자주성·자발성·독창성이 부족하며, 사회성이 떨어져 친구 관계에서도 어려움을 겪을 수 있다는 것입니다. 애정-통제와 거부-통제의 양육 태도는 공통적으로 아이에게 지나치게 개입하고 아이를 통제한다는 것이며, 결과적으로 아이의 부정적 특성을 강화한다는 시사점을 보여주고 있습니다.

애착 관계

보울비(John Bowlby)는 '애착'이란 용어를 처음 사용하여 가장 가까운 사람과 연결되게 하는 강렬하고도 지속적인 정서적 결속을 말하였고, 이를 발전시킨 에인스워스(Mary Ainsworth)는 애착을 특정 개인에 대해 형성하는 애정적인 결속이나 정서적 유대 관계라 정의하였습니다. 애착 연구에 의하면 초기 부모-자녀 관계를 통해 형성된 애정적 결속은 전 생애에 영향을 주며 지속된다고 합니다. 여기서 주목할 점은 어머니가 지니고 있는 애착의 질적 특성에 따라 양육 방식이 결정되며, 결정된 양육 방식에 의해 자녀의 애착 양식이 대물림된다고 가정하여 애착의 대물림을 주장한 것입니다.

애착이 대물림된다는 것은 안정된 애착을 형성하지 못했던 부모가 안타깝게도 또다시 그 자녀와 불안정한 애착 관계를 형성한다는 의미입니다. 실제 경험적 연구에서도 영국의 포나기(Peter Fonagy) 등은 1991년 어머니와 자녀 애착양식 일치율이 75%에 이르렀음을 보고했고, 워드와 칼슨(Word, M. J. & Carlson, E. A.)은 1995년 연구대상자들의 계층과 상관없이 애착이 세대 간 전달이 이루어진다는 연구 결과를 발표하여 이를 증명하고 있습니다. 결국 애착의 대물림은 부모가 되어서도 어린 시절 형성된 애착 유형을 그대로 자녀에게 물려준다는 점을 보여주고 있습니다.

애착은 부모의 불안과 과보호의 원인을 한 세대 이전으로 돌아가서 보다 근본적이고 심층적으로 탐색해볼 수 있는 주제입니다. 사실 학교 현장에서 학부모의 어린 시절 애착 관계까지 살펴보기는 불가능에 가깝습니다. 그러나 별다른 이유 없이 학부모가 불안해하고 자녀에 대해 과보호의 태도를 보인다면 애착의 개념을 통해 이해의 범주를 넓힐 수 있고 학부모 상담에서 하나의 해석 주제로도 활용할 수 있을 것입니다.

애착은 한 사람이 다른 사람에 대해 긍정적 감정 유대를 갖는 것입니다. 애착이 잘 형성되었는지 알아보는 방법 중 하나가 분리에 대한 반응을 관찰하는 것인데, 에인스워스가 이러한 분리 저항을 이용하여 다음과 같이 '낯선 상황'실험을 고안해냈고 애착의 질을 확인하여 유형별로 분류하였습니다.

낯선 상황 실험

낯선 상황은 생후 12~18개월의 영아들을 대상으로 실시하여 전체 8개의 에피소드로 구성되고, 각 에피소드는 3분간 계속되며, 이후에 평가할 수 있도록 비디오로 녹화합니다. 이 과정에서 영아의 애착 체계가 활성화되고 그때 나타나는 어머니와 영아의 행동을 관찰함으로 애착의 질적 특성을 평가합니다.

1. 제1, 2 에피소드: 어머니와 영아 함께 놀이방 들어가 놀기
2. 제3 에피소드: 낯선 사람이 들어와 어머니와 잠시 대화하고 영아와 놀기
3. 제4 에피소드: 어머니가 말없이 방을 나가고 영아와 낯선 사람 둘이 남기(제1 분리)
4. 제5 에피소드: 어머니가 방으로 돌아와 영아 달래주기. 잠시 후 낯선 사람 나가기(제1 재회)
5. 제6 에피소드: "잘 있어, 곧 돌아올게."라고 말하고 어머니 방 나가기. 아이 혼자 남기(제2 분리)
6. 제7 에피소드: 낯선 사람이 방에 들어와 영아 달래기
7. 제8 에피소드: 어머니가 방에 돌아와 영아 달래주기(제2 재회)

애착의 4가지 유형

- 안정애착: 안정된 애착의 영아들은 제 1분리와 제 2분리에서 모두 분명한 애착행동을 합니다. 어머니가 다시 돌아왔을 때 위로받으려 하고 신체적 접촉이 이루어지면 행복해하며 편안해하고 다시 놀이로 돌아갈 수 있습니다.
- 불안정 회피애착: 어머니와 분리 시에 거의 저항하지 않으며 애착행동을 나타내지 않습니다. 어머니가 돌아와도 어머니를 회피하고 안아 달라고 요구하지 않습니다.
- 불안정 저항애착: 분리 후에 가장 크게 울고, 어머니가 돌아와서 영아를 신속하게 달랠 수 없습니다. 이 영아들은 정서적으로 편안해지기 위해 많은 시간을 필요로 합니다. 때로는 어머니와 재회 시 공격적으로 행동하기도 합니다.
- 불안정 혼란애착: 어머니와 재회했을 때 어머니에게로 달려가다 도중에 잠시 멈춘 다음 다시 도망쳐 멀리 가는 것과 같은 혼란된 양식을 보입니다. 영아가 애착 행동을 시도하지만 분명한 행동전략으로 표현될 수 없어 나타나는 행동특성으로 해석할 수 있습니다.

이렇게 해 봅시다

1. 학부모와 꼭 대면 상담을 진행하세요

학생을 통해 듣는 학부모의 모습은 굉장히 한정적입니다. 학부모의 불안은 아이에 대한 걱정이기도 하지만 정보의 부족에서도 비롯됩니다. 학생과 부모가 어떻게 소통하는지 동시에 부모가 자녀를 어떻게 바라보고 대하는지 직접 확인하셔야 합니다. 학교에 많은 관심을 보이는 부모님은 반드시 학부모 대면 상담을 통해 소통의 창구를 열어놓으시는 것이 좋습니다.

상담 장면에서는 학부모가 생각하는 자녀에 대한 불안한 마음을 충분히 들어주시고, 자녀에 대해 어떤 양육 태도를 가지고 있는지 확인하시기 바랍니다. 부모의 걱정과 불안은 자연스럽고 정상적인 감정임을 알려주세요. 충분히 들어주시고 수용해주셔야 합니다. 그리고 추가적으로 부모의 양육 태도를 확인함과 동시에 부모가 스스로 점검할 수 있게 도와주시면 됩니다.

저학년 학부모들은 관심과 걱정이 가장 큰 시기입니다. 따라서

1학기 내에 학부모 상담을 전체적으로 최소 한 번씩은 진행하는 것이 좋습니다. 아이를 파악하는 동시에 반 학부모의 성향을 파악할 수 있는 기회로 활용할 수 있습니다. 고학년의 경우에는 아이들만을 통해서는 학부모의 상황을 알기 어렵고 오해가 생길 위험이 있습니다. 학부모들도 자기 아이뿐만 아니라 다른 학부모들을 통해 다양한 학교의 이야기를 접할 것입니다. 따라서 작은 일이라도 꼭 학부모에게 알리고, 중요한 사안일수록 학부모와 꼭 만나서 서 사실관계를 확인해야 합니다. 중간에서 아이의 말만 듣고 믿는 것은 오해를 불러일으킬 위험이 높습니다.

2. 학부모 상담은 정해진 시간에만 진행하세요

학기 초 학부모 총회나 가정통신문을 활용하여 연락 가능 시간, 학부모 상담 사전 예약 등의 내용을 학급운영 지침에 넣어 공지해 주세요. 불안이 높고 과보호적인 학부모님들은 낮과 밤을 가리지 않고 새벽 시간에도 문자나 카카오톡 등 다양하게 접촉을 시도합니다. 학부모의 연락은 되도록 일과 시간 내에만 받도록 하고 학부모 상담은 사전 약속을 통해 대면 상담을 원칙으로 공지하는 것이 필요합니다. 또한 지나친 간섭과 요구에는 단호하게 거절할 수 있어야 합니다. 원칙과 기준을 정하고 일정하게 유지하는 것이 중요합니다.

3. 애착 개념을 설명하고 대리적 양육자로 믿음을 주세요

애착은 가족 외 타인 관계에서도 형성될 수 있습니다. 여러 연구에서 교사와 학생 간의 안정적 애착이 부모와 아이 간의 불안정 애착을 보상할 수 있다고 밝히고 있습니다. 교사와 안정된 애착을 형성한 학생들은 더 활동적으로 참여하며, 더 높은 수준의 또래 유능감을 나타낸다고 합니다.

교사가 학부모의 역할을 전적으로 대신할 순 없지만 학생과 편안하고 안정적인 정서 관계를 유지하는 것이 중요합니다. 안정적 정서 관계를 통해 학생이 교사에게 믿음을 가지게 되면 자연스럽게 학부모에게 긍정적 인상을 줄 수 있고 더불어 학부모의 불안도 줄어들게 될 것입니다. 따라서 학부모에게 대리적 양육자의 역할과 효과를 설명해주시면 좋습니다. 가정에서 학부모의 역할과 중요성, 학교에서 선생님의 역할과 한계를 나누고 서로가 믿음을 가지게 하는 것이 중요합니다.

특히 저학년은 이제 막 가정에서 벗어나 부모와 아이 모두가 불안감이 커져있을 시기이므로 대리적 양육자로서 일정 부분 부모의 마음을 가지고 아이를 바라보는 시각도 필요합니다. 고학년이 되면서 아이들은 독립적인 의식과 활동이 커져갑니다. 학부모의 양육 태도에 따라 다양한 특성들도 나타나며 새로운 관계 형성을 위한 요구 조건들이 하나둘씩 늘어가게 됩니다. 결과적으로 아이의 생활 태도와 인성 측면의 상태를 충분하게 부모와 상의하고 학교와 가정이 상호 보완적 교육 방향을 잡고 가는 것이 가장 중요합니다.

4. 건강한 거리를 유지하세요

'고슴도치 딜레마'는 독일의 철학자 쇼펜하우어(Arthur Schopenhauer)의 저서에서 인용된 우화에서 비롯되었습니다. 고슴도치들이 추운 날씨에 온기를 나누려고 모여들었지만 서로의 날카로운 가시 때문에 상처를 입지 않으려면 거리를 두어야 한다는 우화입니다. 의존 욕구와 독립 욕구가 공존하는 모순적인 심리 상태를 의미하는 용어로 이해할 수 있을 것입니다.

인간관계에서 안정적인 애착을 형성하기는 쉽지 않습니다. 교사, 학생, 학부모 간의 관계에서도 서로 존중하면서 지킬 것은 지키되 상황에 맞게 건강한 거리를 유지하는 것이 중요합니다. 실제로 고슴도치들은 여러 시행착오 끝에 바늘이 없는 머리를 맞대어 체온을 유지하거나 잠을 잔다고 합니다. 교사-학생-학부모 관계가 한 번에 정해질 수 없듯이 적정한 거리를 두고 다양한 시도를 통해 딜레마를 해결하기 바랍니다.

5. 부모 양육 태도 등의 심리 검사를 활용해보세요

지나치게 아이에게 집착하고 간섭하며 아이를 위한다며 학교에 과한 요구를 하시는 학부모가 있을 것입니다. 스스로 과보호적 양육 태도를 갖고 있다고 생각하는 학부모는 많지 않습니다. 이런 경우에는 학교 상담실(Wee클래스)을 활용하거나 전문상담교사에게 문의하여 부모 양육 태도 등 심리 검사를 권유하여 실시하는 접근도 필요합니다.

불안이 높은 학부모에게는 근거가 되는 객관적 자료가 필요합니다. 심리 검사는 부모-자녀 관계를 객관적으로 탐색할 수 있게 해주고, 학부모가 스스로 자녀와의 관계를 돌아볼 수 있는 기회가 됩니다. 이것은 상담 시에 유의한 자료로 쓸 수 있습니다.

한 걸음 더 알아볼까요?

다음은 서울시청소년상담복지센터에서 만든 부모 양육 태도 체크리스트입니다.

1. 아이가 자신의 나이보다 높은 시청 등급의 텔레비전 프로그램을 보겠다고 떼를 쓴다면?
   a. 시청하도록 내버려 둔다.
   b. 텔레비전을 끄거나 채널을 다른 프로그램으로 돌린다.
   c. 아이에게 적합한지 직접 시청한 다음 보게 할 것인지를 결정한다.
2. 아이가 옷장 서랍을 뒤져서 온 방안에 헤쳐 놓았다면?
   a. 아이니까 그러려니 하고 손수 치운다.
   b. 화를 내며 지금 당장 치우라고 소리친다.
   c. 화를 내지는 않지만 아이에게 치우게 하고, 다 치울 때까지 다른 일을 못하게 한다.

3. 아이가 당신이 아끼던 꽃병을 깨놓고선 옆집 친구가 그랬다고 거짓말을 했다면?

a. 아깝지만 괜찮다고 이야기한다.

b. 깨뜨린 것과 거짓말한 것 모두 야단을 치거나 벌을 준다.

c. 거짓말한 것에 대해 야단을 치고, 만일 솔직히 얘기했더라면 꽃병을 깬 것에 대해 혼내지 않았을 것이라고 말한다.

4. 아이가 다른 친구를 때려서 상처를 냈다면?

a. 아이들 싸움이려니 하고 그냥 내버려 둔다.

b. 화가 나서 야단치거나 때론 체벌을 한다.

c. 왜 싸웠는지에 대해 이야기를 나누되, 그래도 싸움은 나쁘다고 따끔히 꾸중한다.

5. 아이가 학교에서 내준 숙제를 이번에도 잊고 안 해 간다면?

a. 선생님께 전화를 해 준다.

b. 그 자리에서 혼을 내고 다시는 그러지 못하도록 다짐을 받는다.

c. 더 이상 잊어버리지 않도록 타이르고 다음부터는 알림장을 꼭 확인하도록 도와준다.

6. 당신도 기분이 언짢은데 아이가 당신의 관심을 받고자 보챈다면?

a. 언짢은 기분은 뒤로 하고 자녀에게 관심을 기울인다.

b. 아이에게 짜증내며 "네 아빠(엄마)한테나 가 봐!" 하고 남

편(아내)를 불러 떠넘긴다.

c. 아이에게 당신의 기분이 언짢다는 것을 이야기해 주고, 좀 나아지면 함께 놀아 주겠다고 한다.

7. 가정에 자녀가 지켜야 할 규칙이 얼마나 많은가?

a. 없다

b. 많은 규칙이 있고, 규칙마다 이를 어겼을 시 받게 될 꾸중이나 벌이 정해져 있다.

c. 아이의 건강과 안전을 위한 몇 가지의 규칙이 있긴 하나, 그밖에는 상황에 따라 그때그때 대화를 통해 결정한다.

8. 아이가 다른 어른의 말을 잘 따르지 않는다면?

a. 아직 어리니까 그러려니 하고 내버려 둔다.

b. 화를 내며 어쨌든 어른의 말을 따르지 않는다는 건 나쁜 일이기에 야단친다.

c. 어른에 대한 공경심과 그 어른의 말을 왜 따라야 하는지에 대해 이야기를 나눈다.

9. 아이와 함께 쇼핑 시 쓸모없어 보이는 물건을 이것저것 사 달라고 조른다면?

a. 가능한 한 다 들어준다.

b. 화를 내면서 아이의 손목을 잡고 그 가게를 뜬다.

c. "안 된다"고 딱 잘라 말하고, 쇼핑을 계속하면서 아이에게 적합한 것을 골라 사 준다.

10. 얼마나 자주 자녀에게 화를 내는가?

a. 거의 드물다. b. 매일같이. c. 일주일에 한 번 정도.

체크리스트에서 a, b, c 중 개수가 많은 것이 나의 양육 태도(a: 자율적 양육 태도, b:통제적 양육 태도, c:민주적 양육 태도)

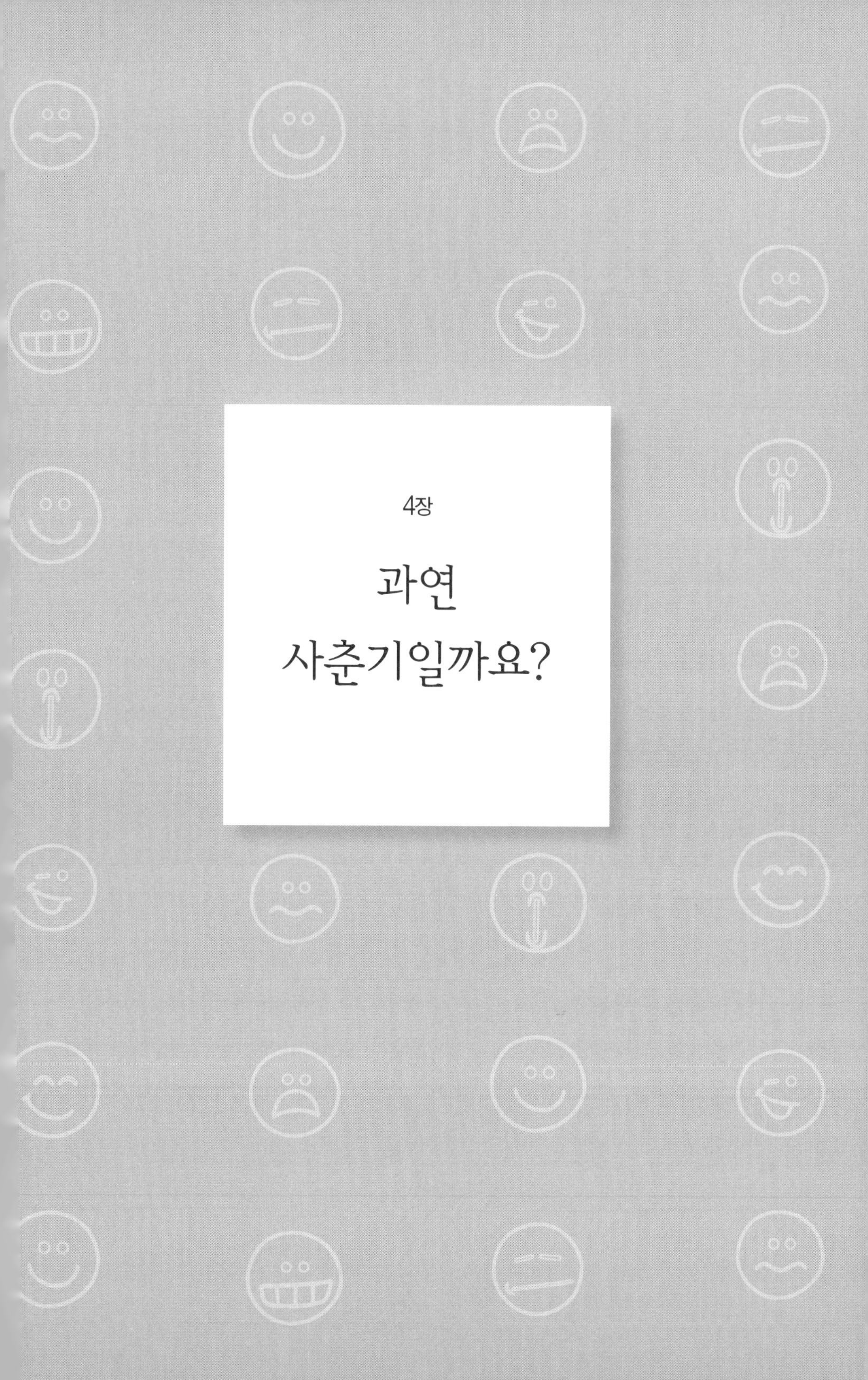

4장

과연 사춘기일까요?

학부모 상담을 신청할 때부터 수희 어머님이 어떤 이야기를 하실지 내심 짐작이 갔다. 수희의 첫인상은 꽤 부드러웠고 차분했지만 며칠 지나자 끼리끼리 몰려다니면서 눈을 잘 마주치지 않는다. 아니나 다를까 수희 어머님께서 호소를 하신다.

"선생님, 저희 아이가 사춘기인지 자꾸 짜증을 내고 화를 내요. 며칠 전에는 '수희야~ 숙제 다 했니?'라고 물었는데 문이 부서질 정도로 꽝 닫으면서 '다 했다니까!'라고 소리를 지르더라구요. 선생님 이럴 땐 어떻게 해야 하죠?"

수희가 집에서는 더 심한가 보다. 학교에서는 적어도 이렇게 화를 내거나 짜증을 내지 않았는데, 집에서는 심하다고 하니 놀라운 마음이 든다. 뭐라고 말씀을 드려야 할지도 잘 떠오르지 않는다.

"어머님, 수희가 학교에서는 짜증을 내거나 화내지 않아요. 집에서만 있는 일인 듯해요."

어머님께 일단 학교에서의 상황을 이야기하고 설명을 드렸다. 그러나 수희 어머님은 믿기지 않는다는 표정이다. 아직 어머님의 얼굴에는 걱정과 두려움이 남아있는 듯하다.

학교생활만 설명하려 했더니 무엇인가 빠진 느낌이다. 더 설명하거나 도움을 드릴 수 있는 방법은 무엇일까? 교사인 나는 어떻게 대해야 할지 생각이 깊어진다. 어떻게 해야 할까?

왜 그럴까요?

부모는 무심코 물어본 것뿐인데, 문이 부서질 듯한 대답이 돌아오는 경우, 또는 "같이 해 볼까?"라고 말하면 늘 "좋아요"라고 대답했던 아이가 어느 순간부터 싫다고 짜증스러운 대답을 하는 경우, 이제 다 컸나 하는 마음도 들지만 점점 이런 일들이 벌어지니 부모도 슬슬 화가 나기 시작합니다. 그런데 한편으로는 잘못 클까봐 걱정되기도 합니다. 이런 생각을 하다 보니 점차 아이를 대하는 태도도 거칠어지고 냉담하게 됩니다. 힘든 학부모 입장에서는 어떻게 해야 할지 혼란스럽습니다. 성장 과정에서 누구에게나 필수 과정인 사춘기! 알면서도 어떻게 대처해야 할지 몰라 당황하는 부모가 많습니다. 학부모 상담을 할 때 많은 학부모들이 아이가 사춘기가 아닌지 염려하시면서 지도 방법을 알려 달라고 요구하는 경우가 많습니다. 사춘기를 맞이한 아이를 둔 학부모에게 어떤 도움을 드릴 수 있을까요?

사춘기는 신체적인 변화가 급속도로 진행되며 심리적인 부분까지 영향을 받는 발달 과정 중 하나입니다. 아이가 사춘기를 겪지 않고 지나간다는 것은 있을 수도 없고 있어서도 안 됩니다. 이는 식물이 열매를 맺기 위해서 꽃을 피워야 하는 것과 같은 이치입니다. 사춘기를 거치지 않는다면 성인 이후의 삶도 의존적일 수밖에 없게 돼서 이에 따른 문제점이 발생합니다. 따라서 아이의 사춘기는 우리 아이가 건강하게 자라고 있다는 신호로 여기고 반가워해야 할 징표입니다. 사춘기 증상은 아이의 내면이 성장하고 있다는 증거입니다. 제시된 사례와 같은 학부모 상담을 진행하기 위해서는 몇 가지 분명하게 알아야 할 것이 있습니다.

1. 사춘기 반항과 그냥 내는 짜증은 다릅니다

사춘기의 기준은 2차 성징과 같은 신체 변화입니다. 2차 성징이 동반되지 않은 반항, 짜증, 무기력이라면 사춘기가 아닙니다. 초등학교 2~3학년 학부모들의 경우 조금만 반항을 해도 놀래서 벌써 사춘기가 왔다고 말씀하시는 경우가 있습니다. 그러나 이것은 사춘기에 대한 과도한 걱정과 불안, 불분명한 정보에 기인한 잘못된 진단입니다.

아이가 반항하거나 짜증을 자주 낸다고 다 사춘기는 아닙니다. 2차 성징이 발견되지 않고 짜증내는 아이는 일상생활에서 짜증을 내고 있을 뿐입니다. 즉 학교나 가정에서 생기는 일상적인 짜증, 불만일 수 있는 것입니다. 아이는 자라면서 점차 생각도 변화하게 되고 욕구도 다양해집니다. 자신의 욕구가 잘 이루어지지 않을 때, 수용되지 않을 때 이를 이루고자 하는 반항과 짜증일 가능성이 큽니다. 따라서 이때는 사춘기를 가정한 상담 전략보다는 아이의 욕구에 초점을 맞춰 대화하는 것이 유용합니다.

2. 내면에 있는 다양한 자기(self)를 이해해야 합니다

사춘기부터 개인의 자기(self)개념이 분화되기 시작합니다. 캠벨(Campbell)은 자기개념을 자신에 대한 의미, 특성, 가치 등을 포함하는 일련의 지식이고 체계라고 하였습니다. 그런데 우리가 주목할 것은 이런 자신에 대한 지식은 사회적, 상황적 맥락에 따라 달라진다는 것입니다. 그래서 자기개념이 하나로 설명할 수는 없습니다. 즉 한 사람의 자기개념은 다양한 영역에서 여러 역할을 합니다.

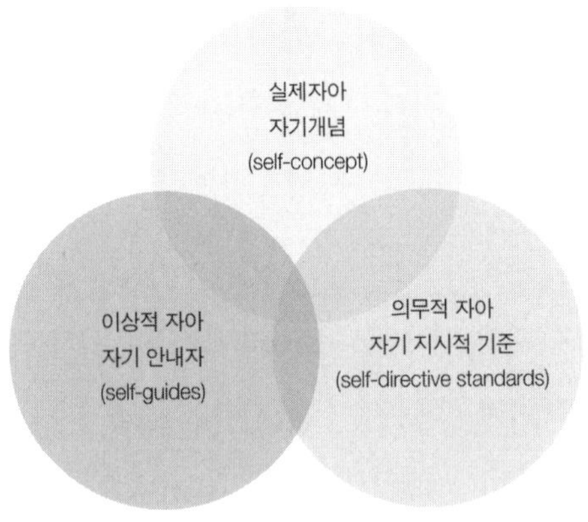

심리학적인 의미에서 본 자기(self)의 영역

분화되는 자기(Self)들이 서로 갈등을 일으키는 소리가 사춘기라고 할 수 있습니다. 그럼 자기를 살펴볼까요? 한 사람의 자기는 크게 실제 자아, 이상적 자아, 의무적 자아, 이렇게 셋으로 나눌 수 있습니다.

실제 자아는 현실적 자아라고도 합니다. 이는 지금 현재의 자신의 특성에 대한 인식, 즉 자기개념을 말합니다. 이상적 자아는 자신이 되고 싶은 희망, 바람, 욕구 등을 반영한 자기 모습을 뜻합니다. 이상적 자아는 변화와 성장에 관한 동기를 제공하는 역할을 합니다. 의무적 자아는 부모와 같이 자신에게 의미 있는 타인들이 기대하는 자신의 모습을 뜻합니다. 의무, 책임감을 느끼거나 느낄 때 작동하는 자아입니다.

자기의 실제 자아와 이상적 자아, 의무적 자아가 일치될수록 안정된 정서를 기반으로 생활할 수 있지만, 사춘기에는 실제의 자아와 이상적 자아, 의무적 자아가 심하게 서로 간극을 벌이는 시기입니다.

따라서 그동안 교육받고 양육된 시스템에서 벗어나서 자신만의 독립적인 시스템으로 재구성하는 시기라고 할 수 있지요. 태어난 지 얼마 안 되는 유아기에는 자아들 간의 경계가 불분명합니다. 예를 들어 유아가 공룡 모형으로 놀면서 실제 공룡과 놀 듯 몰입해서 노는 것도 이런 자아가 분화되지 않았기 때문에 가능한 것입니다. 인지발달의 측면에서 해석하면, 인지적인 능력이 아직 세분화되지 못하여 사실과 이상을 구별하지 못하는 것으로 볼 수 있습니다.

사춘기 이전에는 실제의 자아와 이상적 자아가 구별이 없는 상태였습니다. 그러나 점점 자라면서 자신이 경험한 여러 가지 일들이 하나의 지식으로 쌓여갑니다. 어느 정도 성장하면 실제와 상상을 구별하기 시작하며 자신의 실제 자아와 이상적 자아가 다름을 깨닫게 됩니다. 즉, 하나의 자아가 두 가지로 분리되는 것이지요.

이런 분화는 발달에 기초한 것이지만 분리되면서 오는 정서적인 불안감도 발생합니다. 사춘기의 원인이 꼭 자아개념의 분화 때문에 오는 것은 아니나 이러한 측면이 있다는 것을 고려하면 아이가 잘 자라고 있는 것이라고 볼 수 있는 근거가 됩니다. 여기서 하나 더 알아야 하는 개념이 의무적 자아입니다.

사회적 동물인 우리는 자신의 역할에 충실해야 존재감을 인정받을 수 있습니다. 따라서 이런 의무감을 느끼게 될 때 아이들은 부담스러울 수 있습니다. 그러나 초등 저학년까지는 의무적 자아를 선명하게 인식하지도 못할 뿐더러 스스로 의무적 자아를 잘 지키고 있다고 생각하곤 해서 문제가 되지 않습니다만 점차 자라면서 이런 의무적 자아가 하나의 짐처럼 느껴지는 것이고 이런 생각들로 인해 불안, 초조, 짜증 등의 정서를 유발하기도 합니다.

3. 사춘기의 짜증은 부모의 자아와 분리되는 파열음입니다

원래 엄마와 아이는 한 몸으로 10개월을 지냈습니다. 태어나는 순간 몸은 분리가 되지만 심리적 분리는 되지 않은 과정으로 유아와 아동 시절을 보내게 됩니다. 아이를 키울 때 내가 웃으면 아이도 웃고, 내가 울면 아이도 따라 울게 되는 것은 자신이 보는 사람이 자신이라 생각하기 때문입니다. 이러한 현상이 나타나는 것은 아이와 엄마가 심리적으로 연결되어 있기 때문입니다. 하나로 연결되었던 탯줄이 끊어졌을 때의 아픔으로 신체적 분리가 되었다면, 심리적인 자아 분리에서도 그만큼의 아픔이 존재합니다.

그런데 심리적인 자아 분리가 물리적인 분리보다 더 어렵고 힘든 일입니다. 어떤 순간에는 의존하고 기대면서 또 어떤 순간에는 단호하게 거부하는 모습은 학부모로서 종을 잡지 못하게 합니다. 따라서 학부모는 점점 지치게 됩니다. 따라서 이는 점차 하나의 독립된 인격체로써 심리적인 독립을 하는 과정이고 심리적 분리의 고통이 곧 사춘기라고 생각하면 됩니다.

4. 사춘기는 심리적 적응기제를 활용하는 시기입니다

프로이트(Sigmund Freud)가 주장한 한 적응기제(방어기제) 중에 사춘기 아이들이 많이 사용하는 적응기제가 있습니다. 이는 미성숙하고 주변을 힘들게 할 수 있는 심리적 적응기제로 '투사'(Projection)입니다. 투사란 자신이 가지고 있는 감정을 상대방이

가지고 있다고 믿는 것을 뜻합니다. 예를 들어 아이가 엄마를 미워하고 싫어하면서 엄마가 늘 자신을 구속하고 괴롭힌다고 생각하는 것입니다. 사실 투사는 상대의 마음을 예측할 수 있는 심리적 기능이기 때문에 그 자체가 좋다 나쁘다 이야기할 수는 없습니다. 다른 사람의 마음을 예상해보는 투사가 있어야 공감도 할 수 있는 것이기 때문입니다.

투사는 발달 시기에 따라 다른 의미로 다가옵니다. 아이가 유아 시절에 투사를 한다면 이는 매우 당연합니다. 예를 들어 아이가 "엄만 나만 미워해!"라는 말을 할 때가 있습니다. 엄마가 어떻게 하니 그 순간 아이의 마음은 엄마를 미워하는 것이지요. 그런데 그 탓을 엄마로 돌립니다. 이게 투사라고 할 수 있습니다. 그러나 사춘기 아이의 투사가 문제되는 이유는 그 투사로 인한 행동이 공격적이라는 것에 있습니다. 공격적으로 판단하기 때문에 부모의 마음은 억울하고 화가 나는 것이지요.

이렇게 해 봅시다

사춘기 자녀를 둔 학부모는 심리적으로 매우 조급하고 불안하며 자신감이 없습니다. 학부모 상담에서는 이런 학부모의 정서를 확인해주고 아래와 같은 전략을 제안을 해보는 것이 어떨까요?

1. 달라진 자녀 모습의 의미를 찾습니다

아이는 컸는데, 자꾸 예전 모습으로만 대하는 것이 아닌지 스스로 점검하여 변화된 지금의 아이에게 맞는 모습은 무엇인지 생각해보아야 합니다. 지금 아이의 마음은 얼마나 컸는지 살펴볼 필요가 있습니다. 우선, 면밀한 관찰을 통해 달라진 자녀의 모습을 발견합니다. 평소와 달라진 점이 무엇인지 찾고 칭찬할 점이 있는지 생각해봅니다. 다음으로, 달라진 점과 더불어 칭찬의 말을 전합니다. 칭찬할 점은 작은 변화에서 찾습니다. 칭찬할 점을 찾는 것이 가장 중요합니다.

2. 아이가 무엇을 표현하고 싶은지 욕구를 정확히 파악합니다.

표현되지 못하는 것이 결국 짜증이고 화로 귀결됩니다. 또한 이런 감정은 본인 스스로에게, 혹은 본인이 처한 환경에 대한 짜증이 섞여있습니다. 또 현재 아이가 표현하고 싶은 욕구가 무엇인지 찾아보세요. 그 욕구를 발견하여 마음을 읽어주면 아이는 자신을 효과적인 방법으로 표현할 수 있는 용기가 생깁니다. 예를 들어 친구하고 티격태격해서 짜증을 내는 아이에게 "잘 지내고 싶은데, 그렇게 되지 못해서 짜증이 났구나."라고 욕구를 읽어주는 것이 효과적입니다.

3. 거친 행동에 대해서는 책임감을 느낄 수 있게 솔직한 반응을 합니다.

아이가 짜증이나 화를 냈다고 해서 학부모가 당황해만 한다면 아이는 행동에는 책임이 따른다는 것을 알 수 없습니다. 아이가 행동에 대한 책임감을 느낄 수 있도록 부모의 감정을 솔직히 이야기합니다. 그리고 허용이 되는 것과 안 되는 것을 분명히 느낄 수 있도록 진솔한 반응을 하는 것이 효과적입니다.

고학년의 경우는 학부모의 사례를 통해 생각해보겠습니다.

Q: 회사를 그만두었는데, 아이들이 그다지 좋아하는 것 같지도 않고 바뀐 것이 없는 것 같아 걱정이어요. 처음에는 좋아했

던 것 같기도 하지만 한편으로는 잔소리한다고 조금 불편해 하는 것 같기도 합니다. "예를 들어서 숙제했니?" 하면, "할 거야!"라고 짜증스럽게 반응하고, "같이 숙제할까?" 하면 "혼자 할 거야!"라고 말해서 속상하기도 합니다. 다시 회사에 가야 할까요? 또 요즘에는 사춘기가 되었는지 슬슬 짜증내기도 하고 그럽니다. 어떻게 해야 할까요?

이런 하소연을 하는 학부모가 고민해 보아야 하는 점은 다음과 같습니다.

(1) 사춘기의 반항과 저항은 고무줄입니다.

감정의 진폭이 큰 사춘기 아이의 정서는 본인도 힘들지만 지켜보는 사람들도 지치기 마련입니다. 고무줄과 같이 길게 늘어났다가 다시 되돌아 올 것이라고 생각하는 것이 효과적입니다. 사춘기의 아이는 자신의 부모에 대한 공격적 행동, 반항 등을 통해 자신이 감당할 수 있는 심리적, 환경적 한계를 실험해봅니다. 이를 통해 부모와의 심리적 독립을 추구합니다.

(2) 사춘기는 성장 과정에서 필수임을 인정해야 합니다.

몸의 분리는 출생과 동시에 이뤘지만 완전한 독립체가 되려면 마음의 분리가 필요한 시점입니다. 이 시기에 심리적 독립을 하지 못하면 평생 동안 부모와 어설피 엮여서 자신의 삶을 가꾸기가 어려워집니다. 사춘기 시기는 아이를 위해서 꼭 필요한 과정입니다.

(3) 아이만 바라보지 말고 자신의 일에 몰입해보세요.

사춘기의 본질은 심리적 독립을 원하는 청소년기의 자아가 몸부림을 치는 것입니다. 따라서 부모의 과도한 관심과 걱정은 오히려 아이의 마음을 더 불편하게 합니다. 부모가 자신의 일에 몰입하며 아이와의 심리적 거리를 명확히 둔다면 오히려 아이는 그것을 편안하게 받아들일 수 있습니다. 아이의 감정 변화가 심한 시기에 그것을 오롯이 보고 있으려면 부모의 감정도 덩달아 요동치게 됩니다. 이런 시기에는 오히려 부모 자신의 일을 더욱 열심히 하고 몰입해 보는 것이 효과적일 수 있습니다.

(4) 아이에게 분명한 한계점을 제시해주세요.

사춘기라고 해서 무조건 받아주는 것은 위험합니다. 부모가 한발 떨어져서 지켜보는 시기가 맞지만 부모는 아이의 보호자임을 주지시킬 필요가 있습니다. 또한 부모로서 용납하지 못하는 것에 대한 분명한 한계점을 알려주는 것이 아이를 도와주는 길입니다. 부모가 허용할 수 있는 한계점을 제시하라고 하면 가끔 아이에게 '경고'의 의미로 통보하는 경우가 있습니다. 사춘기의 부모와 자신 관계는 전투적일 확률이 높지만 그렇다고 적대적으로 대할 이유는 없습니다. 한계를 설정해주는 것은 부모와 자녀 간의 갈등 관계에서 파국을 막을 수 있는 길입니다.

4. 적당히 물러난, 친밀한 관계를 유지하세요

싸우거나 적대적인 관계로 사춘기를 보낼 이유가 없습니다. 사춘기 이후에 다시 정상적인 부모-자식 관계가 될 테니까요. 다만 적당히 물러나 거리감을 갖도록 하고 친밀한 관계를 유지하는 것에 목표를 두어야 합니다. 아이의 선택을 존중하고 그에 따른 책임은 아이의 몫임을 기억하며 부모는 친밀한 관계를 유지하기 위한 노력에만 집중해야 합니다.

한 걸음 더 알아볼까요?

적응기제로 학생 심리 이해하기

프로이트는 사람들이 그대로 수용할 수 없는 사건, 사고, 감정들로부터 자아를 보호하기 위한 심리적 장치를 방어기제(Defence Mechanisms)라고 했습니다. 방어기제는 일상생활에서 겪을 수 있는 다양한 상황에서 오는 불안이나 스트레스로부터 자아를 보호하기 위한 심리적 갑옷이라고 할 수 있습니다. 이 갑옷의 특징은 무의식적으로 작동되는 것이 특징입니다.

방어기제는 한 개인의 현실 자아를 보호하려고 활용되는 심리적 장치이고 이는 자아를 보호하면서 스트레스나 불안을 조절하여 인간의 적응을 돕습니다. 이런 면에서 방어기제는 적응기제(Adaptation Mechanisms)라고 불리기도 합니다.

그렇다면 사춘기에 있는 아이들은 어떤 방어기제(적응기제)를 활용하여 스트레스나 불안으로부터 자신의 자아를 보호하고 환경에 적응할 수 있게 만들까요? 적응기제의 종류가 많으나 사춘기, 청소년기의 대표적인 적응기제를 살펴보겠습니다.

▸ 신체화(somatization)

뚜렷한 의학적 소견이 없이 몸이 아픕니다. 원인은 뚜렷하게 모르고 아픈 경우가 많으며 신체적 고통을 지나치게 호소하기도 합니다. 일반적인 원인은 뚜렷하게 밝혀지지 않는 경우가 대부분이며 보통 분노나 스트레스와 같은 불편한 감정을 해소할 수 없을 때 오는 증상입니다.

▸ 행동화(acting-out)

무의식적인 욕구가 직접적으로 표현되는 현상입니다. 행동화는 충동적이고 부정적인 결과를 초래할 수 있습니다. 그러나 행동화를 통해서 욕구의 발산, 긴장 완화, 불안을 잠시나마 잊을 수 있는 효과를 얻을 수 있습니다. 과식, 폭력적 행동, 약물 복용과 같은 행동이 행동화의 대표적인 사례입니다.

▸ 소극적-공격성(passive aggression)

수동적인 공격성으로 표현되기도 하는데, 분노나 적대감을 드러나지 않게 혹은 삐딱하게 행동하여 상대에게 드러나지 않게 피해를 끼치는 것을 말합니다. 예를 들어, 약속을 일부러 깨거나 잘 진행될 일을 훼방하는 것, 지연 행동, 무반응, 연락 끊기 등 우회적으로 드러나는 것이 대표적인 사례입니다.

▸ 투사(projection)

자신이 가지고 있는 감정을 상대방이 가지고 있다고 믿는 것을 뜻합니다. 자신이 가지고 있으면 안 되는 불편한 감정들을 타인이 가지고 있다고 믿음으로써 자신은 잘못이 없다 생각합니다. 청소년기에 가장 많이 활용되는 적응기제입니다. 예를 들어, 자신이 미워하면서 부모가 나를 미워한다고 믿는 것입니다.

사춘기에 접어드는 아이가 가장 자주 활용하는 적응기제는 불안한 자아를 보호하기 위한 무의식적 기제입니다. 따라서 이 기제를 활용하면 상대방의 마음이 상처받거나 지칠 수 있습니다. 이런 기제의 속성을 이해하면 부모와 교사의 정신건강도 보호할 수 있습니다. 이 시기의 아이는 자신의 불안을 해결하기 위해 무의식적 방어를 하는 것입니다. 즉 성장하기 위한 적응의 과정으로 바라보면 부모도 교사도 여유롭게 생각할 수 있을 것입니다.

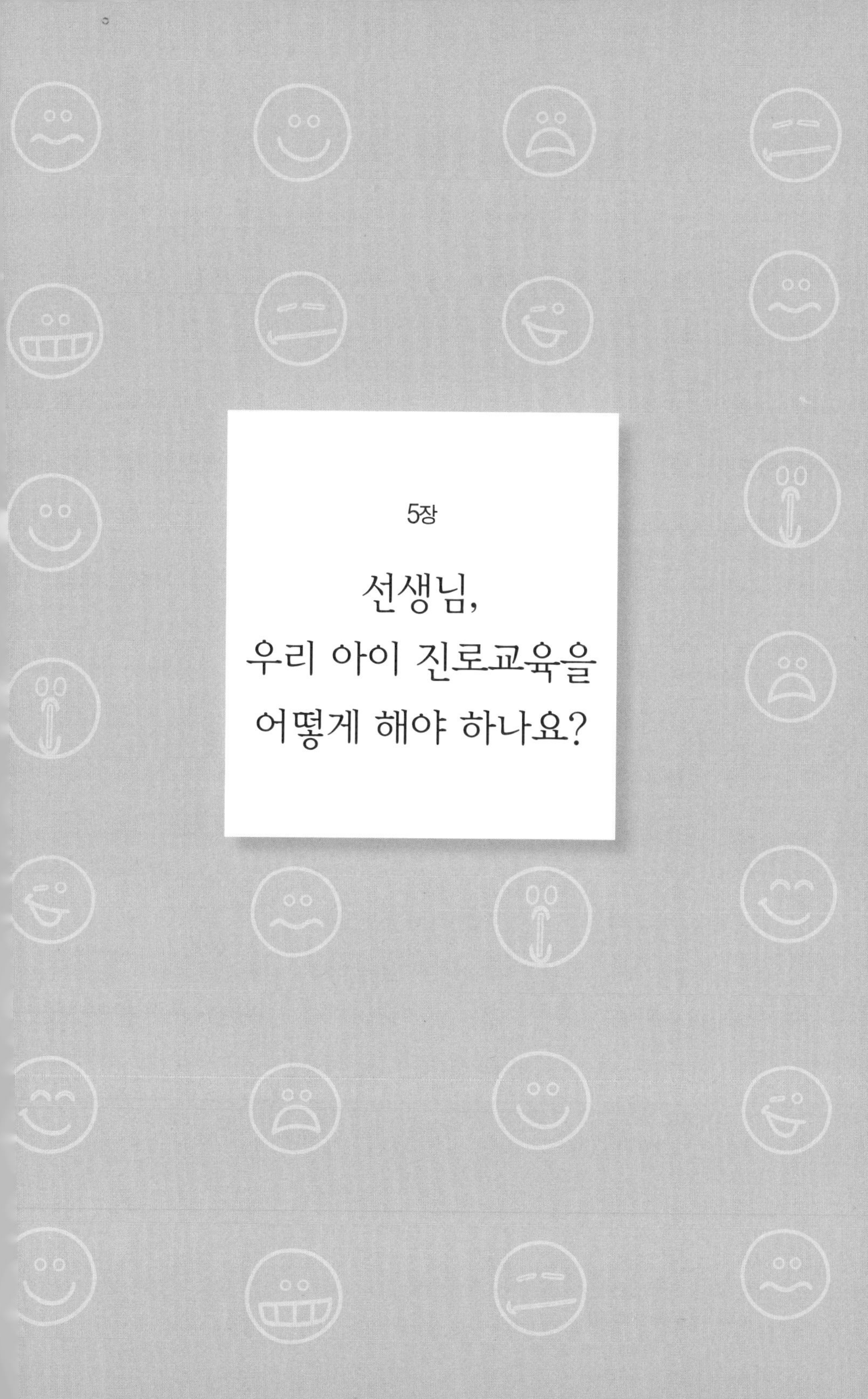

5장

선생님, 우리 아이 진로교육을 어떻게 해야 하나요?

장면 1.

대다수 학부모는 자녀가 학교생활을 잘하는지 궁금해한다. 학교생활에 대한 의문이 어느 정도 해결되면 아이의 진로에 고민하며 상담하는 경우가 많다.

저학년 학부모 상담을 하다 보면 이런 하소연이 자주 등장한다.

"선생님, 우리 애는 아직도 축구 선수를 하고 싶다고 해요, 정말 이제 고학년을 앞두는데 축구 선수를 알아봐줘야 할까요?" 학부모의 진로교육에 대한 고민이 점점 현실적인 문제로 다가온다.

아이가 좋아하는 것 같으니 정말 그 직업을 갖도록 준비해줘야 하는데, 무엇인가 걸린다. 아이에게 그 직업과 관련된 능력이 별로 보이지 않는다거나, 이루기 어려운 진로일 경우가 그렇다. 차라리 아주 어릴 때 우주비행사가 되겠다고 말할 때는 귀엽기만 했는데 학부모도 지금은 자녀의 진로를 슬슬 결정해야 할 것 같은 압력을 받으시는 것 같다.

'자유학기제다, 진로체험이다'라고 해서 진로교육에 대해서 큰 붐이 일어나서 더욱 그런 듯하다. 학부모들은 진로교육에 대한 정보는 많이 접하는데, 무엇을 해야 하는지는 모르겠다며 더욱 불안해한다.

"선생님, 우리 아이에게 무엇을 해주어야 할까요? 진로교육을 어떻게 시켜야 할까요?"

이런 질문을 가끔씩 듣는데, 딱히 내가 알고 있는 정보도 없고 무엇인가를 말해줘야 한다는 마음만큼 무엇을 말해야 할지 모르니 나도 답답하다.

장면 2.

고학년을 담임할 때 이런 하소연을 들어본 적이 있다. "진로를 일찍 결정해서 준비해 나갈수록 좋다는데 진로를 결정하는 것이 너무 어려워요. 학교에서 하는 진로체험이나 진로교육을 열심히 받고 자기 꿈을 위해 준비해 나가는 친구들이 부럽고, 그 친구들과 비교하면 자기 진로 하나 결정 못하는 제가 너무 한심하게 느껴져서 싫어요." 진로교육 시간이 지나고 나서 아이에게 이런 말을 들으니 나도 당황스럽다.

"왜 그렇게 생각하니?"

"모르겠어요. 저만 뒤처진 것 같아요"

무슨 말을 해야 할지 몰라 간신히 물어봤지만 민지의 얼굴은 이미 패배감으로 짙게 물들어 있었다. 민지에게 "민지야. 일단 민지가 좋아하는 것이나 잘하는 것을 찾아볼까?" 하고 제안했다.

"저는 좋아하는 것도 많고, 해 보고 싶은 일도 많아요. 그중에 어떤 걸 선택해서 직업으로 삼아야 할지 모르겠어요. 이것을 선택하면 저것이 아깝고, 저것을 선택하면 이것이 아깝고 ……. 어떤 선택이 가장 좋은 선택인지도 모르겠구요. 지금은 좋은 선택이라고 생각해서 결정했는데 나중에 그것이 좋은 것이 아니면 어떡해요? 누군가가 '이거다.' 정해주면 좋을 것 같아요."

막상 민지의 이야기를 들어 보니 무엇을 말해줘야 할지 막막했다. 하고 싶은 것이 많아도 문제가 되는 것이구나. 진로교육, 정말 어떻게 해야 하는 걸까?

왜 그럴까요?

2016년부터 모든 중학교에서 자유학기제가 시행되고, 학교나 가정에서는 진로교육에 높은 관심을 가지고 있습니다. 학교에서도 진로전담교사 배치를 통해 진로교육을 보다 체계적이고 조직적으로 하고 있습니다. 그렇다 보니 요즘 아이들과 학부모들은 진로에 대한 고민이 많아졌습니다. 이런 시대적인 분위기가 진로교육의 양적 팽창을 가져왔습니다만 한편으로는 아이와 학부모 모두 진로 선택에 대한 압박을 느끼게 되었습니다.

두 사례에서 보는 것과 같이 학부모들은 자녀가 혹여 진로선택을 잘못할까봐 걱정하거나 불안해하고, 아이는 진로 선택을 하지 않으면 뒤처지는 것처럼 느끼고 진로 선택에 대한 압력을 느끼기도 합니다. 그래서 학부모 상담을 할 때에도 진로교육에 대한 조언을 얻고자 문의하는 경우가 많습니다. 진로교육에 대한 대표적인 두 사례를 이해하기 위해서는 진로에 관한 발달단계를 알아야 합니다.

진로발달단계

학부모와 상담하는 사례에서는 진로발달단계에 대해서 이해해야 합니다.

인간은 태어나면서부터 끊임없이 발달하고 있습니다. 진로발달이란 한 개인이 자신의 진로에 대한 생각, 사고, 개념에 있어서 성장하고 변화하는 것을 뜻합니다. 진로발달을 주로 연구한 학자 긴즈버그(Eli Ginzberg)는 개인의 진로발달단계를 환상기, 시험기, 현실기로 구분하였습니다. 첫 번째 사례에서 아이는 어떤 진로발달단계를 거치고 있나요? 다음의 진로발달단계를 살펴보면서 생각해 보도록 하겠습니다.

▸ 환상기

대략 10세 이전의 아동은 자신이 꿈꾸는 대로 진로는 이룰 수 있다고 생각하는 것입니다. 제시된 사례와 같이 초등학교 저학년 아이들의 꿈은 매우 이상적인 경우가 많습니다. '대통령이 될 거야', '우주인이 될 거야'와 같이 되고 싶은 것은 무엇이든 될 수 있다고 믿습니다. 그래서 긴즈버그는 이런 진로발달기를 '환상기'라고 이름 붙였습니다. 무엇이든 본인이 이룰 수 있다고 믿는 시기를 뜻합니다. 만약 10세 이전의 아동의 꿈이 9급 공무원이라면 그것도 쉽게 납득이 되진 않겠죠? 그만큼 현실성이 떨어지지만 자신의 꿈은 원 없이 꾸는 시기입니다.

▸ 잠정기

환상기를 거친 어린이들은 초등학교 고학년이 되면서 잠정기(시험기)에 들어섭니다. 이 시기에는 본인의 흥미, 능력, 가치에 따라 직업이나 진로를 선택하려는 경향이 있습니다. 초등 고학년 아이들은 흥미와 능력을 우선적으로 고려하여 진로를 희망합니다. 이 시기에 가수, 연예인, 운동선수를 희망하는 아동이 많은 이유는 그들의 흥미를 진로 선택에 반영했기 때문입니다. 진로를 흥미로 선택하는 시기가 지나면 자신이 가진 능력이나 가치에 의해서 선택하는 시기를 맞이하게 됩니다.

이처럼 초등학교에서는 아이들의 진로발달이 환상기-잠정기(시험기)에 걸쳐있음을 기억해야 합니다. 따라서 첫 번째 사례처럼 다소 허황된 진로 희망을 갖고 있다고 하더라도 이는 지극히 자연스러운 일입니다. 이 시기를 거친 이후에 보다 현실적인 진로 선택과 진로 개발을 해야 합니다.

진로 선택에 대한 아이의 부담감

두 번째 제시한 학생 상담 사례의 경우에는 아이가 진로 선택에 부담감을 느끼고 있는 것이 진로 문제의 원인입니다.

주변의 친구들은 모두 진로를 잘 선택하고 그 꿈을 이루기 위해 나아가는데, 본인은 정작 무엇을 해야 할지 모르는 것 같아 불안하고 초조할 때 이런 현상이 일어납니다. 진로교육을 통해 자신의 진로를 생각해보고 준비하는 과정은 꼭 필요하고 중요한 일입니다. 그러나 세심한 진로교육을 하지 못한 채 진로교육의 횟수만 증가하다 보니 진로에 대한 고민이 진로 선택에 대한 강요처럼 느껴지는 경우가 많습니다. 두 번째 사례가 바로 진로 선택에 대한 압박이 아이들에게 불안함, 초조함, 무기력감을 느끼게 하는 예입니다.

초등 고학년 진로발달단계를 고려했을 때 본인의 흥미나 능력을 고려해서 진로 희망을 하면 될 것이라고 볼 수 있습니다. 그러나 이 시기에 자신의 흥미나 능력을 의심하거나 탐색하기 어려워하는 경우, 너무 다양한 흥미 때문에 정말 무엇을 좋아하는지 구별이 안 되는 경우가 있습니다.

두 번째에 제시된 학생 사례의 경우에는 주변 환경(친구, 학교, 가정)으로부터 미래에 대한 선택에 압박을 느꼈을 때 벌어지는 일입니다. 이런 진로 선택에 대한 압박은 개인을 초조하게 만들고 점차 자기 자신에 대한 능력을 낮게 평가하여 진로에 대한 효능감을 매우 떨어뜨리고 무기력하게 만듭니다. 때에 따라서는 진로 불안을 자신과 타인에 대한 분노로 해결하려는 경우도 있습니다. 이러한 경우는 최근 진로교육이 본격적으로 실시되면서 발생하기 시작한 현상입니다. 따라서 진로 선택이 아닌 진로발달에 대한 관점으로 진로 고민을 이해하도록 해야 합니다.

이렇게 해 봅시다

학교에서 활용하는 진로 이론에서 가장 중요하게 생각하는 것은 의사결정 능력과 진로개발 역량입니다. 진로는 현재의 선택들이 모여서 이루게 되는 미래에 대한 이야기입니다. 따라서 선택을 할 때 세 가지를 고려해야 합니다. 첫째, 얼마나 자신의 선택에 확신을 갖는가, 둘째, 그 결과에 대하여 얼마나 만족도가 높은가, 셋째, 자신이 원하는 방향대로 효과적인 의사결정을 할 수 있는가가 중요합니다. 또한, 자신이 가진 자원을 인식하고 자신의 진로 환경을 정확하게 확인할 수 있어야 합니다. 진로발달단계의 차이를 고려하여 해결 방안을 저학년과 고학년으로 나누어 볼 필요가 있습니다. 먼저, 저학년 교실에서 필요한 진로교육 활동을 소개하겠습니다.

저학년 진로교육

1. 긍정적인 자아개념을 형성할 수 있는 활동(나의 강점 찾기)

저학년은 진로에 대한 낙관과 무엇이든 이룰 수 있다는 기대, 그리고 어떤 활동이든 동기가 높은 학년입니다. 무엇이든 할 수 있다는 믿음, 나는 소중하다는 생각, 자신을 스스로 긍정적으로 평가할 수 있는 자아개념을 형성하는 것이 중요합니다.

가장 쉽게 할 수 있는 것이 "나의 강점 찾기"입니다.

아이들의 손, 발, 얼굴 등을 본떠서 자신의 강점을 찾고 그것을 서로 발표하는 활동은 아이들의 긍정적인 자아개념을 형성하는 것에도 좋고 또한 강점을 발견하기 때문에 주변의 친구들이 "너는 이런 강점이 있어~"라고 찾아주는 활동으로도 응용이 가능합니다. 따라서 이런 기본 형태에서 출발하여 선생님들의 아이디어를 붙여서 활동하면 더욱 효과적일 것입니다.

[그림 1] 각 손가락에 자신이 가진 장점, 강점을 쓰는 활동이다. 강점이 없다 하더라도 가지고 싶은 강점을 쓰는 방식으로 활용할 수 있다.

강점을 찾기 어려워하는 아이들이 있을 수 있습니다. 강점에 대한 자신의 생각이 분명하지 않다면 선생님이 강점을 찾아주는 것도 방법입니다. 강점이라는 것이 대단한 것만 생각하는 경향이 있는데, 아주 사소하지만 꼭 필요한 것을 발견해준다면 아이들에게 더욱 도움이 됩니다. 예를 들어 '인사를 잘하는 것', '대답을 잘하는 것', '급식을 잘 먹는 것'도 저학년 아이들에게는 강점이 될 수 있습니다. 평범해 보이지만 기본적인 것을 강점으로 찾으면 강점교육뿐만 아니라 생활교육도 함께 할 수 있습니다

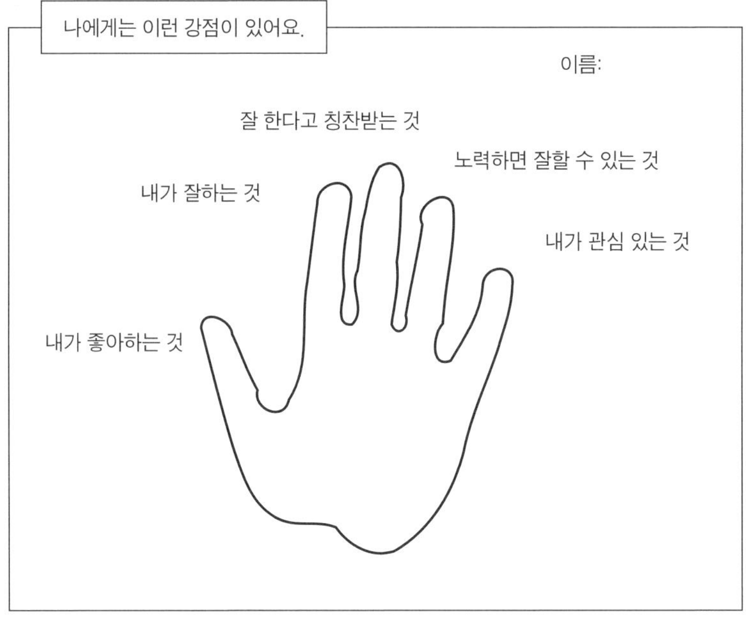

[그림 2] 강점 활동
저학년 긍정적 자아개념 형성 활동 사례

2. 교과서와 그림책에서의 등장인물 활용

아이들이 활용하는 교과서, 그림책, 혹은 동화책에는 각각의 등장인물이 있습니다. 예를 들어 초등 3학년 국어 시간에 〈미미언니 자두〉라는 만화를 감상하는 단원이 나옵니다. 이때 만화에서 등장하는 각 주변 인물이 하는 일들을 살펴보면 모두 직업을 가진 사람들입니다. 따라서 이런 제재가 나올 때 아이들에게 직업에 대한 관심을 유발할 수 있습니다.

어떤 일을 하는지, 어떤 보람을 느끼는지에 대해서 이야기 나누다 보면 저학년 아이들이 진로나 직업에 대한 관심을 갖게 됩니다. 이런 방법을 교과통합 진로교육이라고 하는데, 교실에서 활용할 수 있는 가장 효과적인 진로교육입니다. 이렇게 진로와 직업에 대한 경험이 직접적이고 보다 구체적일수록 아이들은 자신의 진로에 대한 환상에서 벗어나 점차 본인의 흥미, 경험, 능력 등에 따라 선택하는 진로발달단계에 들어서게 됩니다. 예를 들어 아이들이 읽는 모든 책에는 등장인물이 있습니다. 등장인물이 하는 일이 무엇인지 질문하고, 그 일이 사회에서는 어떤 의미를 지녔는지 살펴보는 방향으로 수업을 진행합니다.

3. 주변 환경을 진로 소재로(우리 동네 간판 조사하기)

저학년 교과서에 집 주변을 탐색하는 활동이 있습니다. 도시지역에서는 마을의 간판들을 보면서 어떤 일을 하는 곳인지 살펴보고, 농촌, 어촌, 산촌에서는 보이는 마을 풍경 안에서 사람들이 어떤 경제활동을 하는지 등을 탐색할 수 있습니다. 이처럼 생활 주변에서 쉽게 접하는 소재를 통해서 진로와 직업, 우리 생활에서의 의미를 함께 이야기 나눈다면 아이가 점차 자신의 진로 환경에 대해서 관심을 갖게 됩니다. 우리가 살고 있는 환경 속에서 진로와 관련된 요소를 찾아주는 것이 핵심입니다. 하는 일의 종류를 소개하고 분류해보기도 합니다. 사회과와 연관하여 함께 조사하고 발표하는 방법도 권장합니다.

종합해보면, 저학년 아이의 진로를 선택해야 하는 것이 아님에도 불구하고 늘 진로를 선택해야만 한다고 오해해서 오는 문제가 많습니다. 저학년 진로교육에서는 자신에 대한 긍정적인 평가, 자신의 강점을 찾고 일상생활, 수업에서 진로에 대한 동기를 계속 제안하게 하는 것들이 필요합니다. 그러다 보니 저학년 진로교육은 왠지 인성교육 같기도 하고 정체성이 모호하게 느껴질 수도 있습니다. 진로교육은 직업교육을 뜻하는 것은 아닙니다. 넓게 생각해보면 학교교육 자체가 진로교육이니까요. 그런 거시적인 관점에서 저학년 진로교육을 여유 있게 운영하는 것이 필요합니다.

저학년 학부모를 대할 때에는 앞서서 언급한 신로발달단계에 대해서 이해한 후 학부모에게 안내해드립니다. 환상기를 거치지 않는 아이는 없기 때문에 너무 터무니없는 장래 희망이라도 실망

하실 필요는 없다고 안내해드립니다.

간혹 아이의 진로에 대해서 너무 미리 고민하시는 학부모들이 있을 수 있습니다. 앞서 이야기한 긍정적 자아개념 형성, 진로 선택에 대한 확신과 효능감의 중요성 등을 안내하고 다양한 진로체험과 함께 연관시켜 진로교육을 하는 것을 제안합니다. 진로교육에 대한 고민이 있는 저학년 학부모에게 안내해야 할 때 가장 중요한 것은 바로 학부모가 원하는 진로를 은연중에라도 강조하지 말라는 것입니다. 부모가 강요한 직업이나 진로는 추후에 아이의 진로 동기를 떨어뜨리고, 진로 결정에 대한 확신, 자신감 등을 떨어뜨리게 되며 이는 진로 선택에 대해서 부담스럽게 느끼게 되는 원인이 됩니다. 또한 자신이 정말 직업을 통해 하고 싶은 일을 찾지 못하여 방황하는 경우도 많이 있는데, 저학년 때 부모가 자신에게 맞지 않는 진로를 강요하고 은연중에 압력을 가하는 경우가 원인이 되기도 합니다. 아이가 호기심을 갖는 만큼, 그리고 관심을 갖는 만큼의 자극을 주는 것이 아이를 위해 도움이 되는 지름길입니다.

고학년 진로교육

다음으로, 고학년 교실에서 필요한 진로교육 활동을 소개하겠습니다. 진로는 미래에 대한 이야기입니다. 따라서 희망적이어야 하는데, 입직(취직)을 준비하는 기간부터 미래에 대한 희망보다는 두려움이나 걱정, 불안이 엄습하곤 합니다. 예전에는 고등학교부터 시작했던 진로 고민이 이제 이런 시기가 초등 고학년까지 내려왔습니다. 그만큼 준비를 해야 할 것이 많은 것이 요즘 시대인 듯합니다. 이럴 때의 진로교육은 직업을 선택하기 위한 내용이 강조되면 더욱 진로 선택 압력으로 작용합니다. 이럴 때는 진로 선택보다는 진로 개발에 초점을 둬야 합니다.

1. 진로를 지금 선택하지 않아도 된다고 이야기해주세요

사실 많은 사람들의 진로는 우연에 의해서 결정됩니다. 선생님과 같은 전문직은 비교적 어릴 적부터 진로를 선택하고 그것에 맞게 준비하며 진로를 개발합니다. 그러나 대부분의 직업들은 우연한 경험, 우연한 사건들이 동기가 되어서 선택하게 되는 경우가 많습니다. 이는 주변에 있는 분들과 그들의 삶에 대해서 조금이라도 대화해 보면 알 수 있는 사실입니다.

외부적인 압력에 따른 불안과 초조함은 시야를 좁힙니다. 초등학교 고학년들은 아직 자라나는 아이들이기 때문에 더욱 그렇지요. 이런 초조함을 극복하기 위해서는 더 다양한 사람들을 심도 있게 만나보는 것이 우선입니다. 진로라는 단어를 머릿속에서 잠시 지워두고 있어도 됩니다. 잠시 그 주제에서 떨어져서 지금의 생활에 충실해보는 것도 필요합니다. 진로는 지금 선택해도 반드시 되라는 법은 없으니까요.

직업 선택, 진로 선택은 사진을 찍는 것이 아니라 그림을 그리는 '과정'입니다. 그리다가 잘못되면 새롭게 그릴 수도 있고, 수정해서 그릴 수도 있습니다. 지금 시기는 진로를 섣불리 선택하는 것이 아니라 탐색하는 것입니다.

2. 아이의 진로 자원을 떠올려 보게 제의하세요

진로 자원이란, 진로 선택이나 진로발달에 도움이 되는 모든 형태의 자원을 뜻합니다. 성격, 적성, 가족관계, 학교생활, 정서 상태 등 개인이 가진 것 중에 진로에 도움이 되는 것을 진로 자원이라고 합니다. 예를 들어 삼촌이 하는 일이 너무 신기해서 그 일을 알아보는데, 하루 진로체험을 해 주었다면 삼촌 역시 아이의 진로 자원이라고 할 수 있습니다. 이런 유무형의 진로 자원을 찾아보고 탐색해보면, 두려움과 초조함에서 자유로워질 수 있습니다. 또한 이 자원은 자신에 대한 기초 정보가 됩니다. 진로 문제 해결을 위한 기초 자료인 자신에 대한 이해를 하는 효과가 있습니다. 어떤 환경도 자신에게 진로 자원이 될 수 있습니다. 대부분의 진로 자원은 나 자신과 가까이 있습니다. 충분히 활용할 수 있도록 환경에 대한 섬세함과 유용성을 떠올려보는 것도 필요합니다.

3. 진로 가계도를 만들어보세요

부모, 친조부모, 외조부모, 사촌, 외사촌까지 8촌 범위에 있는 가족, 친척들의 직업과 성격, 적성, 직업을 선택한 계기 등을 조사하여 한 장에 마인드맵과 같은 형태로 정리해봅니다, 진로 가계도를 만들어보면, 몇 가지 특징들이 있습니다. 8촌 범위에 비슷하거나 같은 직업을 가진 분들이 있다는 것입니다. 이것은 '가족' 환경이 진로 선택이나 진로 개발에 가장 큰 영향을 미치고 있다는 것을 의미합니다. 이런 진로 가계도를 만들어보면서 그 친척들을 인터뷰하게 되는데, 이를 통해 직업과 진로에 대한 현실적인 고민들을 자연스럽게 대화하는 기회가 됩니다. 이 진로 가계도를 응용하면, 다양한 형태의 활동이 가능합니다. 예를 들어 부모 지인의 진로 지도, 우리 동네 이웃사촌들의 진로 지도를 만드는 것도 방법이 될 수 있겠지요. 가계도는 가족의 개인정보를 담고 있습니다. 따라서 진로 가계도는 아이나 학부모의 동의를 얻어야 합니다.

4. 불안한 이유를 직시하고 지금 현재에 몰입하도록 하세요

진로 선택을 꼭 해야 하는 이유는 없지만, 만약 정면 돌파를 하고 싶다면 선택할 수 없는 이유를 떠올려 봅니다. 이런 현상을 겪는 아이는 자신을 바라보는 기준이 높고 엄격한 경우가 많습니다. 즉 완벽한 것을 추구하거나, 정확한 것을 추구하는 성격일 때 압박을 느낍니다. 진로는 오지 않는 미래에 대한 이야기입니다. 이는 희망적으로 볼 때는 장밋빛이고 즐거운 상상이지만, 확실한 것을 못 견디거나 완벽한 것을 추구할 때는 불안함을 주는 것입니다. 아이의 이런 상황을 이해하고 격려해야 합니다. 불안을 잠재우는 가장 효과적인 방법은 지금 할 일에 몰입하기입니다. 불안할 때는 지금 할 수 있는 것, 작은 성취목표를 설정하고 이루어가는 모습으로 학교생활을 하는 것이 필요합니다. 현재의 삶에 몰입하다 보면 불안은 서서히 사라지는 경우가 많습니다.

고학년 학부모를 대할 때에는, 고학년 시기의 학부모는 본격적으로 입시에 대한 고민을 하게 된다는 점을 고려해야 합니다. 그런 고민이 있는 학부모는 지역의 중학교, 고등학교의 분위기와 같은 진학 상황에 대한 고민을 하십니다. 그 지역에 속해 있는 중학교, 고등학교의 선생님과 교류가 있으면 직접 물어보고 학교 분위기에 대한 정보를 아는 것이 큰 도움이 됩니다. 만약 그렇지 않다면, 졸업한 제자들에게 물어보는 것도 아이 입장에서 풀어낼 수 있는 좋은 기회가 됩니다.

만약 학부모가 아이의 진로 정보를 통합적으로 얻고자 한다면, 커리어넷(www.career.go.kr)이나 워크넷의 콘텐츠를 소개하는 것도 방법이 됩니다.

또한 학부모는 본인이 바라는 진로를 자녀에게 압박하는 경우가 많습니다. 의도하지 않게 비언어적인 메시지 등으로 인해서 벌어지는 일입니다. 이러한 점은 자녀의 진로발달에 방해가 되기 때문에 유의해야 한다고 안내합니다. 실제로 10대의 진로발달에서 가장 큰 방해는 부모의 기대, 부모의 진로 압력입니다. 자유학기제의 원조격인 유럽의 갭이어 프로그램은 아예 그 기간 동안 부모와 떨어져서 기숙사 생활을 한다고 하니 부모가 자녀의 진로에 미치는 영향은 동서양을 막론하는 현상인 듯합니다.

이처럼 아이가 부모의 가치관이나 신념, 바람 등에서 벗어나 온전히 자기 자신에 대한 고민을 할 수 있을 때 자신에 대하여 보다 성숙한 태도가 형성이 됩니다. 학부모에게는 이런 점에서 늘 불안해하는 경향이 있음을 자각하게 하고 그 불안이 아이의 진로발달에 도움이 되지 않고 오히려 걸림돌이 된다는 것을 설명하는 것이 효과적입니다.

한 걸음 더 알아볼까요?

긴즈버그(Ginzberg)의 진로발달 이론

진로를 선택하는 것은 일순간의 사건이 아니라 시간의 흐름과 개인의 생활 속에서 지속적으로 발달하는 것의 결과라고 보았습니다. 한 개인은 유아기부터 자신의 진로 인식이 변화하고 발달하는데, 크게 3단계로 나누었습니다.

1. 환상기(fantasy period): 유아기~10세

자신이 원하는 것은 무엇이든 할 수 있다고 생각하는 비현실적인 선택을 하는 경향을 가진 시기입니다. 이때는 능력, 가능성, 현실적 여건을 고려하지 않고 자신의 흥미, 욕구, 관심에 집중합니다. 직업에 대한 단편적인 이미지를 고려한 선택을 합니다.

2. 잠정기(tentative period): 11세~17세

직업 선택 과정에서 흥미, 능력, 가치가 고려되기 시작하며 아동기에서 청소년기를 거치며 잠정적으로 진로 선택을 하기 시작합니다. 그러나 아직, 흥미/능력/가치는 고려하나 현실 상황을 크게 반영하지 않기 때문에 다소 잠정적 결정 상태로 보입니다. 잠정기 내에서도 직업 선택에 대한 기준에 따라 4단계로 나눕니다.

- 흥미단계(11~12세): 흥미에 입각한 진로 선택의 경향
- 능력단계(13~14세): 자신의 능력을 고려한 직업 선택 경향
- 가치단계(15~16세): 직업을 선택해야 하는 다양한 요인 인정, 자신의 가치를 고려
- 전환단계(17~18세): 외부 요인으로 관심을 전환하여 진로 선택에 따른 책임 의식을 인식하기 시작

3. 현실기(realistic period): 18세~22세

청소년 후기에 해당되며, 비로소 현실적인 선택이 이루어지는 시기. 직업에서 요구하는 조건과 개인적 욕구, 능력을 함께 고려합니다.

- 탐색단계: 취업 기회를 탐색하고 그에 걸맞고 필요한 것을 얻고자 교육이나 경험을 쌓으려고 함
- 구체화단계: 진로 목표를 구체화하고, 자신의 결정에 관련된 다양한 요소를 통합적으로 고려하는 단계

- 특수화단계: 자신의 결정을 더욱 구체적이고 세밀한 계획을 세우게 되는 단계이며 전문화된 의사결정을 하게 됨

홀랜드(Holland)의 직업 적성 검사 해석하기

학교에서 심리검사 또는 진로적성검사를 많이 하고 있습니다. 진로적성검사의 대표적인 것이 홀랜드의 진로적성검사라고 할 수 있는데, 그 검사 결과를 정확히 읽고 해석하는 것이 필요합니다.

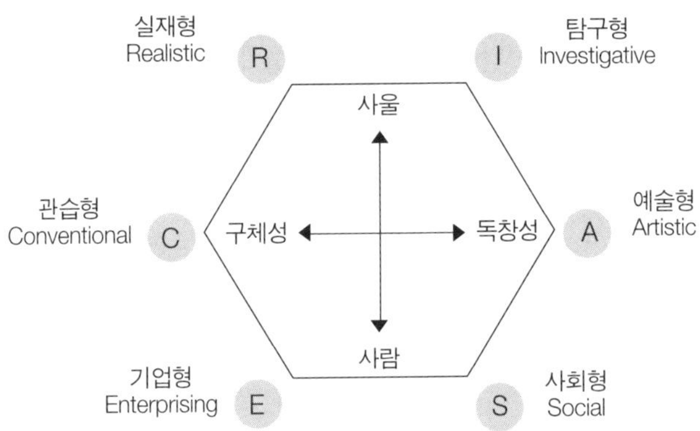

[그림 4] 홀랜드 직업성격유형 육각형 모형

우선 홀랜드 검사는 시기마다 그 결과가 달라질 수 있습니다. 아이가 가진 관심사, 접하고 있는 진로 환경, 경험, 학습 영역에 따라 변합니다. 특히 초등학생의 경우에는 최소 4학년 이상에서 유

의미한 결과를 얻을 수 있습니다. 그리고 계속 바뀔 수 있다는 것을 아이들과 학부모에게 안내해주는 것이 필요합니다.

홀랜드는 인간의 직업 성격 유형을 6가지로 분류할 수 있다고 생각하였습니다. 학교에서 활용하는 홀랜드 검사는 학생의 진로를 탐색하기 위해 아이의 성격이 어떤 직업 성격 유형에 속하는지 살펴보고 관련된 직업과 진로를 탐색해보는 기회를 제공합니다. 6가지 유형의 특징을 소개해보면 다음과 같습니다.

▸ 실재(R)형

기계, 도구, 동물에 관한 조작활동 또는 신체활동을 좋아합니다. 이 유형의 사람은 사회적 기술에 흥미가 없는 편입니다. 실재적인 유형에 속하는 전형적인 직업은 기술자, 운동선수가 있습니다. 학습전략이 부재한 경우가 많으므로 실재형에 속하는 아이에게는 구체적인 학습전략을 자세히 제공하는 것이 필요합니다.

▸ 탐구(I)형

호기심이 많고, 관찰력, 분석력이 있으며 문제 상황을 잘 해결합니다. 책을 좋아하는 편이고, 수업 태도나 시간 관리 등을 잘하는 편입니다. 하나에 몰두하기를 좋아하며 탐구형에 속하는 전형적인 직업은 과학자입니다. 이 유형의 아이들은 학습

전략이 뛰어나서 학업성취도가 높은 경향이 있습니다.

▸ 예술(A)형

자신의 감정이나 생각을 자유롭게 표현하는, 독창적인 성격입니다. 어떠한 질서나 규칙을 지키는 것보다는 자신이 하고 싶은 대로 하는 예술가 기질이 많습니다. 대표적인 유형으로는 미술가, 예술가 등이 있습니다. 규칙이나 질서를 잘 따르지 못하는 경우가 있지만 개방적인 성격을 지녔습니다. 창의적인 아이디어로 학습활동을 제시하면 학습에 몰입합니다.

▸ 사회(S)형

사람을 좋아하고 함께 협업하거나 협동하는 것을 즐겨하는 성격입니다. 다른 사람들을 도와주거나 다른 사람의 심리적 성장을 보면 함께 기뻐하는 협력적 심성을 지녔습니다. 반면 이 유형은 도구와 기계를 포함하는 질서정연하고 조직적인 활동을 답답해하며 기계적이고 과학적인 능력이 부족합니다. 사회복지가, 교육자, 상담가 등이 대표적인 사회형 직업 흥미를 가지고 있습니다. 모둠별로 학습, 협동학습을 즐겨하며 시간 관리, 노트 필기, 책 읽기, 기억 전략 등의 학습전략을 활용하기를 좋아합니다.

▸ 진취(E)형

기업이나 조직을 관리하고 목표를 달성하기 위한 일련의 리더십 발휘 등에 흥미를 느낍니다. 타인을 설득하고, 과제나 과업에 대한 성취 욕구가 강합니다. 한편 체계적인 활동에 다소 지루해하며 과학적 능력이 부족한 경우가 있습니다. 외향성을 지닌 경우가 많으며 기업 경영인, 정치가가 대표적인 진취형 직업입니다. 학습활동에 있어서 수업 태도, 노트 필기 등에 강점을 보이는 경우가 많습니다.

▸ 관습(C)형

주어진 자료를 체계적으로 잘 정리하고 기록하며 재생산하는 것을 좋아합니다. 정해진 절차에 따라 행동하는 것을 좋아합니다. 반면 심미적 활동은 이해하지 못합니다. 대표적인 직업 유형으로는 회계사, 사서, 공무원 등이 이에 속합니다. 학습활동을 할 때 구체적으로 절차를 제시해야 효과가 있으며 감정 표현에 다소 서툰 경우가 있습니다.

홀랜드 검사를 통해 아이의 직업 흥미 유형을 알 수 있고 이를 통해 자기 이해를 할 수 있습니다. 또 이 검사 결과를 통해 다양한 직업 세계에 대한 탐색을 시작할 기회를 찾을 수 있습니다. 홀랜드 검사 결과는 절대적이지 않습니다. 아이의 진로발달에 따라 추후의 검사 결과는 달라질 수 있습니다. 따라서 검사 결과에 집착하는 것보다는 검사를 통해 내가 몰랐던 모습을 살펴보았다고 생각하는 것이 올바른 방법입니다. 홀랜드 검사는 성인이 되어서도 어떤 환경에 있는가에 따라서 변화할 수 있습니다. 학급이나 교실에서 홀랜드 검사는 아이가 자신을 좀 더 쉽고 폭넓게 이해하는 계기가 되어야 합니다.

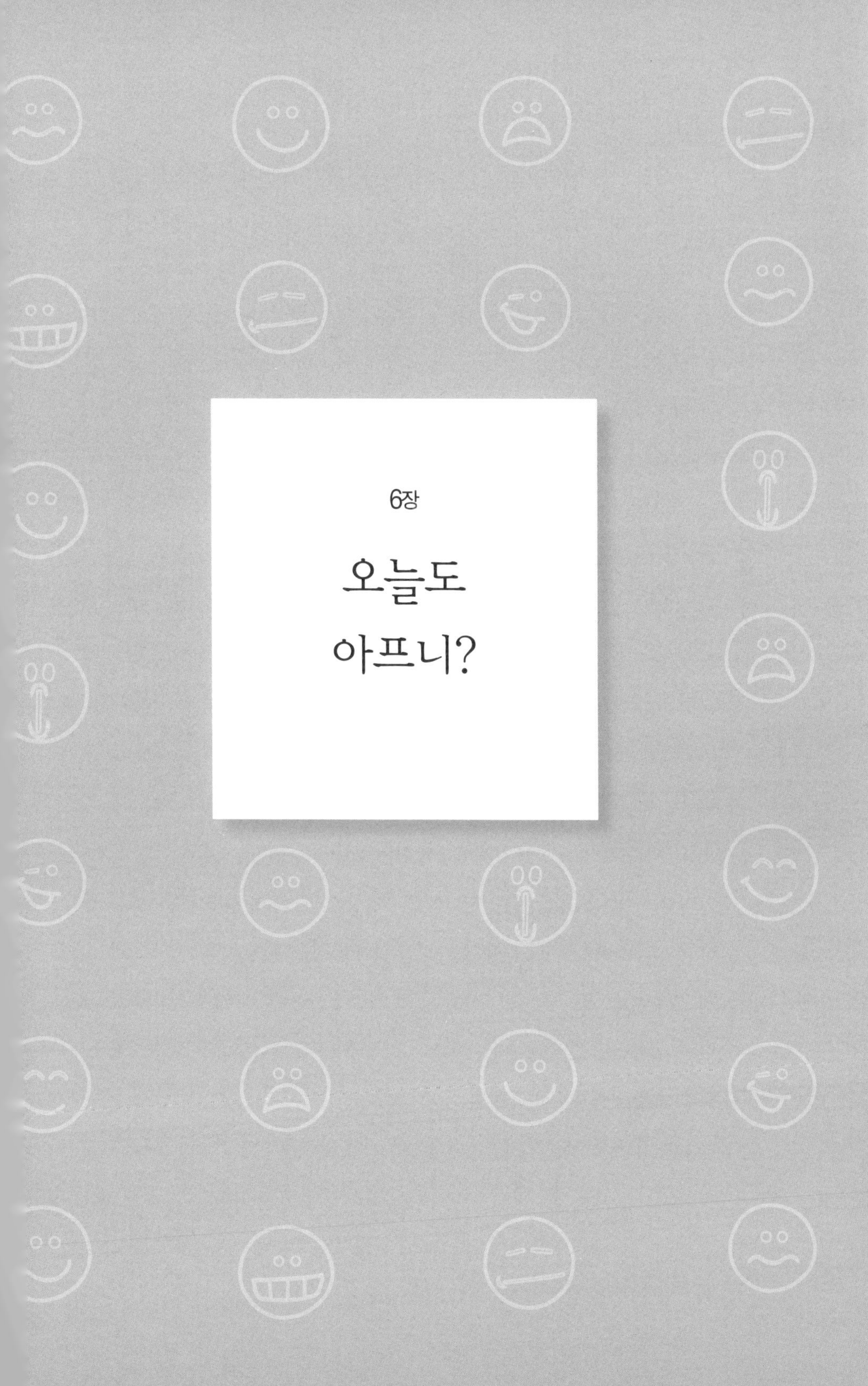

6장

오늘도 아프니?

"선생님, 배가 아파요." 민지는 오늘도 복통을 호소한다. 수학 시험이 있는 날이라 민지의 복통은 예상하고 있었던 일이지만 5학년이 되면서 민지의 복통이 더욱 잦아지는 것 같아 걱정이다. 요즘 민지는 거의 하루에 한 시간 이상은 복통 때문에 보건실에 가서 쉰다. 얼굴까지 창백해지는 것을 보면 꾀병은 아닌 것 같은데 시험을 보거나, 발표가 있거나, 친구 관계에 문제가 생기면 어김없이 "선생님, 배가 아파요."라고 한다.

민지의 복통은 어제 오늘 일이 아니다. 민지 어머니 말씀으로는 1~2학년 때에는 학기 초만 되면 배가 아파 학교에 가지 못하는 날이 많았다고 한다. 병원에 가서 정밀 검사를 받아봤지만 원인을 알 수 없고, 학교생활이 재미가 없어서 그런가 생각했다는 것이다. 그래서 담임 선생님들과 상의해서 민지와 잘 맞을 친구와 일부러 같은 모둠을 만들어 주기도 하고, 짝꿍을 만들어 주기도 했지만 별 효과가 없었다고 한다.

3~4학년이 되면서 학기 초에 배가 아파 학교에 가지 않는 일은 서서히 줄어서 다행이다 싶었는데 4학년 때부터는 시험이 있거나 발표가 있는 날은 오늘처럼 배가 아파서 보건실에서 쉬는 일이 잦아졌다는 것이다.

민지는 기분이 좋을 때는 더없이 밝고 명랑한 아이인데 친구들과 놀이를 하다가도 무엇에 토라졌는지 금방 말이 없어져 침울한 표정으로 혼자 자리에 앉아 책을 보는 등 감정 기복이 심한 편이다. 또 욕심이 많아 자신이 잘할 수 있는 일에는 누구보다 적극적으로 참여하지만 조금이라도 잘할 자신이 없는 일은 시작조차 하지 않으려고 한다.

얼마 전 수학 시간에 시험을 보았는데 시험 문제 절반밖에 풀지 않고 시험지 귀퉁이에 그림을 그리고 있기에 "민지 왜 안 풀고 그림 그리고 있어요?" 하니, "풀면 뭐해요. 어차피 실수해서 100점 못 맞을 텐데요."라고 말하는 것이다. 평소 성실하고 학업 성적도 매우 우수한 민지의 낯선 모습에 깜짝 놀랐다.

요즘 들어 학업 스트레스가 많아진 민지, 복통의 원인이 학업 스트레스 때문이라는 생각이 든다. 내가 볼 때는 민지의 복통이 몸의 문제가 아니라 마음의 문제인 것 같아 민지의 마음을 알고 싶어 대화를 시도해 보았지만 민지는 통 자기 마음을 이야기하지 않는다. 민지를 돕고 싶은데 도울 방법을 몰라 걱정과 안타까움만 커져간다. 민지를 어떻게 도와주면 좋을까?

왜 그럴까요?

최근 초등학교 아이들의 보건실 이용 빈도가 과거에 비해 눈에 띄게 늘어가고 있습니다. 아이들이 보건실을 이용하는 주요인은 대부분 질병이나 외상에 의한 것이 많지만, 특별한 외상 및 질병으로 인한 증상 없이 보건실을 이용하는 아이들도 30% 정도는 충분히 되는 듯합니다. 특히, 학기 초나 시험 기간이 되면 학교 보건실은 이처럼 '특별히 아프지는 않지만' 보건실을 방문하는 아이들로 넘쳐납니다.

이 아이들을 좀 더 구체적으로 살펴보면, 또래 친구들과 쉽게 어울리지 못하고 겉도는 모습을 자주 보이며, 학교 규칙에 잘 적응하지 못하고, 선생님께 충분한 사랑과 관심을 받지 못한다고 느낍니다. 또한 학교와 가정에서의 문제로 스트레스가 높고, 고학년 학생들의 경우에는 사춘기에 접어들며 심리적 불안감도 높아 보입니다. 민지처럼 주로 복통을 호소하는 아이들이 많고, 어지러움이나 메스꺼움, 구토 등의 소화기 증상도 흔하게 나타나고 두통이나 가슴이 답답함을 호소하는 아이들도 있습니다. 그러나 민지와 같이 내과적인 원인이 없이 증상이 반복된다면 신체증상장애(somatic symptom disorder)를 의심해 볼 필요가 있습니다. 초등학교 아이들은 자신의 기분이나 생각을 구체적인 언어로 표현하는 것이 서툴러 아이들의 정서나 생각이 신체 증상으로 표현되는 경우가 종종 있습니다. 걱정이 있거나 어떤 일을 피하고 싶을 때, 배가 아프다거나 머리가 아프다는 등의 다양한 신체 증상을 호소하는 경우가 바로 그런 경우라고 할 수 있습니다.

이것은 마음의 어려움이 몸의 증상으로 표현되는 것입니다. 신체 증상이 일시적인 경우에는 어느 정도 잘 적응해나갑니다. 그러나 신체 증상이 자주 반복되면 일상생활에서 어려움을 겪을 뿐만 아니라 건강한 성장과 발달에 부정적인 영향을 주어 성장과정에서 심리적 어려움을 경험할 위험이 더욱 증가하게 됩니다.

아이가 신체적 불편감이나 증상을 호소하는 경우에는 무엇보다도 의사의 진단이 우선 되어야 합니다.

신체증상장애는 다양한 신체 증상을 호소하고 이러한 증상이 고통을 초래하여 일상생활에 심각한 어려움을 야기하는 상태를 말합니다. 아동·청소년의 경우 복통, 두통, 근육 및 관절통 등의 신체 증상이 가장 흔하게 나타납니다. 신체 증상은 다양한 요인이 복합적으로 작용하여 영향을 미치는 것으로 알려져 있습니다. 신체증상장애는 학력이 낮거나 사회경제적 지위가 낮은 경우, 생활

스트레스를 경험한 경우에 잘 발생하며, 성적 학대 경험이 있거나 아동기에 부정적 양육 환경에서 자랐거나 만성 신체질환 또는 정신과적 질환(우울증, 불안, 공황)이 공존할 경우, 사회적 스트레스나 질환의 이득과 관련된 사회적 요인도 질환 발생에 영향을 줍니다.

아동・청소년의 신체 증상 발생의 위험인자(Garralda, 2011)

개인	- 신체질환에 대한 개인적 경험 - 신체 감각에 대한 관심의 증가 - 취약, 민감, 불안한 성격 - 또래 관계에 특별한 걱정 - 높은 성취 지향
가족	- 신체 건강 문제 - 정신 건강 문제 - 부모의 신체 증상 - 정서적으로 과도한 개입 - 정서적으로 의사소통하는 능력의 제한
환경	- 생활 스트레스(학교폭력, 또래 놀림 등) - 학업에 대한 압박

신체적 증상은 아이의 심리적 스트레스가 신체 증상으로 표현되는 것으로 신체 곳곳의 통증, 소화 장애, 현기증, 두통 등이 반복적으로 나타납니다. 주로 초기 아동기에 시작되어 저학년인 경우에는 남학생과 여학생에게서 거의 비슷하게 나타나지만 고학년으로 갈수록 여학생에게 많이 나타나는 경향을 보입니다. 만성적인

경과를 보이는 경우가 많고, 불안장애 또는 우울증으로 발전하는 경우도 많기 때문에 조기에 적절한 도움을 주는 것이 매우 중요합니다. 적절한 도움을 주기 위해 아이의 신체화 증상의 원인에 대해 좀 더 고민해볼 필요가 있습니다.

1. 신체화 증상의 원인으로 최근 가장 많은 관심을 갖고 있는 것은 스트레스 요인입니다

초등학교에 입학하면서 아이들은 가정에 국한되던 사회적 환경의 범위가 확대됨에 따라 미처 준비가 되기도 전에 다양한 사회적 요구에 적응해야 합니다. 교사, 친구 등 다양한 사람들과 관계를 맺어야 할 뿐만 아니라 다양한 사회적 규칙을 학습하고 성취해 나가야 하는 상황에 놓이게 됩니다. 이러한 상황에서 아이들은 지금까지는 경험하지 못했던 다양한 스트레스를 경험합니다.

한편, 초등학교 4~6학년의 경우에는 사춘기로 접어드는 시기로 심리적 불안감으로 인해 쉽게 스트레스를 받을 뿐만 아니라 다양한 스트레스를 경험하는 시기이기도 합니다. 아이들은 몸과 마음의 작용이 성인처럼 잘 분화되어 있지 않기 때문에 심리적인 문제는 쉽게 신체적인 증상을 일으키게 됩니다(임지향 · 여동원, 2004). 따라서 아이들이 일상생활에서 겪는 스트레스가 신체적 증상으로 나타날 수 있습니다. 특히 신체적 증상은 저학년의 경우에는 친구나 가족과의 관계에서 오는 스트레스의 영향을 많이 받고, 고학년으로 올라갈수록 학업 스트레스의 영향을 많이 받는 것으로 보입니다. 이밖에도 다양한 신체 증상은 심리적 불안, 가정의 갈등 상황, 낮아진 자존감, 어린 시절의 성적 학대 등의 다양한 스트레스 상황과 관련이 있을 수 있습니다.

2. 아이의 신체화 증상은 부모의 행동이나 사고방식에 영향을 받을 수 있습니다

부모가 자신의 감정을 잘 알아차리고, 그것을 효과적으로 처리하는 능력이 부족한 경우에 자녀에게 신체적 증상이 나타날 수 있습니다. 자신의 감정을 잘 알아차리지 못하는 부모나 부정적 감정의 표현을 지나치게 억제하는 가정에서 성장한 아이는 자신의 감정을 올바르게 자각하고 표현하는 것에 많은 어려움을 느낍니다. 특히, 가족 중에 만성적 질환을 앓고 있는 사람이 있거나, 부모의 불화나 알코올 중독, 부모로부터의 학대 등과 같은 극심한 스트레스 상황에 노출된 아이의 경우 불쾌한 감정의 표현을 억제하고, 신체화를 통해 이를 표출하는 경향이 발달하게 됩니다.

프로이트는 억압된 감정이 신체적 통로를 통해 표출된 것이 신체화 증상이라고 보았습니다. 감정은 어떤 통로를 통해서든지 표현되어야 하는 것인데 만약 감정 표현이 차단되면 그 감정은 다른 통로인 신체를 통해 더욱 과격하게 표현되는 것입니다. 그래서 아이의 신체적 증상은 자기도 모르는 어떤 감정이나 생각을 다른 사람에게 표현하고 전달하는 방법이 되기도 합니다. 감정 표현을 잘하지 못하는 아이들은 자신의 감정 상태를 명확하게 자각하지 못할 뿐 아니라 자신의 감정을 효과적으로 표현할 수 있는 어휘력이 부족하여, 자신의 감정이나 소망 등을 겉으로 정확하게 표현하지 못합니다. 또한 자신의 감정과 그러한 감정 상태에서 나타나는 신체적 변화의 차이를 잘 구분하지 못하고 신체적 변화에 주의를 기울여 신체적 증상으로 발전시키게 됩니다.

3. 부모의 양육 태도는 아이의 신체화 증상에도 영향을 줍니다

태어나서 부모와 최초로 사회적 관계를 맺고 신체 및 정서적으로 가장 급속한 성장을 이루는 시기에 부모와 함께 생활을 합니다. 부모와 관계를 통해 많은 영향을 받으며 성장해 가기 때문에 부모의 양육 태도가 아이의 정신건강에 많은 영향을 미치는 것은 어찌 보면 너무나 당연한 것입니다.

가정에서 수용받지 못하고 충분한 돌봄을 받지 못하는 아이들 중에는 담임 선생님이나 보건 선생님께 신체적 아픔을 호소하는 경우가 종종 있습니다. 이때 아이는 아픔을 핑계로 담임 선생님과 보건 선생님께 위로를 받으며 안정감을 느끼게 됩니다. 또한 교실에서 친구가 없거나 담임 선생님께 사랑과 관심을 받지 못한다고 느끼는 아이들이 보건실을 자주 찾는 것도 같은 맥락에서 이해할 수 있습니다. 아이들이 교실에서 느끼는 불편한 감정이 신체적 증상으로 나타나고 자신의 아픈 곳에 관심을 갖고 살펴주시는 보건 선생님을 통해 잠시나마 마음의 안정을 찾게 되는 것입니다.

부모의 과잉보호적인 양육 행동도 아이의 신체화 증상에 영향을 줄 수 있습니다. 아이가 몸이 아플 때 부모가 어떻게 대응하느냐에 따라 아이의 신체화 증상이 촉발될 수도 있습니다. 예를 들면, 감기나 장염 등의 사소한 질병을 부모가 심각하게 받아들여 지나치게 걱정하고 과도한 관심을 기울이고, 숙제 등 아이가 마땅히 해야 할 과제를 면제시켜 주는 등의 이차적 이득을 지속적으로 제공하게 되면, 아이는 사소한 좌절이나 불편감을 신체적 증상을 통해 해결하려 할 수 있습니다. 몸이 아프면 많은 노력을 기울여 힘들게 해내야 하는 다양한 의무와 책임을 수행하지 않아도 된다는 것을 학습하게 되고, 주변의 과도한 관심과 애정을 받게 된다면 아이의 신체적 증상이 지속적인 증상으로 발전할 수도 있습니다. 물론 신체화 증상을 나타내는 아이는 이러한 강화 요인을 의식적으로 알아차리지는 못하지만 이러한 강화 요인이 계속된다면 신체 증상을 지속시키는 결과를 가져올 수 있습니다.

이렇게 해 봅시다

신체화 증상으로 학교를 자주 빠지는 아이는 학업성취도가 낮아지고, 또래 관계를 유지하는 데도 어려움을 느낍니다. 또한 방과 후의 활동에도 부정적인 영향을 미칠 수 있을 뿐만 아니라 아이의 나이에 맞는 발달 과업을 이루지 못하게 되고 부모에게 지나치게 의존하게 됩니다. 결국, 학습 기능이나 사회 기능에 심각한 문제가 발생할 가능성도 높아집니다. 따라서 아이의 상황에 맞는 적절한 도움이 꼭 필요합니다.

1. 질병에 대한 불안감을 덜어주세요

아이가 신체적 증상을 호소하는 경우에는 당연히 가장 먼저 신체적 증상에 대한 병원 진료가 이루어져야 합니다. 병원 진료를 통해 신체적 증상의 원인을 밝힐 수가 없다면 불필요한 입원이나 진단, 약물 치료 등을 반복하기보다는 심리적 원인에 대해서도 고려해 보아야 합니다. 그러나 신체증상장애를 가진 아이와 부모님은 신체적 증상이 심리적 · 정서적 요인에 의한 것일 수 있다는 점을 인정하려 하지 않습니다. 이런 경우에는 종합 검진을 제안해 보는 것도 하나의 좋은 방법입니다. 종합 검진을 통해서도 아이의 신체적 증상의 원인이 밝혀지지 않는다면 아이의 신체적 증상이 심리적 요인에 의한 것일 수 있다는 것을 설득하기가 훨씬 쉬워집니다. 그리고 병원 진단 결과를 아이와 함께 공유하며 질병 가능성에 대한 걱정을 일관성 있게 안심시켜 주며 신체화 증상의 속성을 이해시켜 나갑니다. 또한 아이의 신체적 불편감이나 증상을 꾀병으로 의심하지 말고 아이에게 관심을 기울이며 아이의 감정을 읽어주려는 노력이 매우 중요합니다. 이러한 과정 속에서 아이와 견고한 신뢰 관계를 형성해 나갈 수 있게 됩니다.

▸ 충분한 관심과 위로를 보여주세요.

저학년 아이들은 주로 사랑받고 싶고 위로받고 싶을 때 아픔을 호소하는 경우가 많습니다. 이런 경우 아이들은 아주 경미한 아픔을 주로 호소합니다. 예를 들면 손톱에 거스러미가 일어났다거나 작은 멍 자국을 핑계로 아픔을 호소합니다. 이러한 경우 교사는 아이가 현재 아프다고 호소하는 것에 대해 충분히 걱정해주고 위로해 주는 것이 좋습니다. 아프다는 부위를 '호' 불어 주거나 교실에 준비해둔 밴드를 붙여주면 아이는 금방 기분이 좋아집니다. 물론 통증도 사라집니다. 그러므로 아이가 교실에서 안정감을 느낄 수 있도록 충분한 관심과 따뜻한 위로를 보여주세요.

▶ 신체화 증상이 나타나는 타이밍을 관찰해 보세요.

아이가 신체적 증상을 호소한 상황에 대해 관찰 일지를 작성해보세요. 아이가 증상을 호소한 시간과 신체적 증상 그리고 교사의 돌봄 내용을 구체적으로 기록해 보면 아이의 신체화 증상에 대한 많은 정보를 얻을 수 있습니다. 이를 바탕으로 학부모 상담을 진행하여 아이의 신체적 증상이 심리적 요인에 의한 것일 수 있다는 것을 충분히 이해시키고 적절한 도움을 주는 것이 좋습니다.

신체화 증상 관찰 일지 사례 (4학년 박민지)

언제	신체적 증상	돌봄 내용	비고
3/10 3교시	경아랑 함께 모둠 활동을 하다가 갑자기 배가 아프다고 함.	배를 만져주고 계속 아프면 보건실에 가서 쉬라고 했으나 금방 나았다고 함.	
3/ 12 점심 시간	현승이랑 점심시간에 함께 놀이를 하다가 배가 아파 보건실에 가겠다고 함.	보건실에 다녀오도록 조치함. 보건실에 다녀 온 후 기분이 좋아짐.	금주 복통 3회째

2. 심리적 갈등이나 부정적 감정을 표현하도록 도와주세요.

신체적 증상을 호소하는 아이들은 죄책감, 불안, 분노, 우울, 적개심 등의 부정적 감정을 가지고 있지만 그것을 인정하려 하지 않을 뿐만 아니라 표현하려 하지 않습니다. 따라서 심리적인 원인으로 인해 신체적 증상을 호소하는 아이들을 교실에서 만나면 아이들의 부정적인 감정이 쌓이지 않고, 적절한 방법으로 표출될 수 있도록 격려해 주시는 것이 좋습니다. 또한 자신의 부정적 감정을 자연스럽게 받아들이고 일상생활 속에서 경험하게 되는 스트레스를 줄일 수 있는 방법을 함께 찾아보며 스트레스에 잘 대처할 수 있도록 안내해주세요.

▸ 아이들이 보내는 신호를 잘 읽고 반응해주세요.

저학년 아이들은 뭔가를 느껴도 뭘 느끼는지 정확히 알지 못합니다. 힘들 때 자신의 기분이나 감정, 생각을 명확한 언어로 표현하는 능력이 현저하게 떨어집니다. 마음의 고통을 겪을 때, 고통스러운 감정이 당연한 거라 그냥 지나가면 괜찮은 건지, 자기가 어딘가 잘못되어서 그런 고통을 겪는 건지, 아니면 그런 고통을 표현해도 괜찮은 건지 등에 대해 모르는 것도 정상입니다. 우리 어른들이 당연히 알고 있는 것들을 아이들은 모를 수도 있다는 것을 기억해야겠습니다. 아이들은 도움을 필요로 할 때, 눈빛으로, 행동으로, 기분의 변화로, 애매 화법으로, 사소한 기호의 변화로도 어떤 신호를 보내곤 합니다.

▸ 아이에게 묻고 기다려 주세요.

아이들이 보내는 신호가 전과 다름을 느꼈어도 교사로서는 헷갈리는 경우가 흔합니다. 그래서 우리 교사들은 아이들에게 "답을 알려주기"보다는 "많이 물어봐주기"에 더 익숙해져야 합니다. "어서 말해보라니깐"보다는 때로는 "혹시 이렇고 저런 기분 아니었니?"라고 물어보는 습관도 길러야겠습니다. 교사가 아이들의 심리에 대해 특별히 많은 지식을 갖추지 않아도 됩니다. 아이의 마음을 알고 싶다는 깊은 관심만 있다면 인내심을 가지고 묻고 기다려 주세요. 그것만으로도 아이들은 힘들었던 감정이 차분하게 진정되고 가장 중요한 것, 즉 자신이 소중하다는 것을 배울 수 있습니다.

▸ 아이의 증상을 강화하지 않도록 주의하세요.

아이가 신체 증상을 호소할 때 관심을 기울여 이야기를 들어주는 것은 중요합니다. 그러나 아이가 해야 할 과제나 책임을 면제해 주는 것은 신중하게 결정해야 합니다. 이를 통해 아이의 신체 증상이 강화될 수 있기 때문입니다. 신체 증상에 숨어 있는 심리적 원인을 파악하고 아이의 감정에 충분히 공감해 주되, 자신의 책임을 다할 수 있도록 격려하는 것이 좋습니다.

한 걸음 더 알아볼까요?

신체증상장애는 DSM-4에서는 신체형 장애로 분류되었으나 DSM-5에서는 신체 증상 관련 장애라는 명칭으로 변경되었습니다. DSM-4 진단 체계에서는 '의학적으로 설명되지 않는 증상'을 지나치게 강조하였으나 DSM-5에서는 신체 증상은 의학적 상태와 관련될 수도 있고 그렇지 않을 수도 있음을 고려하여 아동 · 청소년의 상태를 이해하는 데 더욱 유용하게 사용될 수 있게 전환되었습니다. 신체증상장애의 DSM-5 진단 기준은 다음과 같습니다.

A. 고통스럽거나 일상에 중대한 지장을 일으키는 하나 이상의 신체 증상이다.

B. 신체 증상 혹은 건강 염려와 관련된 과도한 생각, 느낌 또는 행동이 다음 중 하나 이상으로 표현되어 나타난다.

1. 증상의 심각성에 대해 편중되고 지속적인 생각
2. 건강이나 증상에 대한 지속적으로 높은 단계의 불안

3. 이러한 증상들 또는 건강 염려에 대해서 과도한 시간과 에너지 소비

C. 어떠한 하나의 신체 증상이 지속적으로 나타나지 않더라도 증상이 있는 상태가 지속된다(전형적으로 6개월 이상).

다음의 경우 명시할 것:

통증이 우세한 경우(과거, 동통장애): 이 명시자는 신체 증상이 통증으로 우세하게 나타난다.

다음의 경우 명시할 것:

지속성: 지속적인 경과가 극심한 증상, 현저한 손상, 그리고 긴 기간(6개월 이상)으로 특징지어진다.

현재의 심각도를 명시할 것:

경도: 진단 기준 B의 구체적 증상이 단 한 가지만 만족한다.

중등도: 진단 기준 B의 구체적 증상이 2개 이상 만족한다.

고도: 진단 기준 B의 구체적 증상들이 2개 이상 만족하고, 여러 가지 신체적 증상(또는 하나의 매우 심한 신체 증상)이 있다.

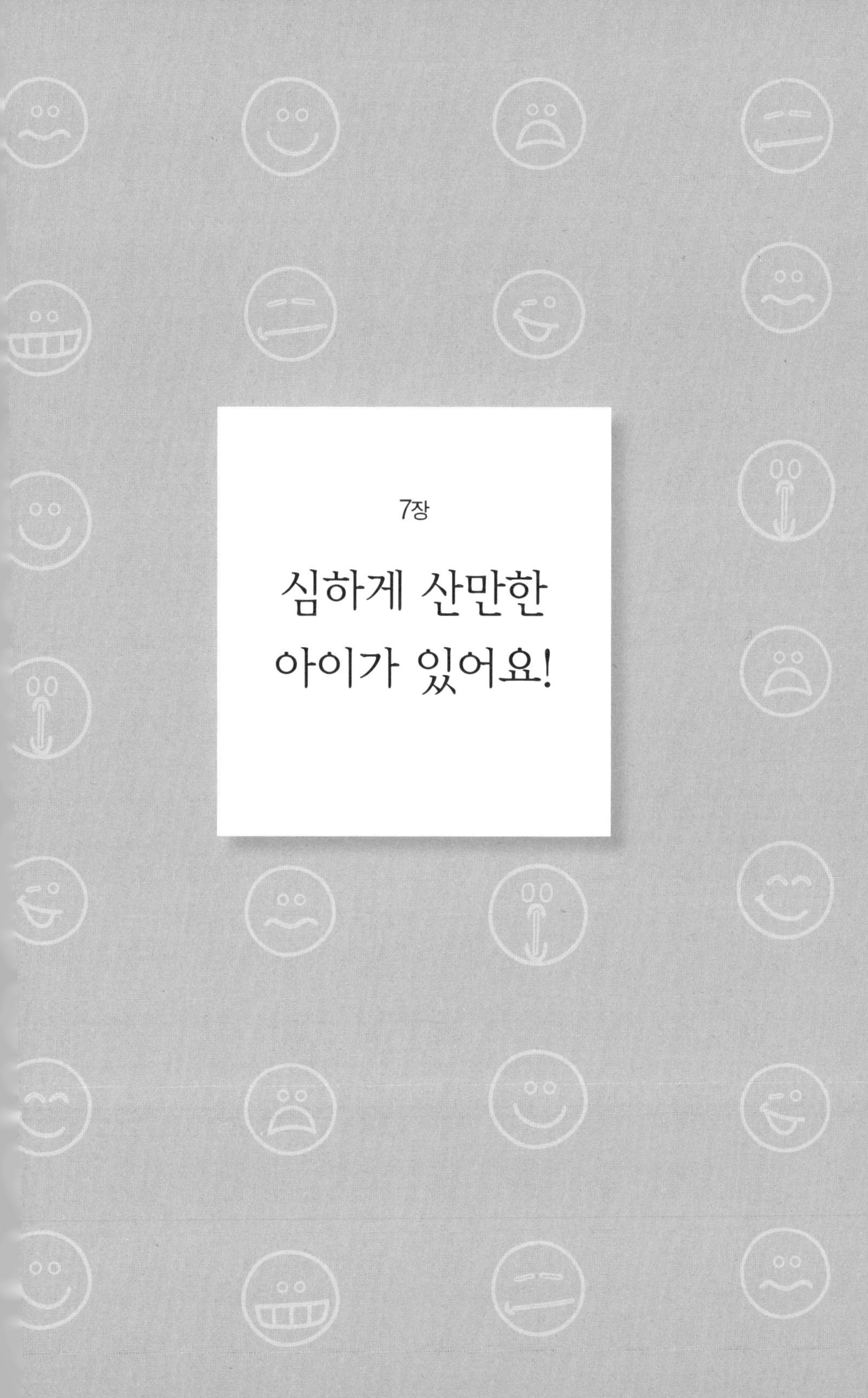

7장

심하게 산만한 아이가 있어요!

회의 시간에 영어 전담 선생님이 화난 표정으로 회의실에 들어왔다.

"선생님! 걔! 정말! 아휴~ 이번 시간 영수 때문에 수업 날렸어!!! 아니, 나보다 말을 더 많이 한다니까! 참! 마음대로 왔다 갔다 하고, 문은 또 왜 그리 크게 닫아. 물건 가지러 가면서 옆 친구를 건드리지를 않나, 선생님! 선생님! 하면서 계속 질문해 대지 ……. '가만히 좀 있어봐 영수야, 수업에 방해되지 않게 조심해서 문 닫을래?' 했더니, 갑자기 버럭 소리를 지르면서 일어나더니 의자를 발로 차버리더라고. 그래서 내가 지금 뭐하는 거니 하면서 쫓아갔거든! 그랬더니 확 돌아서 뒷문을 세게 밀치고 나가려는 거야! 간신히 진정시켜서 자리로 데리고 왔어. 선생님은 어떻게 매일 수업해? 쉽지 않겠어!"

평소 친하게 지내는 영어 전담 선생님이 우리 반 영수에 대해 화가 단단히 난 모양이다. 나는 "죄송해요 선생님! 영수가 점점 심해지는 것 같아서 저도 걱정하고 있었어요. 제가 오늘 불러 단단히 주의 주고, 어머니와도 연락할게요." 이렇게 말했지만 사실 나도 걱정이다.

짜증나지만 참고 견디고 있는 주변 다른 아이들에게 미안한 마음이 든 건 이미 오래되었다. 그리고 다른 학부모들에게도 영수 좀 어떻게 해달라는 전화가 점점 늘어간다. 결국 어머니와 통화를 했다.

"어떻게 해요? 선생님! 사실 저도 걱정하고 있었는데 …… 집에서도 동생을 거의 매일 때려서 말리고 혼내느라 아주 힘들어요. 서너 살 때부터 발이 땅에 붙어있지를 않았어요. 마트에 가면 온갖 물건들을 흩으러 놓고, 제 팔을 붙잡고 질질 늘어지고, 뭐든지 사달라고 졸라대다가 안 사주면 바닥에 누워 뱅뱅 돌면서 소리 지르고 떼쓰고, 집어 던지고 울고불고 난리도 그런 난리가 없었어요. 좋은 기분으로 나섰다가 기분 상해서 집에 들어온 적이 한두 번이 아니었어요. 어린이집에 등원한 첫날부터 장난감을 아이들에게 집어 던지고 화장실 휴지를 죄다 풀어나서 난장판이 벌어졌고요, 같이 등원하는 친구들 엄마에게 소문이 퍼지면서 학부모로부터 항의 전화도 종종 받았어요."

학기 초부터 보아온 영수의 모습이 필름처럼 스쳐 지나간다. 도대체 저 에너지는 어디서 나오는 것일까? 몸 어딘가에 모터가 달린 것처럼 쉴 새 없이 움직이며 안절부절못하는 모습을 보였었다. 화는 왜 그리 잘 내는지! 감정의 변화 폭이 너무 심해서 대처가 곤란한 적이 많았다. 친구들에게도 화내고 자주 다투다 보니 교실의 다른 친구들에게 따돌림도 당하는 것 같다.

왜 그럴까요?

가정에서는 자녀의 걸음마 단계부터 과도한 활동을 관찰하지만 대다수 부모는 우리 아이가 산만하긴 하지만 더 크면 나아지겠지 하고 대수롭지 않게 생각할 수 있습니다. 이후 아이가 문제가 된다는 것은 대부분 초등학교 담임 선생님이 발견하게 되는 경우가 많습니다. 지나치게 말이 많고 시끄러운 아이는 교실에서 주목을 끌기 때문에 선생님의 눈에 금세 들어옵니다. 영수 같은 아이는 적절한 때를 기다리지 못하여 질문이 끝나기 전에 불쑥 대답을 합니다. 또한, 집중하는 것이 어려워 과제를 끝까지 완수하지 못할 때가 많습니다. 그래서 외부 자극에 쉽게 정신을 빼앗겨 산만해 보이거나, 순서를 기다리지 못하고 친구들의 활동에 끼어들어 방해를 합니다.

왜 그럴까요? 아이가 초등학교에 입학하는 경험은 완전히 새로운 문화에 접촉하는 것과 같은 문화충격일 수 있습니다. 많은 준비물을 빠짐없이 학교에 들고 가야하고 수업 시간에 자신이 수행해야 할 학습의 강도가 매우 높아집니다. 친밀한 가족과 생활하는 가정과 달리 잘 모르는 또래들과 규칙적인 집단생활에 적응해야 합니다. 또한, 어린이집이나 유치원보다 훨씬 엄격한 규율과 질서를 지켜야 하는 공동생활을 시작하기 때문에 상당한 스트레스를 경험하게 됩니다. 그래서 교실에서 충동적이며 공격적인 언행이 자주 관찰될 수밖에 없으며 동시에 주변 아이들이 불평하는 횟수가 증가하기 쉽습니다. 그러므로 담임 선생님은 다음과 같은 특징이 관찰되는 초기부터 상담 개입을 준비해야 합니다.

정서적 특징

- 흥분을 잘하며 짜증을 낸다.
- 갑자기 부정적 정서를 표출한다.
- 화를 냈다가도 금세 조용해지는 등 기분 변화가 심하다.

인지적 특징

- 새로운 내용을 잘 익히지 못해 학습 문제가 생긴다.
- 읽기를 할 때 발음과 억양이 어색하다.
- 필기가 느리고 틀리게 쓰며, 의미를 이해하지 못한다.
- 말을 할 때도 실수가 많고 맥락을 이해하기 어렵다.
- 관심 있는 특정 분야에서 상당한 지식을 보일 때가 있다.
- 수준 높은 집중력과 비상한 기억력을 발휘하기도 한다.

행동적 특성

- 상황이나 지시를 이해하지 못한 부주의로 실수가 많다.
- 마음대로 돌아다니거나 높은 곳에 올라가 뛰어내린다.
- 다른 아이를 기분 나쁘게 만드는 말과 행동을 반복한다.
- 외부 자극에 쉽게 빠져 필요한 물건을 자주 잃어버린다.
- 흥미가 있는 활동은 끝까지 해내는 경향이 있다.

위에서 말한 정서, 인지, 행동 특성에 대부분 해당되는 아이가 학급에 있다면 일단 주의력결핍과잉행동장애(Attention Deficit Hyperactivity Disorder: 이하 ADHD)와 유사한 성향이 있는 것으로 볼 수 있지만 바로 이 순간부터 담임 선생님은 신중한 태도로 접근해야 합니다. 그 이유는 다음과 같습니다.

첫째, 아이의 성장 과정에서 정상적인 수준의 산만함과 장애 수준의 산만함이 그리 쉽게 구별되는 것이 아닙니다. 이것은 오랜 기간 정신건강의학 분야에서 종사해 온 전문가들 역시 공통적으로 동의하는 점입니다.

둘째, 특정 장애로 힘들어하는 아이인 경우 교육적인 개입과 상담 및 심리 치료 차원의 접근을 병행할 필요가 있습니다. 그러나 일반 선생님들께서는 한 아이를 처음부터 병리적인 관점에서 보고 다르게 대우하는 것은 교육적 관점에서 불평등한 것이라 여기는 경향이 있습니다. 사실 이러한 관점은 잘못된 것이 아닙니다.

그러나 이 과정에서 장애를 가지고 있는 아이를 단순히 일반적인 문제아이라고 규정짓는다면 다양한 행동 수정 전략을 적용해야 할 아이에게 너무 높은 수준의 과제와 사회성 및 대인 관계 능력을 요구하게 되는 상황이 올 수 있습니다. 이렇게 된다면 아이는 좌절하게 되고 학교에 적응하지 못하게 될 수도 있습니다. 실제로 ADHD 성향의 아이는 이미 또래들에게 부정적인 아이로 낙인이 찍혀 짜증, 억울함, 분노 등 정서적 고통을 호소하는 사례가 많습니다.

셋째, 학부모 입장을 생각해 보겠습니다. 자녀가 어떤 증상을 앓고 있다는 것을 쉽게 개방하는 학부모는 보기 힘듭니다. 오히려 불이익을 당할까봐 걱정되어 숨기거나 아니면 명백한 증상이 있다 하더라도 인정하고 싶지 않은 것이 학부모의 심정입니다. 그래서 증상을 말하는 선생님과 학부모 사이에 대화 부족 때문에 오해와 갈등이 유발될 수 있습니다. 더 나아가 담임 선생님이나 관리자인 교감, 교장 선생님이 우리 아이를 무시하거나 차별한다고 억울해하고 화가 나서 비협조와 무관심으로 나온다면 오히려 선생님과 학교가 고통을 받을 수 있습니다. 이것은 누구에게도 이로운 상황이 아닙니다.

주의력결핍과잉행동장애와 주의력결핍장애(Attention Deficit Disorder: ADD) 진단이 처음 공식화된 것은 1980년대입니다. 실제로 학령기 아동의 약 3~8%(한 학급에 1~3명 정도)의 높은 출현률을 보입니다. 또한 학습장애를 가지고 있는 학생 가운데 상당수가 동시에 ADHD를 가지고 있는 것으로 보고되고 있습니다. DSM-5에 의하면 주의력결핍과잉행동장애는 초등학교 기간 동안 가장 흔히 식별되는 아동 청소년기 정신장애의 하나입니다. 그리고 유병률은 대부분의 문화권에서 아동의 약 5%, 성인의 약 2.5%에서 나타나는 것으로 보고되고 있습니다(APA, 2013). 담임 선생님들이 평소 잘 파악해두어야 하는 DSM-5의 진단 기준은 다음과 같습니다.

A. 기능 또는 발달을 저해하는 지속적인 부주의 그리고/또는 과잉행동-충동성이 1 또는 2의 특징을 갖는다.

1. 부주의: 다음 9개 증상 가운데 6개 이상이 적어도 6개월 동안 발달 수준에 적합하지 않고 사회적 · 학업적/직업적 활동에 직접적으로 부정적인 영향을 미칠 정도로 지속됨.

   주의점: 이러한 증상은 단지 반항적 행동, 적대감 또는 과제나 지시 이해의 실패로 인한 양상은 아니어야 한다. 후기 청소년이나 성인(17세 이상)의 경우에는 적어도 5가지의 증상을 만족해야 한다.

   a. 종종 세부적인 면에 대해 면밀한 주의를 기울이지 못하거나, 학업, 작업 또는 다른 활동에서 부주의한 실수를 저지름(예: 세부적인 것을 못 보고 넘어가거나 놓침,

작업이 부정확함).

b. 종종 과제를 하거나 놀이를 할 때 지속적으로 주의집중을 할 수 없음(예: 강의, 대화 또는 긴 글을 읽을 때 계속해서 집중하기가 어려움).

c. 종종 다른 사람이 직접 말을 할 때 경청하지 않는 것처럼 보임(예: 명백하게 주의집중을 방해하는 것이 없는데도 마음이 다른 곳에 있는 것처럼 보임).

d. 종종 지시를 완수하지 못하고, 학업, 잡일 또는 작업장에서의 임무를 수행하지 못함(예: 과제를 시작하지만 빨리 주의를 잃고 쉽게 곁길로 샘).

e. 종종 과제와 활동을 체계화하는 데 어려움이 있음(예: 순차적인 과제를 처리하는 데 어려움, 물건이나 소지품을 정리하는 데 어려움, 지저분하고 체계적이지 못한 작업, 시간 관리를 잘하지 못함, 마감 시간을 맞추지 못함).

f. 종종 지속적인 정신적 노력을 요구하는 과제에 참여하기를 기피하고, 싫어하거나 저항함(예: 학업 또는 숙제, 후기 청소년이나 성인의 경우에는 보고서 준비하기, 서류 작성하기, 긴 서류 검토하기).

g. 과제나 활동에 꼭 필요한 물건들(예: 학습 과제, 연필, 책, 도구, 지갑, 열쇠, 서류 작업, 안경, 휴대폰)을 자주

잃어버림.

h. 종종 외부 자극(후기 청소년과 성인의 경우에는 관련이 없는 생각들이 포함될 수 있음)에 의해 쉽게 산만해짐.

i. 종종 일상적인 활동을 잊어버림(예: 잡일하기, 심부름하기. 후기 청소년과 성인의 경우에는 전화 회답하기, 청구서 지불하기, 약속 지키기).

2. 과잉행동-충동성: 다음 9개 증상 가운데 6개 이상이 적어도 6개월 동안 발달 수준에 적합하지 않고 사회적 · 학업적/직업적 활동에 직접적으로 부정적인 영향을 미칠 정도로 지속됨.

주의점: 이러한 증상은 단지 반항적 행동, 적대감 또는 과제나 지시 이해의 실패로 인한 양상은 아니어야 한다. 후기 청소년이나 성인(17세 이상)의 경우에는 적어도 5가지의 증상을 만족해야 한다.

a. 종종 손발을 만지작거리며 가만두지 못하거나 의자에 앉아서도 몸을 꿈틀거림.

b. 종종 앉아 있도록 요구되는 교실이나 다른 상황에서 자리를 떠남(예: 교실이나 사무실 또는 다른 업무 현장, 또는 자리를 지키는 게 요구되는 상황에서 자리를 이탈)

c. 종종 부적절하게 지나치게 뛰어다니거나 기어오름(주의점: 청소년 또는 성인에서는 주관적으로 좌불안석을

경험하는 것에 국한될 수 있다).

d. 종종 조용히 여가 활동에 참여하거나 놀지 못함

e. 종종 "끊임없이 활동하거나" 마치 "태엽 풀린 자동차처럼"행동함(예: 음식점이나 회의실에 장시간 가만히 있을 수 없거나 불편해함, 다른 사람에게 가만히 있지 못하는 것처럼 보이거나 가만히 있기가 어려워 보일 수 있음).

f. 종종 지나치게 수다스럽게 말함

g. 종종 질문이 끝나기 전에 성급하게 대답함(예: 다른 사람의 말을 가로챔, 대화 시 자신의 차례를 기다리지 못함).

h. 종종 자신의 차례를 기다리지 못함(예: 줄 서 있는 동안)

i. 종종 다른 사람의 활동을 방해하거나 침해함(예: 대화나 게임, 활동에 참견함, 다른 사람에게 묻거나 허락을 받지 않고 다른 사람의 물건을 사용하기도 함, 청소년이나 성인의 경우 다른 사람이 하는 일을 침해하거나 꿰찰 수 있음).

B. 몇 가지 부주의 또는 과잉행동-충동성 증상이 12세 이전에 나타난다.

C. 몇 가지 부주의 또는 과잉행동-충동성 증상이 2가지 또는 그 이상의 환경에서 존재한다(예: 가정, 학교나 직장, 친구들 또

는 친척들과의 관계, 다른 활동에서).

D. 증상이 사회적 · 학업적/직업적 기능의 질을 방해하거나 감소시킨다는 명확한 증거가 있다.

E. 증상이 조현병 또는 기타 정신병적 장애의 경과 중에만 발생되지는 않으며, 다른 정신질환(예, 기분장애, 불안장애, 해리장애, 성격장애, 물질 중독 또는 금단)으로 더 잘 설명되지 않는다.

다음 중 하나를 명시할 것:

- 314.01(F90.2) 복합형: 지난 6개월 동안 진단 기준 A1(부주의)과 진단 기준 A2(과잉행동-충동성)를 모두 충족해야 한다.
- 314.00(F90.0) 부주의 우세형: 지난 6개월 동안 진단 기준 A1(부주의)은 충족하지만 진단 기준 A2(과잉행동-충동성)는 충족하지 않는다.
- 314.01(F90.1) 과잉행동/충동 우세형: 지난 6개월 동안 진단 기준 A2(과잉행동-충동성)는 충족하지만 진단 기준 A1(부주의)은 충족하지 않는다.

다음의 경우를 명시할 것:

- 부분 관해 상태: 과거에 완전한 진단 기준을 충족하였고, 지난 6개월 동안에는 완전한 진단 기준을 충족하지는 않지만 여전히 증상이 사회적, 학업적 또는 직업적 기능에 손상을 일으키는 상태다.

현재의 심각도를 명시할 것:

- 경도: 현재 진단을 충족하는 수준을 초과하는 증상은 거의 없으며, 증상으로 인한 사회적, 학업적 또는 직업적 기능의 손상은 경미한 수준을 넘지 않는다.
- 중등도: 증상 또는 기능적 손상이 "경도"와 "고도"사이이다.
- 고도: 진단을 충족하는 수준을 초과하는 다양한 증상 또는 특히 심각한 몇 가지 증상이 있다. 혹은 증상이 사회적 또는 직업적 기능에 뚜렷한 손상이 있다.

이처럼 우리는 주변에서 영수와 같은 행동을 하는 아이들을 쉽게 볼 수 있습니다. 가정과 학교, 부모님과 함께 간 식당, 영화관, 마트 등 어느 곳에서도 눈에 띄는 행동을 보이기 때문입니다. 그런데 부모나 선생님뿐만 아니라 ADHD를 가진 학생도 성장해 갈수록 자신과 자신의 상황에 대해 매우 혼란스럽고 갑갑하게 느끼고 스스로 어찌할 수 없기 때문에 답답해합니다. 전문가 집단 역시 ADHD의 원인을 완벽하게 설명해줄 수 있는 이론은 아직 없기에 매우 포괄적인 설명을 신중하게 하는 실정입니다. 아동에게 주목한다면 기질적 요인과 발달과정 요인을, 아동이 자란 환경에 주목한다면 사회 환경적 요인까지 살펴봐야 하기 때문입니다. 다만, ADHD가 발생하게 되는 원인에 대해서는 다음과 같이 정리할 수 있습니다.

▸ 유전 요인

이 질환은 가족력이 있습니다. ADHD 아동의 약 20~30% 정도는 부모 중 한쪽에서 ADHD를 이어받기 때문에, 아동의 주의력 결핍 문제는 부모의 과잉행동이나 우울증 경향과 관계가 있습니다. 특히, 일란성 쌍생아가 ADHD를 이어받을 비율이 60~70% 정도로 상당히 높습니다. 학계에서는 몇몇 유전자 중에서도 카테콜아민 대사에서의 유전적 불균형이 가장 핵심적인 역할을 하는 것으로 파악하고 있습니다.

▸ 출산 전후 환경 요인

출산 전 임신과정의 환경(영양 부족, 흡연, 과도한 스트레스, 감염 등)이 영향을 줄 수 있으며, 출산 과정에서의 미세한 뇌 손상이나 도파민과 노르에피네프린의 결핍과 같은 신경전달물질의 문제가 ADHD를 유발할 수 있습니다. 전두엽 앞부분의 피질에 손상을 당하면 각성 상태의 유지와 억제 반응에 손상이 오고, 계획하고 결정하는 집행 기능에도 문제가 발생한다고 합니다. 임신에서 생후 1년간 두뇌가 가장 크게 발달하면서 신경세포들이 형성, 분화, 연결됩니다. 그러나 임산부의 흡연이나 약물 복용 등의 요인에 의해 유아의 두뇌 형성과 발달이 정상적으로 이루어지지 않았을 때 이것이 ADHD와 관련이 있는 것으로 보입니다.

▸ 사회 환경 요인

불안정적인 가정환경, 지나치게 통제적이거나 방임적인 부모의 양육 태도가 아동이 산만해지는 원인을 제공하는 것으로 학계에 보고되고 있으나 명확하게 인과관계가 파악된 것은 아닙니다. 하지만 부모의 과다한 음주, 흡연, 약물 사용은 태아의 뇌와 신경에 영향을 줄 수 있으며, 페인트나 오래된 수도관의 납과 같은 특정 독소에 노출되거나 다양한 음식첨가물 등의 요인은 ADHD의 발병과 악화에 상관이 있을 것으로 보고 연구가 진행되고 있으나 논란의 여지가 아직 있습니다.

이렇게 해 봅시다

학교에는 교장, 교감 선생님 그리고 상담 선생님도 계시기 때문에 모든 것을 담임 선생님 혼자 책임지고 감당하는 것은 바람직하지 않을 뿐만 아니라 가능한 일도 아닙니다. 다만 담임 선생님은 학교에서 아이와 가장 많은 시간을 보냅니다. 그래서 누구보다도 아이의 성격, 언어 습관, 행동 특성, 친구 관계, 학업성취 수준을 정확하게 인지하고 있습니다. 그러므로 아이의 문제를 조기에 발견하고, 지속적인 지지와 돌봄을 제공하며, 학부모와 함께 해결 방안을 모색하거나, 전문적인 상담 기관으로 연결하는 일 등 담임 선생님이 신경 써야 하는 영역은 매우 넓다고 하겠습니다.

1. 산만한 아이와 대화를 하는 언어적 의사소통에도 순서가 있습니다

산만한 아이는 선생님의 길고 자세한 설명에 대해 금세 지루해 하는 반응을 보입니다. 주의집중 시간이 일반 아이보다 짧아서 차분히 듣고 이해하기 힘들기 때문입니다. 그러므로 첫째, 아이의 말을 잘 경청하고 다시 간단히 반복해서 확인해주세요. 둘째, 선생님이 말씀하실 때에는 서론이나 배경을 길게 설명하기보다는 먼저 결론부터 전달하세요. 셋째, 부정적 표현보다는 긍정적 표현을 강조하세요. 이것을 3~4 문장으로 압축하여 전달하는 것이 효과적입니다.

2. 말로 하는 언어적 의사소통 이외의 다른 소통 방법을 준비하세요

산만한 아이와 원만하고 효율적으로 의사소통하기 위해서는 언어적 의사소통을 넘어서는 비언어적 도구가 주의집중에 도움이 됩니다. 이때, 언어 및 인지 발달을 고려하여 저학년과 고학년을 구별할 필요가 있습니다.

저학년인 경우에는 카드나 종이에 전하고 싶은 말을 미리 써두세요. 산만한 아이들은 청각보다는 시각에 더 잘 반응한다고 합니다. 그러므로 전하고 싶은 단어나 말을 미리 카드나 종이에 써서 보여주면서 다시 말로 반복하는 것이 매우 효과적인 의사소통 방식이 될 수 있습니다. 고학년인 경우에는 비난이나 훈계보다는 산만한 아이가 자신을 객관적으로 볼 수 있는 통찰 지향적인 질문형 문장을 미리 준비해두었다가 사용하세요.

산만한 아이는 일반 아이와 달리 방금 자신이 한 일에 대한 이해도가 낮습니다. 그러므로 언어, 행동, 대인 관계 측면에서 지

금 어떤 일이 일어났는지를 되물어보는 질문은 산만한 아이의 자기 관찰력을 신장시켜줄 수 있습니다. 예를 들어, "영수야 지금 네가 어떤 행동을 했는지 말해볼래?", "영수야! 철수가 이야기한 것과 네가 이야기한 내용이 다르거든! 이점 너는 어떻게 생각하니?", "영수야 한번 친구들 표정을 살펴볼래? 영수가 지금 ~라고 말했는데, 갑자기 아이들 표정이 안 좋은 이유는 무엇 때문일까?"라고 아이가 말한 내용과 행동의 의미를 반복해서 말하고, 요약해줄 필요가 있습니다.

3. 역할 부여를 통해 친밀감과 책임감을 키워주세요

심부름과 같은 역할 부여는 산만한 아이가 친밀한 관계를 형성하는 데 도움을 줍니다. 심부름의 종류에는 화분에 물주기, 옆 반 선생님에게 메모 전하기, 물건 가져오기 등이 있습니다. 이러한 긍정적인 접촉 경험은 자신이 소중한 사람이라는 느낌을 주게 되고 선생님에게 인정을 받는다는 자존감과 책임감을 증진시키는 기회가 됩니다.

예를 들어, 학생에게 역할을 부여할 때 "영수야! 이 색연필을 아이들에게 나누어 주겠니?"라는 식으로 명확하게 지시하세요. 산만한 아동에게는 부탁하는 것보다 명확하고 단순하게 지시하는 것이 효과적입니다.

4. 행위와 동작 등 움직임의 기회를 제공하여 아동의 지루함을 줄여보세요

산만한 아이가 수업 도구를 이용하거나 행위 동작 등 움직임을 할 때 첫 번째 사용자가 되게 하여 다양한 자극을 제공받을 수 있는 기회를 제공하세요. 수업 도중이라도 칭찬받을 행동을 한 경우에는 따로 교실 뒤에서 조용히 몸을 움직일 수 있는 보상을 주는 것도 좋은 방법입니다.

예를 들어, "오! 오늘 영수가 집중을 잘하는구나. 친구들아 영수에게 박수를 보내자" (다 같이 박수를 친다). "그럼 민영이가 책을 읽는 동안 일어나 교실 뒤에서 세 바퀴 돌고 다시 조용히 자리에 앉아주겠니?" 하면서 움직임의 기회를 주세요. 잠시 지루함을 누그러뜨릴 수 있습니다.

5. 산만한 아이를 교육할 때 목표를 낮추는 것이 필요합니다

산만한 아이에게 일반적인 아이 수준의 수행능력을 기대할 수 없습니다. 기대 수준이 높으면 실패했을 경우 선생님이 좌절감을 느낄 가능성이 높습니다. 만약 산만한 아이가 어떤 과제를 2회 수행하였다면 일반 학생이 10회 수행한 것 이상으로 칭찬받을 행동으로 여겨주세요.

학생에 대한 기대 수준을 낮추어야 합니다. 그래야 산만한 아이에게 느끼는 부정적 정서의 확대를 막고, 담임 선생님의 소진(burn out)을 예방할 수 있습니다. 정서와 행동에 어려움이 있는 아이의 모든 것을 담임 선생님 혼자 책임지고 감당할 수는 없습니다.

6. 교실 규칙을 가르치는 경우 일관성을 유지하세요

단체 생활을 하는 교실에서는 수업 시간 및 쉬는 시간의 운영과 일인일역, 일일계획표와 청소 등 모두가 지켜야 하는 규칙과 행동이 있습니다. 책임감 있게 지켰을 때와 그렇지 못할 때 어떤 보상과 처벌이 따르는지 알 수 있도록 자세한 도표를 만들어 두고 일관성 있게 적용하세요.

동일한 상황과 행동 결과에 대해 담임 선생님이 긍정적인 칭찬과 부정적인 처벌을 번갈아 적용한다면 아이는 혼란에 빠지게 됩니다. 어떤 때는 그냥 넘어가고, 어떤 때는 혼이 나는 모순된 상황을 경험하기 때문입니다. 이렇게 되면 아이는 자신이 해도 되는 행동과 해서는 안 되는 행동을 구분하지 못하게 될 것입니다. 이런 상황은 피하는 것이 좋습니다. 담임 선생님이 불만과 짜증을 표현하는 아이를 감당하기 위해 더 큰 에너지를 소모해야 한다면, 이것은 담임 선생님의 정신건강뿐만 아니라 교실의 다른 아이들에게도 전혀 도움이 되지 않을 것입니다.

7. 다른 아이들 앞에서 칭찬을 자주 해주세요

부정적 처벌보다는 긍정적 강화를 위주로 보상을 몇 배 더 고려하는 행동수정 전략이 효과적입니다. 또래 친구들 앞에서 받는 공식적인 칭찬과 지지, 격려와 인정은 ADHD 학생에게 새로운 동기를 부여하게 될 것입니다. 따뜻한 정서적 지지와 긍정적 칭찬은 상황에 구애됨이 없이 언제라도 효과적인 바람직한 교육방법입니다. 긍정적 강화의 한 사례로 교실에서 인기 있는 학생을 짝으로 앉게 하는 것도 좋습니다. 산만한 아이가 교실에서 가장 모범적인 아이와 짝이 된다면 주의집중력, 과제 수행력, 사회성 증진 등 소중한 모델링의 기회가 될 수 있습니다.

8. 다른 선생님과 협업을 할 때도 있습니다

이를 위하여 상담 및 보건 선생님만이 아니라 학교 지킴이 선생님에 이르기까지 산만한 아이에 대한 정보를 공유하여 아이의 상황을 이해하고 있는 것이 문제 상황에 대한 사전 예방과 대처에 도움이 됩니다. 첫째, 아이에 대한 정보는 비공개적이고 제한적으로 다루어질 수 있도록 보안에 신경을 써야 합니다. 둘째, 담임 선생님은 학기 초부터 신속하게 전문상담교사, 보건교사, 인성부장 선생님 및 교감 선생님과 정보를 공유한 후에 학부모의 협조를 적극적으로 요청하시는 것이 바람직합니다.

9. 학부모를 대할 때는
산만한 아이의 부모와 원활한 소통을 유지하세요

산만한 아이의 부모와 대화할 때는 SNS, 이메일, 전화보다는 알림장이나 직접 면담을 통한 대화가 오해를 줄일 수 있어서 좋습니다. 먼저, 산만한 아이의 부모가 느끼는 좌절감, 불안, 걱정을 잘 알고 있으며 충분히 고려하여 배려하고 있다는 점을 학부모가 이해할 때까지 정확하게 전달하세요.

다음으로, 가정과 학교가 함께 교육적 중재와 지원을 해야 한다는 입장을 전하세요. 그런 다음에, 교실에서 일어나는 일 특히 자녀의 과제 수행력과 사회적 관계 형성의 어려움과 문제점을 학부모가 명확하게 알 수 있도록 객관적으로 전하세요. 불필요한 갈등과 오해는 사전에 방지하는 것이 바람직합니다.

언제나 학부모와 첫 면담이 가장 어렵기 때문에 부드럽고 신중하게 접근할 필요가 있습니다. 학부모의 마음을 편하게 한 뒤 객관적으로 알려야 할 사항이 있다면 선생님의 '의견'보다는 '사실'을 먼저 전달하세요. 즉, 〈우리 아이 점검표〉에 나오는 학생의 구체적인 행동 증상은 말하되, ADHD라는 진단명은 말하지 않는 편이 좋습니다. 정확한 진단은 Wee센터나 정신건강증진센터, 또는 전문 의료기관이 해야 할 일입니다. ADHD라는 진단명을 먼저 말하면 학부모 입장에서는 우리 아이가 부당한 대접을 받는다고 생각하기 쉽고 거부감을 느낄 수 있습니다. 그렇게 되면 불필요한 갈등이 생기게 되어 이후 설득을 하거나 협조를 요청하기 어려워질 수 있습니다.

10. 임상적 진단과 의학적 치료가 필수적이라는 것을 학부모에게 전하세요

산만한 아동의 부모와 원활한 의사소통과 신뢰에 기초한 관계 형성이 단단하게 이루어졌다면, 이제 정확한 임상적 판별을 위한 심리검사와 의학적 약물과 행동치료를 고려해야 하는 단계입니다. 전문적인 치료기관과 연결시켜 주세요. 첫째, 이를 위해 담임 선생님은 학교의 지원 체계를 구축해야 합니다. 전문상담교사, 인성부장 선생님 및 교감 선생님과 정보를 교환하고 소통하면서 서로 이견이 없는 든든한 지원 체계를 세워야 교육적 중재 방안을 만들 수 있을 것입니다. 둘째, 학교의 교육적 중재가 약물과 행동치료와 병행된다면 산만한 아동의 학교생활 적응력도 향상될 수 있다는 의견을 학부모에게 제시해야 합니다. 셋째, 학부모와 신뢰할 수 있는 관계 형성이 이루어지고 학생의 상황에 대한 의견 일치가 있다면, 그 다음은 공신력 있는 기관에서 실시하는 종합적인 심리검사를 권할 수 있고, 심리검사 결과를 문서 형태로 받아볼 수도 있습니다. 이는 차후 교육적 중재와 임상적 치료의 진전 상태를 평가하는 데 도움을 줄 수 있습니다.

한 걸음 더 알아볼까요?

ADHD 성향이 영재 아동이 보이는 특성과 상관이 있는지 사실 매우 모호합니다. 그런데 앞의 사례에서 언급한 영수의 행동을 아무리 세심하게 관찰해보아도 성장 과정에서 일시적으로 산만한 것인지, ADHD를 가진 것인지, 또는 ADHD를 가진 영재인지, 아니면 정말 영재 학생인지 구분하는 일은 매우 어렵습니다. 영재와 ADHD를 가진 학생의 행동 반응이 명확히 구별되지 않기 때문입니다.

담임 선생님은 영수가 보이는 특수 행동이 보통 아이들에 비해 워낙 두드러져 보이기 때문에 부적응적 관점에서 관찰하여 결론 내릴 가능성이 있습니다. 앞서 언급한 DSM-5에 의하면, 특수 행동 9개 중 6개 이상이 보여야 하고, 최소한 6개월 이상 지속되어야 한다는 조건이 있습니다. 하지만 주의력이 결핍되고, 과잉행동을 하며, 충동적인 행동이 어떻게 나타나는가 하는 양상만을 묻는 ADHD 진단 척도 설문지에 답을 하다 보면 위의 조건에 대한 진지한 고려 없이 영수 같은 아이들을 ADHD로 판별하기 쉽습니다(APA, 2013).

게다가 DSM-5에서는 ADHD 발병 연령을 7세에서 12세로 늦추고 성인 ADHD에 대한 진단 기준을 축소하였습니다. 즉, ADHD가 아동기 장애가 아닌 성인의 장애로 확장된 것입니다. 이것은 그물을 촘촘하게 만든 것이 아니라 느슨하고 엉성하게 만들었다는 뜻이기에 앞으로 보다 더 많은 아동, 청소년 그리고 성인들마저 ADHD로 진단될 것으로 예상할 수 있습니다. 그래서 미국에서도 발달 과정상 산만한 보통 아이, ADHD를 가진 영재, 아니면 영재에 대해 명확한 구분을 못하고 ADHD로 진단하는 경우가 많다고 문제점을 지적하고 있습니다.

그러므로 교실에서 만나는 아이들에 대한 정확한 판별을 위해서는 다음 세 가지를 고려해야 하겠습니다. 첫째, 주의력결핍과잉행동장애 척도만이 아니라 창의력 검사나 영재성을 판단하기 위한 검사지를 함께 해보아야 합니다. 둘째, 아이가 온전한 인격을 지닌 어엿한 개인으로 성장하기 위해서는 급격한 신체적 정신적 발달과정을 거치게 마련입니다. 따라서 일회성 관찰이 아닌 최소 6개월 정도 지속성을 가지고 부모, 교사의 관찰 결과를 신중하게 다루어야 할 것입니다. 셋째, 그 후에 담임 선생님께서 정확한 교육적 중재 방안을 세우기 위한 근거로서 임상적 진단과 의학적 중재를 의뢰하는 것이 좋습니다. 소아정신과 의사와 임상심리학자만이 아니라 특수교육과 영재교육 전문가가 함께 참여할 수 있다면 이상적일 것입니다.

김경은과 이신동(2014)의 연구를 근거로 ADHD 학생과 영재의 행동특성 차이점을 요약해보면 다음과 같습니다. 첫째, ADHD 학생의 부주의는 가정과 학교 등 일상생활의 전 영역에서 나타나지만, 영재는 학교와는 달리 가정에서는 그다지 어려움을 보이지 않는다고 합니다. 둘째, ADHD의 과잉행동과 영재의 과흥분성에는 차이가 있다고 합니다. 즉 ADHD의 과잉행동이 무작위적이고 전방위적이라면, 영재의 과흥분성은 목표 지향적이라는 점에서 차이를 보인다는 것입니다. 그렇다면 주의집중을 못하고 산만해 보이는 이유도 ADHD 학생은 무관심에서, 영재는 이미 다 아는 것이라는 지루함에서 기인하는 것일 수 있겠습니다.

또한, 이영주와 이귀옥(2004)의 연구에 의하면 ADHD 학생과 영재는 지속성, 주의집중, 상상력, 흥미, 활동성, 충동성, 위험부담, 사회성, 독립성에서는 차이를 구별하기 힘들지만 조직력과 지도성에서는 확연하게 차이가 난다고 합니다.

	영 재
지속성	자기 생각대로 하고 싶어 함
주의집중	빨리 생각하고 행동하며 도전적이고 흥미 있는 일에서는 집중력이 높음

상상력	몽상이나 딴 생각을 하지만 상상력이 풍부하여 창의적인 아이디어가 많음
흥미	다양한 영역에 흥미가 있지만 관심이 있느냐 없느냐에 따라 열중하는 정도가 다름
활동성	흥미 있는 일은 열정적으로 몰두하여 참여함 활동성이 큼. 질문을 많이 함
충동성	충동적이고 파격적인 행동을 보임 일반적인 원칙은 쉽게 이해하고 따름

	ADHD	ADHD를 가진 영재
지속성	쉽게 포기하고 끝까지 풀지 못함	쉽게 산만해지고 주의 집중 시간이 짧음
주의집중	집중하기 어려움	집중력이 짧음
상상력	몽상이나 딴 생각을 많이 함	상상력이 풍부하고 독창적이고 유창한 아이디어를 가짐
흥미	흥미 있는 일이 자주 바뀜. 지겨워하거나 지속적으로 흥미를 가지지 못함	여러 영역에 흥미가 있지만 쉽게 지겨워 함
활동성	가만히 있지 못하고 계속 움직임 안절부절못하고 계속 자기를 움직임	과잉행동을 보이거나 짧은 시간에 모든 일을 수행하려고 함
충동성	생각하지 않고 행동하며 충동적인 행동으로 다른 사람에게 방해를 줌. 차례를 기다리기 어려움	충동적인 행동을 보임

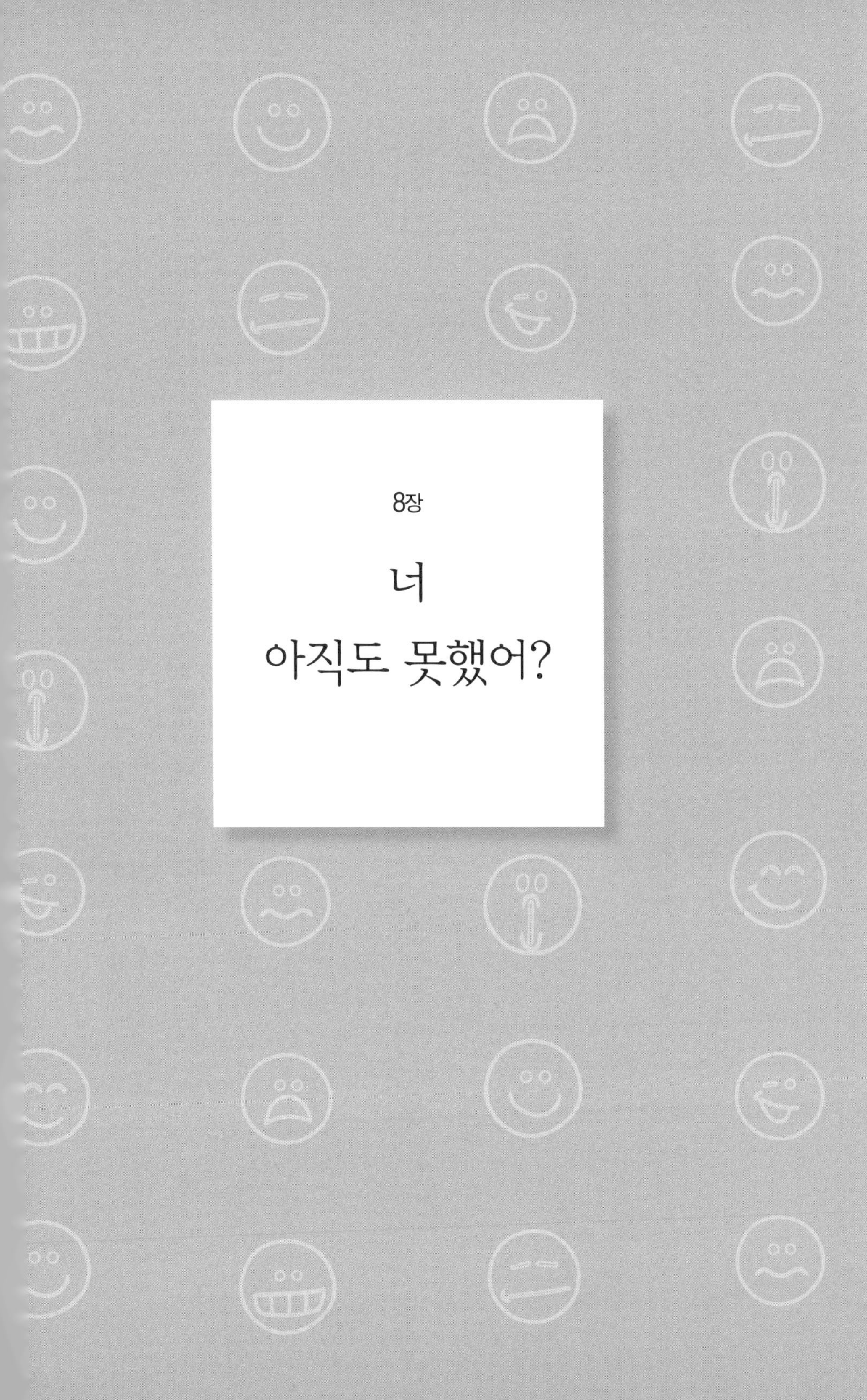

8장

너 아직도 못했어?

초등학교 2학년 성준이는 다문화 가정 아이이다. 2학년이 된 첫날, 1학년 때 담임 선생님이 아이가 아버지를 무서워하고 매사 주눅 들어 있는데, 아버지는 그 이유가 학교가 재미없어서 그렇다면서 민원을 자주 제기하니, 아이를 유심히 관찰해야 한다고 하셨다.

예민하고 불같은 성격의 아버지와 조선족 어머니, 4살 차이의 남동생이 있는 성준이와 어린이 도서관을 가느라 높은 지붕이 있는 건물을 지나가고 있는데, 느닷없이

"저는요, 이런 데를 지나갈 때면 무서워요."라고 하길래,

왜냐고 물었더니

"무너질까봐 겁나요"라고 했다.

받아쓰기 시험을 볼 때도 틀린 글자를 지우고 고쳐 쓰다가 뜻대로 안 되면 그 다음 문제는 휘갈겨 대충 쓰거나 아예 쓰지 않는다. 줄을 설 때도 항상 한 발 옆으로 비켜서 있고, 단체 활동에서 한발 물러서 억지로 시켜야만 참여한다. 자기 자리에 앉아서 책을 읽거나 만들기를 하다가도 슬그머니 일어나 나갔다 온다. 왜 나가냐고 물어보면

"답답해요. 저는 원래 답답한 거 싫어해요."라고 한다.

아이가 2학년이 된 3월부터 주 1회 '자존감을 키우고 아버지와의 관계 개선'을 위한 심리 상담을 받고 있는데, 점점 더 부정적이고 자기 비하적인 발언을 자주 한다.

"못하겠어요."

"아, 짜증나."

"저는 재수가 없어요."

"나중에 귀찮은 사람이 될 거예요."

2학기 들어서는 생활이 더 많이 흐트러졌는데, 사용한 교과서, 학용품 등의 물건이 책상 위, 아래에 굴러다니고, 대부분의 2학년이 몹시 좋아하는 장난감, 찰흙 만들기조차도 완성한 것이 거의 없었다. 구상하는 데 너무 오래 걸리고 마음먹은 대로 되지 않으면 더 이상 하려고 하지 않는다. 아이가 첫 시작을 할 수 있게 도와주어도 도움을 받은 부분에서 5~10% 정도만 더 하고는 못한다면서 책상에 엎드려 있다. 계속 완성하기를 요구하면 짜증내거나 분노하지는 않지만 결국은 과제를 수행하지도 않는다. 그렇다고 해서 딴짓을 하거나 까불지도 않고 그냥 준비물을 손에 들고 있다.

아이가 줄넘기도 잘하고 책 읽기도 능숙하고 구구단도 금방 외워서 칭찬을 하면

"아닌데…… 나 못하는데……"라며 극구 부인한다.

성준이에게는 무슨 문제가 있는 걸까?

왜 그럴까요?

숙제나 준비물을 잘 챙겨오지 않는 아이, 수업에 집중하지 못하며 멍하게 앉아 있고 발표를 잘 하지 않는 아이, 학교행사에 소극적으로 참여하며 의욕이 없는 아이, 자기표현이 미숙하여 교사와 친구 관계에 문제가 있는 아이, 유아적이고 자기중심적이며 떼쓰기를 잘 하는 아이를 무기력한 아이라고 볼 수 있습니다. 이런 아이들의 경우 성취동기가 낮고 정서적으로 불안정하여 자신의 감정을 잘 다스리지 못하고 공격적인 성향을 나타내기도 합니다. 또한 머리나 배가 아프다며 신체적 고통을 호소하기도 하고, "나는 어차피 못해."라는 말을 자주 하거나, "네? 왜요!"라며 반항적인 성향을 보이기도 합니다. '무기력'은 타고난 게 아니라 실패가 거듭되는 상황이 누적되면서 학습되어 나타납니다. 지속되는 실패 경험 속에서 스스로의 행동이나 노력으로는 자신에게 닥칠 부정적인 결과를 변화시킬 수 없다는 것을 지각함으로써 학습된 무기력에 빠지게 되는 것입니다.

학습된 무기력

특수교육학 용어 사전에 따르면 학습된 무기력(learned helplessness)은, 마틴 셀리그만(Martin Seligman)이 동물을 대상으로 회피 학습을 통한 공포의 조건 형성을 연구하던 중 발견한 현상입니다. 피할 수 없거나 극복할 수 없는 환경에 반복적으로 노출된 경험으로 인하여 실제로 자신의 능력으로 피할 수 있거나 극복할 수 있음에도 불구하고 스스로 그러한 상황에서 자포자기하는 것을 말하며 다른 말로는 '학습된 무력감'이라고도 합니다.

셀리그만은 개들을 세 집단으로 나누어 상자에 넣고 전기 충격을 주는 실험을 통하여 무기력을 학습할 수 있음을 증명하였습니다. 첫 번째 집단의 개는 코로 계기판을 누르면 전기 충격이 꺼지도록 했습니다. 두 번째 집단의 개는 첫 번째 집단의 개가 계기판을 눌러야만 전기 충격이 멈추도록 했습니다. 세 번째 집단의 개는 아무런 전기 충격도 받지 않도록 했습니다. 개들을 이렇게 세 집단으로 나눠 실험을 진행한 뒤, 다음날 모든 개를 낮은 장애물만 뛰어넘으면 전기 충격을 쉽게 피할 수 있는 상자에 넣었습니다. 첫 번째 집단과 세 번째 집단의 개는 장애물을 뛰어넘어 전기 충격을 피했지만 두 번째 집단은 아무것도 하지 않고 그냥 엎드려 버렸습니다. 두 번째 집단의 개들은 자기들이 무엇을 하건 아무 소용없음을 '학습'했기 때문에 그냥 주저앉은 것입니다. 이를 셀리

그만은 ‘학습된 무기력’이라고 불렀습니다.

이후 많은 학자들은 ‘학습된 무기력’을 사람에게 적용하며, 이론을 발전시켜갔습니다. 그중 도널드 히로토(Donald Hiroto)는 사람을 대상으로 학습된 무기력을 실험하여 개 실험과 유사한 결과를 얻었습니다. 사람을 세 집단으로 나누어 방 안의 소음을 끄는 방법을 찾도록 하였습니다. 첫 번째 집단은 어떤 방법으로도 소음을 끌 수 없도록 하였습니다. 두 번째 집단은 단추 몇 개를 누르면 소음이 꺼지도록 하였습니다. 세 번째 집단은 전혀 소음을 들려주지 않았습니다. 그 후 모든 사람을 한쪽 면에 손을 대면 소음이 멈추고, 다른 쪽 면에 손을 대면 소음이 들리는 방에 넣었습니다. 두 번째 집단과 세 번째 집단의 사람들은 모두 손을 옮기는 반응을 보였지만 첫 번째 집단의 사람들은 대부분 소음을 끄려는 시도조차 하지 않고 소음을 수동적으로 받아들였습니다. 첫 번째 집단의 사람들은 소음에 대한 무기력을 학습했기 때문입니다.

사람들은 실패를 경험하게 되면 누구나 일시적으로 무기력해지거나 우울해집니다. 어떤 사람은 무기력감이나 우울감에서 쉽게 벗어나지만 학습된 무기력을 지니게 될 경우 실패 경험에 자신감을 잃고 자기가 할 수 있는 것이 아무것도 없다고 생각하게 됩니다. 어떤 일을 시도조차 하지 않고, 시작하더라도 끈기 있게 일을 해내지 못합니다. 그리고 성공을 경험하게 되더라도 그 값어치를 깎아내리게 됩니다.

무기력의 원인

아이가 학습된 무기력에 빠지게 되는 원인은 다양한 부분에서 찾을 수 있습니다. 우리나라의 높은 교육열, 학력주의, 사회 · 문화적 요인의 영향을 고려하여 다음과 같이 정리할 수 있습니다.

▸ 가족 환경

부모가 자녀를 이해하지 않거나 애정을 표현하지 않고 강제적 지시를 하는 거부적 양육 태도, 부모와 자녀 간의 낮은 접촉 강도, 부모의 성취 압력이 아이의 학습된 무기력을 발생시키는 것으로 알려져 있습니다(이은영, 2007). 특히 부모의 성취 압력이 높을수록 아이의 학습된 무기력이 증가하는데, 부모의 높은 기대에 부응하기 위해 애쓰지만 기대만큼의 결과가 나오지 않으면 아이는 포기하거나 좌절하게 됩니다.

▸ 학교 환경

학습내용 및 교수방법에 대한 이해도, 학습에 관한 흥미, 학급 분위기나 친구들과의 관계, 아동에 대한 교사의 부정적인 피드백이나 무관심과 같은 교사와 학생 간의 관계 등이 아이의 무기력을 유발하는 요인이라 할 수 있습니다. 봉미미(2003)는 성공의 기회에 비해 실패의 기회가 산재한 교실, 노력이 능력 부족을 보상하는 도구로 인식되게끔 만드는 상대평가 제도, 그리고 선택의 자율성이 부족한 학습 환경이 한국 아이들로 하여금 학업에 대한 자신감과 흥미를 잃고 학습된 무기력에 빠지게 만들 수 있다고 경고하였습니다.

▸ 사회 환경

봉미미 외(2008)는 높은 교육열과 학력주의, 대학입시제도 등을 무기력의 원인으로 들고 있습니다. 이 3가지 요인은 아이로 하여금 상대적 비교와 함께 거듭되는 실패 경험을 증폭시킨다는 점에서 학습된 무기력을 발생시키는 환경을 조성할 가능성이 높습니다.

학습된 무기력은 주로 아동 중·후기에 발달하는 것으로 보입니다. 최근의 연구들은 학습된 무기력이 지적인 성숙과도 관련이 있으며, 아이의 연령이 높아질수록 학습된 무기력에서 빠져나오기가 힘들다고 보고하고 있습니다(Ruthig, Perry, Hall, & Hladkyj, 2004). 교실에서 학습된 무기력이 중요한 이유는 실패 경험의 누적으로 학습된 무기력을 지니게 된 아이가, 조금만 노력하면 나아질 수 있는 상황에서 시도조차 하지 않을 수 있기 때문입니다. 부모, 교사, 친구로부터의 사회적 지지는 아이의 학습동기를 진작시킬 수 있습니다(Ryan & Patrick, 2001; Wentzel, 1998). 특히 교사로부터의 지지는 아이로 하여금 긍정적인 교실 정서를 느끼도록, 친구로부터의 지지는 목표를 추구하도록 도울 수 있습니다. 따라서 교사는 부모나 교사의 어떤 반복적인 말, 행동, 평가 방식이 아이를 학습된 무기력과 학습된 절망으로 이끄는지 살펴볼 필요가 있습니다(봉미미 · 황아름 · 송주연, 2010). 무기력이 쉽게 개선되는 건 아니지만 아이가 교실에서 최소한의 적응을 할 수 있도록 도우려는 관심과 노력이 무엇보다 중요합니다.

이렇게 해 봅시다

1. 성공 경험을 하게 해주세요

무기력한 아이는 지속된 실패 경험으로 '나는 무엇을 해도 안 돼, 나는 문제를 풀 수 없어.' 등 자신의 노력으로는 아무것도 할 수 없다고 생각합니다. 실패를 반복하는 악순환의 고리를 끊어주세요. 아이가 지속된 실패에서 벗어나려는 동기를 가지는 게 무기력에서 벗어날 수 있는 출발점이 될 수 있습니다.

▸ 성공적으로 수행할 수 있는 과제를 주세요.

강낭콩에 물주기, 예체능 교구 나눠주기, 배식차 가져오기 등 아이가 교과나 생활 면에서 단순하고 반복적으로 할 수 있는 과제를 줍니다. 아이에게 무엇을 해야 하는지 지시 사항을 계속 반복하다 보면 한 번쯤은 스스로 하는 순간이 있습니다. 이때 선생님이 알아차려 주시고 아낌없이 칭찬해 주세요. 아이가 상황을 통제한다는 느낌을 갖게 되면 자신감과 함께 동기를 가질 수 있습니다.

▸ 학습 과제를 작게 나누어 주세요.

학습 과제를 작은 단계로 나누어 주고 꾸준히 달성해 가는 과정에서 할 수 있다는 성취감을 맛보게 합니다. 예를 들면 미술 시간에 그림을 그리는 경우 테두리만 그리도록 합니다. 그리고 선생님과 가까운 곳에 앉혀 아이의 과제 수행 정도를 자주 체크합니다. 아이가 테두리를 그리는 동안 수업이 끝난다면 "오늘은 여기까지만 할 거야. 생각을 하면 오래 걸리니까 다음 시간에 마저 하자."라고 말해 줍니다.

▸ 과제를 해결하지 못한 원인이 노력 부족임을 알려주세요.

무기력한 아이는 스스로를 못하는 아이라고 낙인찍고 "나는 공기 할 줄 몰라요.", "나는 리코더 불 줄 몰라요.", "나는 구구단 못 외워요." 등 못한다는 말을 스스럼없이 합니다. 또한 할 줄 모른다는 자기 암시로 인해 노력도 하지 않으려고 합니다. 짧은 기간 동안 습득이 가능한 구구단, 리코더 등은 방과 후 선생님이 보충 지도해 주세요. 꾸준히 연습해서 기준을 통과하는 순간 아이는 자신감을 가질 수 있습니다.

2. 활동 중심 수업을 통해 배우는 즐거움을 얻도록 합니다

무기력한 아이는 공부를 못하는 게 아니라 안 하는 겁니다. 다양한 수업 방법을 이용하여 배우는 것이 재미있고 흥미로운 일임을 알려주세요. 수업에서 즐거운 경험을 많이 할수록 학습동기도 높아집니다.

▸ 수업을 체험 가능한 방식으로 해 주세요

송편 만들기와 국어, 전통 놀이와 사회, 요리 속 과학 찾기 등 교육과정 내 체험활동을 통해 학교생활에 즐거움을 주고 친구들과 친밀감을 형성하도록 합니다.

▸ 놀이를 수업에 활용해 보세요.

놀이는 활동 속에서 아이들 간의 협력, 경쟁을 유발하고 강력한 흥미를 일으키는 도구로써 몰입의 경험을 제공할 수 있습니다. 미하이 칙센트미하이(Mihaly Csikszentmihalyi)는 몰입의 경험은 성취의 원천으로 자기 목적성에 충만한 사람에게 발견되는 특징으로 아이로 하여금 자부심과 희열, 집중과 적극성을 이끌어내는 동인이라고 강조합니다. 놀이에 관한 자료들은 인터넷 초등 교사 커뮤니티나 관련 책들에서 구할 수 있습니다.

▸ 결과에 대한 보상은 학급 전체에게 주세요.

'이긴 사람부터 먼저 나와 먹고, 그 다음 진 사람 먹기', '이긴 사람이 진 사람에게 나눠 주기' 등의 방법으로 반 전체에게 보상을 줍니다. 또는 학급온도계가 있다면 이긴 팀이 주사위를 굴려서 학급온도계를 올릴 수 있도록 합니다. 승패에 상관없이 보상을 받을 수 있으므로 승패보다는 참여 자체에서 즐거움을 느낄 수 있습니다.

3. 결과 중심 평가와 과정 중심 평가를 상황에 맞게 적절히 실시합니다

시험에 대한 불안과 스트레스로 인해 아예 시험을 포기하지 않도록 평가는 수업 활동 과정 전체가 평가와 관련 있음을 알려주세요. 아이가 이전보다 나아진 점에 맞추어 평가에 집중할 수 있도록 해줍니다.

▸ 공책 알림장에 3줄 일기 쓰기로 자기평가를 합니다.

매일 아침 활동 시간에 전날 수업 내용 중 인상 깊었던 장면을 3줄 정도로 쓰도록 합니다. 자기평가 자료로 활용할 수 있습니다.

▸ 활동 중심 수업 후 자기평가를 합니다.

수업 중 시간이 있다면 자기평가 학습지를 만들어서 합니다.

참여 자체에 의미가 있는 활동이라면 줄줄이 릴레이 말하기로 반 전체가 말하도록 합니다. 생각이 안 나면 마지막 순서로 말해도 되지만, 한 명도 빠짐없이 말해야 함을 약속하세요.

▸ 상호평가를 할 때는 기호나 스티커를 사용하도록 합니다.

점수 또는 상중하로 평가하기보다는 반에서 약속한 기호나 스티커로 평가하도록 합니다. 예시를 든다면 다음과 같습니다.

★ : 정말 잘했다

○ : 나만큼 잘했다, 또는 나랑 비슷하다

♥ : 마음을 담아서 좀 해줘

4. 긍정적인 학급 분위기를 만들어주세요

아이들이 서로 격려하고 존중할 수 있도록 해주세요. 교우 관계가 원만하지 않아서 외로움이나 소외감 등을 경험하게 되면, 자존감이 손상되어 학교생활과 학습에 부정적인 영향을 미칠 수 있습니다. 이런 경우는 친구들과 정서적 교감이나 상황에 맞는 공감들이 어려울 수도 있으므로 학급운영 시 상호 격려와 존중이 이루어질 수 있도록 학급 전체를 대상으로 지도가 필요합니다.

▸ 3월 첫 주 '학급 세우기'를 통해 소속감과 안정감을 주세요.

'학급 세우기'를 통해 아이가 우리 반이 좋고 편안하다고 느끼게 합니다. 아이가 학급에 대해 좋아하는 마음이 생기면 함께 하려는 의지를 길러줄 수 있습니다. 학급을 세우는 활동에는 이름표 만들기, 선생님 소개하기, 친교 놀이, 학급 규칙 만들기, 학급 내 역할 정하기, 실내 생활 연습 등이 있습니다.

▸ '관계 맺기'의 중요성을 알려주세요.

서로의 차이점을 존중하고 이해하는 과정 속에서 서로에게 친밀감을 느낄 수 있습니다. 정서적인 친밀감을 바탕으로 아이는 두려움 없이 활동에 참여할 수 있습니다. 2008년 방영된 EBS 다큐프라임 〈초등생활 보고서 1부 차별〉을 활용하여 교육하면 효과적입니다. 동영상 중 선생님이 필요하다고 생각하시는 일부부만 보여주고 모두 함께 질문하고 발표하는 시간을 가집니다.

5. 협동학습을 통해 관계 맺기의 기회를 주세요

협동학습은 단순히 함께 공부 시간을 보내는 것이 아니라 아이들이 의견과 정보를 교환 및 공유하고 질의응답, 협상, 타협, 갈등 조절 등과 같은 상호작용이 활발히 이루어지도록 함으로써 소집단의 공통된 과업을 달성하고 인간관계를 향상시킬 수 있는 교수-학습 방법을 말합니다.

▸ 친구끼리 가르치고 배울 수 있는 활동을 합니다.

아이들 각자가 전문가가 되어 학습내용을 탐구하고, 친구들에게 설명해주는 과정을 통해 서로를 이해하게 됩니다. 경쟁과 협력을 반복하며 서로 돕고 의지하면서 무언가를 함께 한다는 공동의식을 가질 수 있습니다. 직소 수업, 토의 · 토론 수업 등의 활동이 여기에 해당합니다.

▸ 친구와 함께 수행할 수 있는 과제를 제시합니다.

친구와 함께 전략을 짜고 문제를 해결하는 과정에서 아이는 학습에 대한 몰입을 경험합니다. 몰입 경험이 많아질수록 배움에 대한 재미와 즐거움이 커집니다. 이런 과정을 통하여 무기력한 아이의 학습 의욕도 높일 수 있습니다. 문장 퍼즐 맞추기, 릴레이 퀴즈, 노래 가사 바꾸기 등의 활동이 여기에 해당합니다.

6. 아이의 실수에 대해 불변하고 보편적인 행태로 표현하지 말아야 합니다

"너는 왜 맨날 이런 거야?"에서 불변하는 형태란 '맨날'이라는 표현이고, 보편적 형태란 '이런 거'라는 표현으로 범위가 구체적이지 않습니다. 아이는 선생님의 꾸짖음을 그대로 믿고 그것을 바탕으로 언어 습관을 만들어갑니다. 불변하고 보편적인 형태의 꾸지람을 듣는 아이는 비관적인 언어 습관을 지니게 되고 자신에 대해 비관적인 견해를 가지게 됩니다. 언어 습관은 학습된 무기력에 영향을 미치는 가장 중요한 요인 중 하나입니다.

▸ 작은 실수 및 행동은 그냥 넘깁니다.

아이를 무시하는 말은 하지 않도록 합니다. "그것도 못해?", "아직도 못했어?", "그럴 줄 알았다." 같은 문장은 학생의 의욕을 꺾습니다. 선생님은 아이에게 긍정적인 의사표현을 하면서 가능한 가능성과 성취에 대해 지지해주는 관심을 지속적으로 보여줍니다.

▸ 아이의 부정적인 반응에는 단호하게 대응합니다.

아이가 "왜요?", "원래 못해요.", "망했다." 등의 부정적인 반응을 할 때 그냥 무시하세요. 하지만 너무 큰 소리로 얘기하거나, 반복적으로 해서 심하다는 생각이 드는 경우에는 "생각은 가능하나 말로 하면 안 돼."라고 단호하게 말해줍니다.

한 걸음 더 알아볼까요?

수업 시간에 활용할 수 있는 보드게임

최근 수업 현장에서는 학생들에게 재미와 홍미를 주면서 학습의 효과를 높이기 위해 게임 형태가 학습과 접목되어 시도되고 있습니다. 이에 게임의 한 형태인 보드게임을 통해 대화, 타협, 배려 등의 사회성을 익히며 공부하는 즐거움이 있는 행복한 교실을 만들 수 있습니다.

교과별 적용 가능한 보드게임

국어	수학	사회/과학	영어
딕싯, 이야기꾼, 원스어판어타임, 라온 등	루미스, 젬블로, 우봉고, 블로커스, 쉐입스업, 테트리스링크, 카프라, 메이크텐, 셈셈시리즈, 로보77, 파라오코드, 코요테 등	모노폴리, 부루마블, 핏(PIT), 호이호이 등	애플투애플, 고피쉬, 워드서치, 픽셔너리 등

학습된 무기력 검사

이 검사는 셀리그만이 개발한 것을 신기명이 번안한 학습무력감 진단 척도를 토대로 전상권이 17문항을 선정하여 구성한 검사지입니다. 높은 점수일수록 학습된 무기력이 높다는 것을 나타내며 점수의 범위는 17~68점입니다.

항목	매우 그렇다	약간 그렇다	약간 그렇지 않다	전혀 그렇지 않다
1. 나는 나 자신을 원망할 때가 많다.	0	1	2	3
2. 나는 후회하는 일을 자주 한다.	0	1	2	3
3. 아무도 나를 이해하지 못하는 것 같다.	0	1	2	3
4. 나는 아무 까닭 없이 슬퍼질 때가 많다.	0	1	2	3
5. 나는 언제나 혼자라는 느낌이 든다.	0	1	2	3
6. 나는 사소한 일에도 슬프고 쓸쓸해진다.	0	1	2	3
7. 나는 자신을 갖고 나의 생각을 말할 수가 없다.	0	1	2	3
8. 나는 자신이 명랑한 사람이라고 생각하지 않는다.	0	1	2	3
9. 나는 친구들과 노는 것이 즐겁지 않다.	0	1	2	3

항목	매우 그렇다	약간 그렇다	약간 그렇지 않다	전혀 그렇지 않다
10. 나는 의지가 약하고 인내력이 없다.	0	1	2	3
11. 나는 무엇인가 열중하고 끝까지 계속하지 못한다.	0	1	2	3
12. 나는 공부를 하다가 중간에 그만두는 경우가 있다.	0	1	2	3
13. 나는 일을 시작했다가 중간에 그만두는 경우가 있다.	0	1	2	3
14. 나는 다른 사람에게 자랑할 것이 없다.	0	1	2	3
15. 나는 사회에 보탬에 되는 사람이 될 것 같지 않다.	0	1	2	3
16. 이 세상에는 노력에 대한 대가로 얻어지는 일이 극히 드물다.	0	1	2	3
17. 나는 잘 안 되는 것이 있으면 운이 나빴다고 생각한다.	0	1	2	3

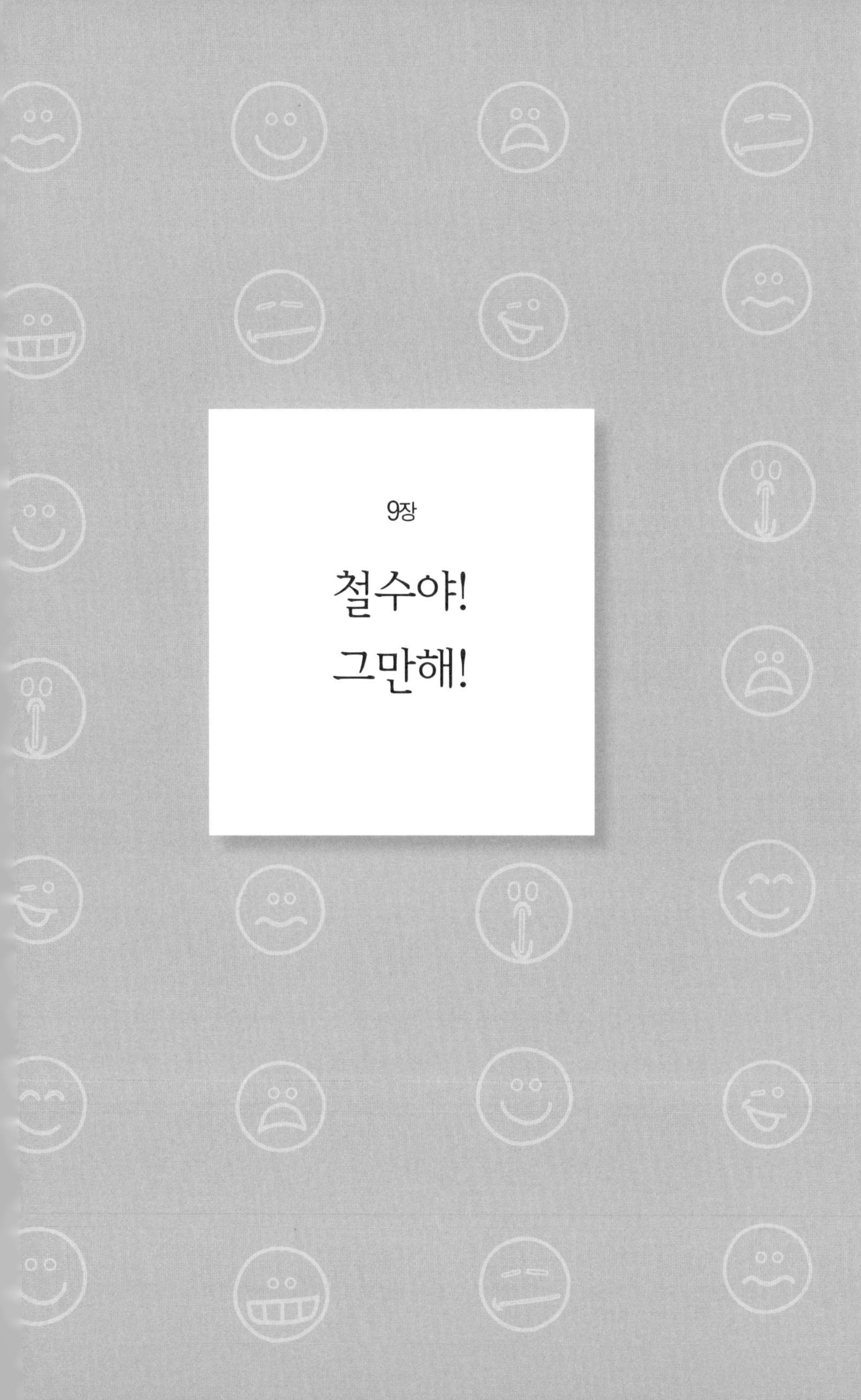

9장

철수야!
그만해!

"내가 하지 말라고 했지?"

모둠 활동 중에 어디선가 신경질적인 목소리가 들렸다.

"철수야, 무슨 일이니?"

"영수가 짜증나게 하잖아요."

철수는 씩씩거리면서 가지고 있던 블록을 전부 바닥에 집어던진다. 상황을 정리하고 주변 아이들에게 무슨 일이 있었는지 들어 보니 철수가 다른 친구들의 이야기를 듣지 않고 자기주장만 하다가 영수가 자신의 말을 듣지 않는다며 영수를 밀어 넘어뜨렸다고 했다. 지난 주 점심시간에는 자신이 실수로 흘린 음료수를 친구의 옷으로 닦고, 자신을 화나게 했다는 이유로 친구의 급식 판에 침을 뱉기도 하였다.

철수는 평소 짜증이 많으며, 친구들이 자신의 뜻을 따르지 않으면 화를 내거나 폭력적인 행동을 하는 아이다. 학급 놀이나 게임을 할 때도 욕을 자주 사용하며, 특히 자신이 졌을 때는 불같이 화를 내며 친구들에게 폭력을 사용한다.

"야!"

수업 중간에 갑자기 큰 소리가 들리고, 아이들이 웅성거리기 시작한다.

"야 이 XX야, XX"

철수가 갑자기 벌떡 일어나더니 욕을 하며 민준이의 멱살을 잡으려고 달려든다. 주변의 아이들은 놀라서 자리를 피한다.

"그만해! 둘이 떨어져!"

"무슨 일이야? 무슨 일 때문에 그러니?"

몇몇 아이들의 도움을 받아 철수와 민준이를 떨어뜨려 놓았지만 철수는 씩씩거리며 민준이에게 계속 욕을 한다. 다행히 이번에는 철수가 의자를 들어 던지기 전에 겨우 막았다.

"놔!　XX, 아악!"

철수가 갑자기 소리를 지르며 아이들을 뿌리치고 교실 밖으로 뛰쳐나갔다.

"쾅! 쾅!"

얼른 뒤따라 가보니 복도에 있는 방화문을 발로 차고 있었다.

철수는 화가 나면 꼭 어딘가에 분풀이를 하는 것처럼 행동한다. 그리고 자신이 싫어하는 일을 해야 할 때도 공격적인 행동을 보이는데, 지난번에는 교내 행사에 참가하기 싫다고 자기 옷을 가위로 마구 찢었다. 큰 소리가 들릴 때마다 내 심장이 두근거린다. 철수의 행동 때문에 아이들도 점점 철수를 무서워하는 눈치다. 철수와 같은 아이들은 어떻게 지도해야 할까?

왜 그럴까요?

철수처럼 상황에 맞는 적절한 정서 표현을 하지 못하는 아이는 또래들과 긍정적인 관계를 잘 형성하지 못하고 종종 공격적인 행동을 합니다. 아동 및 청소년의 공격성 변화에 관한 연구에 따르면, 공격성은 아동기에 시작되어 청소년 중기까지 증가하다가 그 이후에는 점차 감소하는 양상을 보이는데(하문선, 2013), 특히 약 11세~14세에 절정을 이룬다고 합니다.

이러한 공격성과 문제행동은 학교폭력으로 이어질 수 있고, 적절하게 다루어지지 않으면 청년기나 성인기에 반사회적인 범죄행동으로 발전될 가능성이 큽니다. 초등학교 시기의 아이는 점차 부모에게 덜 의존하며, 또래와의 상호작용은 증가하게 됩니다. 이 시기의 공격성은 또래 관계에 영향을 미치는 중요한 요인이며 분노는 이러한 공격성을 유발하는 감정입니다. 보통 분노를 느꼈을 때 공격적으로 변하기 쉬운 것처럼 분노는 공격성과 밀접한 관련이 있습니다.

분노는 보통 자신이 원하지 않는 일 때문에 자신의 욕구가 손상되었을 때 발생합니다. 이러한 상황에서 타인에게 난폭한 말과 행동으로 공격성을 보이게 되어, 대인 관계가 악화됩니다.

아이의 분노와 관련된 선행 연구를 살펴보면, 아이 역시 일상생활에서 자신이 바라던 것을 신체적, 심리적으로 제지당했을 때 분노가 유발된다고 합니다. 즉, 신체적인 공격을 받거나 부당한 대우를 받았다고 생각될 때 분노를 느끼게 되죠.

그리고 일반적으로 예민한 기질이거나 충동성이 높은 아이들은 주위의 관심을 끌고, 인정받고 싶은 욕구 때문에 과잉행동을 자주 보입니다. 이러한 아이들은 자신의 욕구가 충족되지 않으면 화를 내는 일이 많습니다.

특히 자기중심적 사고와 자기애가 강한 아이들은 분노 조절에 대한 문제가 자주 발생합니다. 또한 지속적인 스트레스 상황에서 경험하는 자극의 강도에 따라 분노가 발생할 가능성이 높아집니다. 채혜정(2004)과 이미경(2006)에 따르면 초등학교 아이들이 경험한 분노 유발 원인은 다음과 같습니다.

1. 자기 피해와 관련된 분노 유발 상황

자기 피해	놀림, 비웃음과 같은 괴롭힘 정도가 지나친 장난 빼앗김, 귀찮게 함, 따돌림, 고자질

신체적, 언어적 위협	신체적 폭력, 싸움, 욕
자존감 손상	무시, 누명(의심, 오해)
신의 위반	타인이 약속을 안 지킴, 거짓말, 배신
간섭과 강요	잔소리(간섭) 타인이 자기 마음대로 함 ~하기 싫은 데 억지로 시킴

2. 비합리적 신념에 따른 분노 유발 상황

타인에 대한 당위적 기대	잘 알지도 못하면서 저 애는 왜 저렇게 행동하지? ~라면 당연히 ~해야 한다. 내 마음도 몰라주고 어떻게 나한테 그럴 수가 있지? 나는 그러지 않았는데
타인 비난	자기가 잘못해 놓고 자기도 잘하지 못하는 주제에 자기도 그때 그렇게 해놓고 너 때문이야 잘난 척하네 공부도 못하면서
차별과 불공평	왜 나한테만 그러지? 편애(차별) 부당함(불공평함) 왜 나한테 화풀이야
연령과 성에 대한 비합리적 사고	나보다 어린데 그렇게 행동하다니 내가 어리다고 무시하나? 감히 여자(남자)가 그렇게 행동해? 왜 남자만(여자만) 이것을 해야 하지?

초등학교에서 아이들은 새로운 또래 관계를 형성하는 등 사회적 관계 범위가 넓어지면서 이전에 비해 욕구를 지연하고 좌절을 인내해야 하는 빈도가 많아지게 됩니다. 그래서 다른 정서들에 비해 분노를 경험하는 경우가 많아집니다. 특히 초등학교 고학년은 아동기에서 청소년기로 전이되는 과도기로 아이들이 정서적으로 불안정하며, 진학에 대한 불안감도 높습니다. 그래서 저학년에 비해 학업 및 교사, 또래, 부모 관련 스트레스를 더 많이 받아서 분노 정서를 자주 경험하게 됩니다. 과도한 스트레스가 쌓이면 자신을 불쾌하게 하는 작은 행동에도 너그럽게 넘어가지 못하게 되기 쉽습니다. 그래서 지나치게 반응하거나 폭력적으로 행동하기도 합니다.

아이의 감정을 공감하지 않고 지나치게 엄격하게 혼을 많이 내거나 억압적인 양육 환경도 아이들의 분노 조절에 문제를 발생시키는 요인입니다. 그리고 무관심하여 애착 형성이 잘 이루어지지 않아 정서적으로 방치되는 양육 환경 역시 아이의 분노 조절에 좋지 않은 영향을 미칩니다. 또한 아이가 공격 행동을 통해 분노를 표현하였을 경우에만 관심을 보이고 아이의 요구를 들어주는 부모의 대응 태도가 아이의 공격 행동을 강화시키기도 합니다.

아이가 분노를 표현하는 것은 나쁜 것일까요? 그래서 분노를 표현하지 못하도록 해야 할까요? 상황에 따라 느낀 감정을 표현하는 것은 매우 자연스러운 현상입니다. 분노 역시 정상적인 정서 반응 중의 하나입니다. 그러므로 분노 감정 자체가 문제라기보다는 그것을 표현하는 과정이나 결과가 문제라고 볼 수 있습니다. 아이는 좌절과 갈등이 발생하는 상황에서 자신의 욕구 불만을 적절하게 표현하는 방법을 잘 알지 못하여 잘못된 방법으로 분노를 표현합니다. 그리고 자신의 의도와 감정을 어떻게 표현하는지에 대한 방법을 몰라 분노를 점점 더 가중시키는 경향이 있습니다. 자신의 감정을 잘 조절하고 스스로를 진정시킬 줄 아는 아이는 분노를 느끼는 상황에서 분노를 무조건 억제하거나 공격적으로 표현하지 않습니다. 대신 침착함을 유지하고 자신의 상태를 인식하여 적절한 방법으로 분노를 표현하려고 노력합니다.

반면에 감정 조절이 어려운 아이는 분노를 부적절한 방법으로 표현하여 타인에게 상처를 주게 되고 이로 인해 대인 관계가 손상되어 본인 스스로도 어려움을 겪게 됩니다. 특히 주의력과 통제력이 낮고, 충동성이 높은 아이는 자신의 감정을 조절하기가 어려워 분노를 공격 행동으로 표현하는 일이 많습니다.

또한 간헐적 폭발 장애(Intermittent Explosive Disorder)를 가지고 있는 아이는 공격적 충동이 조절되지 않아 어떤 자극이 주어지든지 이해할 수 없을 정도로 과격한 행동을 합니다. 주로 가까운 주변 사람들의 사소한 자극에 나타나는 아이의 공격 행동은 충동적이거나 분노에 기반을 둔 것이어서 갑작스럽게 나타납니다. 폭발적으로 행동하기 전에 아이는 심한 긴장 상태를 경험하고, 공격

행동 이후에 긴장감이 풀리면서 대부분 자신의 행동을 몹시 후회하거나 당황스러워 합니다. 하지만 자신의 폭발 행동에 대해서 합리적인 이유를 대지 못합니다.

이러한 간헐적 폭발 장애의 발병은 아동기 후기나 청소년기에 가장 흔하게 나타납니다. 갑작스럽게 시작되며 여러 해에 걸쳐 만성적이며 지속적인 경과를 보입니다. 간헐적 폭발 장애의 진단 기준은 다음과 같습니다.

A. 공격적인 충동을 통제하지 못해서 보이는 반복적인 행동 폭발로, 다음의 항목 중 하나를 특징적으로 보인다.
   1. 언어적 공격(예, 분노발작, 장황한 비난, 논쟁이나 언어적 다툼) 또는 재산, 동물, 타인에게 가하는 신체적 공격성이 3개월 동안 평균적으로 일주일에 2회 이상 발생함. 신체적 공격성은 재산 피해나 재산 파괴를 초래하지 않으며, 동물이나 다른 사람에게 상해를 입히지 않음
   2. 재산 피해나 파괴 그리고/또는 동물이나 다른 사람에게 상해를 입힐 수 있는 신체적 폭행을 포함하는 폭발적 행동을 12개월 이내에 3회 보임

B. 반복적인 행동 폭발 동안 표현된 공격성의 정도는 정신사회적 스트레스 요인에 의해 촉발되거나 유발되는 정도를 심하게 넘어선 것이다.

C. 반복적인 공격적 행동 폭발은 미리 계획된 것이 아니며(예: 충동적이거나 분노로 유발된 행동), 유형적인 대상에만 한정된 것이 아니다(예: 돈, 권력, 위협).

D. 반복적인 공격적 행동 폭발은 개인에게 현저한 심리적 고통을 유발하거나, 직업적 또는 대인 관계 기능에 손상을 주거나, 경제적이거나 법적 문제와 관련된다.

E. 생활연령은 적어도 6세 이상이다(또는 6세에 상응하는 발달단계 수준).

F. 반복적인 공격적 행동 폭발이 다른 정신질환으로 더 잘 설명되지 않으며(예: 주요 우울장애, 양극성장애, 파괴적 기분조절부전장애, 정신병적 장애, 반사회성 성격장애, 경계성 성격장애), 다른 의학적 상태(예: 두부 외상, 알츠하이머병)나 물질(예: 남용 약물, 투약 약물)의 생리적 효과로 인한 것이 아니다. 6~18세인 경우에 적응장애의 일부로 보이는 공격적 행동을 이 진단으로 고려해서는 안 된다.

주의점: 반복적이고 충동적인 공격적 행동 폭발이 주의력결핍과잉행동장애, 품행장애, 적대적 반항장애, 자폐스펙트럼장애에서 보일 수 있는 정도를 초과하고 독립적인 임상적 주의가 요구될 때 상기 진단에 더해서 간헐적 폭발 장애를 추가적으로 진단 내릴 수 있다.

대부분의 아이들은 공격성이 밖으로 표출되어 문제행동을 보이지만 어떤 아이들은 공격성의 방향이 자신에게 향하여 문제가 발생하기도 합니다. 대한신경정신의학회의 네이버 포스트 자료와 학생정신건강지원센터에서 발행한 뉴스레터에 따르면, 자해(Non-Suicidal Self-Injury)는 스스로 자신의 신체에 상처를 내거나 자신을 해롭게 하는 행동을 말합니다. 자해의 방법에는 손목과 팔 등의 피부 긋기, 긁기, 잘라내기, 부딪히기, 멍들게 하기, 스스로 때리기, 화상 입히기, 피 뽑기(사혈) 등이 있습니다.

아이들은 주로 면도칼이나 커터 칼 이외에도 가위, 펜 끝, 손톱, 유리 조각, 부러뜨린 칫솔대 등 다양한 자해 도구를 사용하여, 손목, 팔, 허벅지, 어깨 등 여러 신체 부위에 경미한 상처를 냅니다. 어떤 아이가 손목에 밴드를 계속 붙이거나 붕대를 자주 사용하고, 더운 날씨에도 긴팔 옷을 입는 등 계절과 맞지 않는 복장을 하며, 신체가 드러나는 활동에 잘 참여하지 않는다면 혹시 자해를 하는 학생인지 좀 더 살펴보는 것이 필요합니다. 자해 학생은 면도날 같이 적절하지 않은 용품을 소지하며 피부 위에 설명되지 않는 화상, 자상, 상처 및 흔적이 있습니다. 그리고 우울이나 불안 증상을 보입니다.

자해는 다른 사람들의 관심을 받기 위한 행동만이 아닙니다. 대부분 아이들은 자신이 감당하기 힘든 매우 고통스러운 감정을 다스리기 위한 해결책으로 자해를 합니다. 또 어떤 아이는 자신을 처벌하기 위해 자해를 합니다. 이런 아이는 부모를 비난하거나 타인에게 폭력을 사용하거나 물건을 부수는 행동을 하여 공격성을 밖으로 표출하기보다, 자해 행동을 통해 공격성을 자신에게 향하게 하여 스스로를 처벌하는 것입니다. 아이들은 자기 조절 능력이 아직 완성되지 않았으므로 죽고 싶다는 의도가 없더라도 자해 행동을 반복하게 될 경우, 내성이 생겨 그 강도와 횟수가 심해질 수 있습니다. 그 결과 본인이 원하지 않는 죽음에 이를 수 있습니다. 이러한 자해는 매우 위험한 스트레스 해소 방법이므로 교사와 부모는 건강하게 감정 조절을 할 수 있는 방법을 알려주며, 지속적으로 관심을 기울여야 합니다.

자해 학생을 대할 때는 일방적으로 아이에게 훈계하듯 이야기하거나 무작정 "자해를 멈춰!"라고 말하지 않고, 아이가 죄책감을 갖지 않도록 조심스럽게 대해야 합니다. 또한 아이가 자살할 의도가 없이 자해만 했다는 듯이 비웃거나 조롱하듯 대하지 않아야 합니다. 그리고 아이가 누릴 수 있는 권한을 박탈하면서 불편함을 초래하거나 장기간의 벌칙으로 느껴지는 제한은 피해야 하며, 강압적으로 자해 행동을 막는 것은 좋지 않습니다. 가정에서 자해하는 아이를 대할 때는 감정을 너무 과도하게 표현하거나 그 반대로 너무 억압하며 참지 않는 것이 중요합니다. 자녀를 대하는 태도가 갑작스럽게 변하지 않도록 주의해야 하며, 자녀의 요구를 갑자기 다 들어주는 식으로 반응하지 않아야 합니다. 자해에 대해 별것 아니라는 식으로 언급하지 않고, 대화를 통해 진지하게 아이의 어려움을 물어보고 공감해주는 것이 필요합니다. 그리고 혼자 해결하려 하기보다 정신건강 전문가의 도움을 받는 것이 좋습니다.

아동 발달 특성상 초등학교 시기에는 자아개념이 형성되며, 자신의 정서를 인식하고 분노와 같은 감정을 표현하는 방식을 확립하게 됩니다. 특히 초등학교 5, 6학년 때는 인지가 더욱 발달하여 논리적이며 추상적인 사고가 가능하게 됩니다. 그래서 자신과 환경에 대한 평가가 명료해지고, 객관적으로 지각하여 자신의 정서를 표현할 수 있습니다. 그러므로 일상생활에서 경험하게 되는 다양한 상황 속에서 어떤 분노를 느끼고 있는지 정확하게 이해하고, 이를 잘 조절하여 적절하게 표현할 수 있도록 지도하는 것이 중요합니다.

이렇게 해 봅시다

분노와 공격성을 마구 표현하는 아이를 보면 침착하게 대응하기가 참 어렵지요. 하지만 아이가 흥분한 상태에서 같이 흥분하거나 화를 내면 상황이 더 악화될 수 있습니다. 그러므로 교사 역시 잠시 심호흡을 하고 차분하게 대응하는 것이 매우 중요합니다. 우선 바람직하지 않은 방법으로 분노를 표현하는 것은 어떠한 상황에서도 용납되지 않는다는 것을 단호하게 알려주십시오. 그리고 평정심을 가지고 아이의 욕구를 공감해주며, 잘못된 감정 표현으로 인해 어떤 결과가 나타날 수 있는지 설명해주는 것이 필요합니다. 그러면 아이가 분노를 적절한 방법으로 표현하도록 하기 위해서는 어떻게 지도해야 할까요?

1. 분노의 신호를 알려주세요

화가 났을 때의 신체 반응은 생물학적인 반응이므로 참기 어렵습니다. 화가 나게 되면 그에 따른 생리적인 신체 변화로 몹시 흥분한 상태가 되기 때문에 충동적으로 행동하기가 쉽습니다. 그러므로 신체 증상을 통해서 자신이 화가 났다는 것을 빨리 알아차리는 것이 매우 중요합니다. 신체 증상을 빨리 알게 되면 그만큼 화나는 흥분 상태를 가라앉히거나 도움이 되는 방향으로 조절하기가 쉽습니다.

- 가장 최근에 매우 화가 났던 상황을 떠올리게 합니다. 그때 자신의 신체가 어떻게 느끼고 반응했는지 글이나 그림으로 표현하게 합니다. 이를 통해 자신이 화가 났을 때의 얼굴 및 신체 표정 변화, 몸 상태 변화 등을 알아봅니다.
- 저학년의 경우 자신의 신체 변화를 표현하는 것을 어려워할 수 있습니다. 그러므로 신체 반응을 표현한 다양한 그림을 주고 자신의 반응을 알아보도록 합니다.

2. 분노를 진정시킬 수 있는 방법을 알려주세요

분노의 초기 신호가 나타났을 때 화가 난 상황이나 상황을 만든 사람을 생각하지 않는 것이 중요합니다. 멈춤과 이완 방법을 사용하게 되면 바로 분노를 폭발시키는 일이 줄어들게 됩니다. 또한 반복해서 떠오르는 부정적인 생각을 없애 분노가 커지거나 지속되는 것을 막을 수 있습니다. 그리고 상황에 대해 생각하고 적절하게 반응할 수 있는 시간을 갖게 해줍니다. 그러므로 다음의 예시처럼 분노를 다스릴 수 있는 다양한 방법을 알려주고, 반복해서 연습해보며 자신에게 맞는 방법을 찾도록 도와줍니다.

- '잠깐'을 외친 후 심호흡 하고, 숫자를 10까지 센다.
- 화가 날 때 고무공을 꽉 쥐었다가 다시 풀기를 반복한다.
- 들숨 때 속으로 1부터 10까지 세면서 주먹을 서서히 쥔다. 날숨 때는 10부터 1까지 세면서 주먹을 서서히 편다(저학년은 숨쉬기 간격이 짧으므로 10보다 작은 숫자로 한다).
- 조용하고 편안한 장소에서 신체 부위별로 근육을 긴장시켰다가 이완시키는 것을 반복한다.

  손 → 팔 → 발 → 다리 → 아랫배 → 가슴 → 어깨 → 목 → 턱 → 눈 → 아래 이마
- 화가 났을 때 오히려 평화롭고 즐거운 장면을 상상하여 화가 난 상황으로부터 떨어져 마음을 진정시킨다.

3. 자신의 분노에 대해 깊이 탐색할 수 있는 기회를 주세요

초등학생들은 화가 나는 상황에서 사건에 대한 자신의 감정을 알아차리기보다는 공격적인 욕구나 적개심을 먼저 인식하게 됩니다. 그래서 화가 났을 때 공격적인 행동을 취할 가능성이 많습니다. 그러므로 자신의 분노로 생긴 감정과 내적 욕구를 구분할 수 있도록 도와주어야 합니다. 즉, 자신의 내면 욕구를 파악하여 화

가 난 진짜 이유를 알아보도록 합니다. 또한 분노 경험 일지 작성을 통해 자신이 분노하는 상황을 점검하고, 자신의 분노 패턴을 깊이 탐색할 수 있도록 합니다.

아이들은 자신이 부당한 대우를 받았다고 생각할 때 주로 분노를 느낍니다. 그런데 이때 아이들이 느끼는 부당함은 자기중심적 사고로 비롯되는 경우가 많아서 분노가 발생하게 된 책임을 자신이 아닌 타인에게 돌리게 됩니다. 그래서 자신이 사건에 기여한 부분을 인식하지 못하거나 상대방의 입장을 이해하려는 노력을 하지 않게 되지요. 그러므로 분노를 유발하는 생각과 감정의 상호관계를 이해하여 분노를 유발하는 비합리적인 생각과 오류를 수정해주는 것이 필요합니다.

기대 상황에서 자신의 왜곡된 생각을 찾고, 분노를 일으키는 비합리적 생각이나 믿음을 합리적이고 긍정적인 생각으로 바꿔주는 활동을 하는 것이 좋습니다. 다만 이러한 활동은 인지적 발달이 완성되지 않은 아이에게는 다소 어렵고 흥미를 유발하지 못할 수 있습니다. 또한, 자신의 감정이나 생각 등을 언어로 정확하게 표현하는 데 어려움이 있습니다. 그래서 언어를 매개로 비합리적 사고를 합리적 사고로 바꾸는 활동은 초등학교 저학년보다는 좀 더 성숙한 고학년에 적용하는 것이 더 효과적입니다.

4. 분노를 바람직하게 표현하는 방법을 알려주세요

분노는 자연스러운 감정이므로 무조건 참는 것이 아니라 바람직한 방법으로 자신의 욕구를 표현할 수 있도록 알려주어야 합니다. 강의식 교육보다는 아이들이 공감할 수 있는 구체적인 상황을 주고 지속적으로 연습하여 몸에 익숙해지도록 반복해야 합니다. 상황에 따라서 어떻게 대처해야 할지 토의해보고, 화가 나는 이유와 자신의 욕구를 긍정적으로 표현하는 방법을 연습하게 합니다.

▸ 화가 났을 때 분노를 긍정적으로 표현하는 방법 익히기

나 전달법(I-message): '나'를 주어로 하여 상대방에 대한 비난보다는 자신에 대한 이해를 구하여 자신의 감정과 욕구를 건강하게 표현하는 방법입니다.

자기주장: 상대방의 인격을 존중하면서 자신의 감정, 욕구, 생각을 솔직하게 직접적으로 표현하는 방법입니다.

▸ 짝 활동이나 역할 놀이를 통해 연습하기

아이들에게 아래와 같은 구체적인 상황을 제시하고 어떻게 대처해야 할지 토의한 후 활동을 통해 직접 말해보도록 합니다.

- 친구들이 자꾸 내 별명을 불러서 기분이 매우 좋지 않습니다.

요소	표현 방법	예
상대방의 구체적 행동	상대방의 행동에 대해 비난이나 평가하지 않고 말하기	수업 시간에 네가 자꾸 말을 걸어서
행동의 결과	상대방의 행동으로 인하여 자신이 어떤 영향을 받고 있는지 말하기	나는 선생님 말씀에 집중하고 싶은데
자신의 느낌, 욕구의 표현	상대방의 행동 결과 자신의 느낀 감정과 자신이 원하는 욕구를 구체적으로 표현하기	자꾸 신경이 쓰이고 마음이 불편해. 조금 이따 쉬는 시간에 말했으면 좋겠어.

행동의 구분	예
공격 행동	공부하라는 말에 공부하기 싫다고 큰 소리로 화를 내며 문을 쾅 닫는다.
소극 행동	공부하기 싫지만 공부하겠다고 말한 후 실제로 공부하지는 않는다.
주장 행동	지금은 공부에 집중이 잘 안 되니 조금 쉬었다가 하겠다고 말한다.

- 친구가 약속한 시간보다 1시간이나 늦게 나타났습니다. 그런데 친구는 아무렇지 않은 듯 행동합니다.
- 쉬는 시간에 모여서 재미있게 친구들이 놀고 있습니다. 나도 같이 놀고 싶은데 아무도 내게 신경을 쓰지 않습니다.
- 돈을 빌려간 친구가 돈을 안 갚고, 또 빌려달라고 말합니다.
- 친구가 운동장에 나가면서 자신의 실내화를 신발장에 갖다 두라고 합니다.

한 걸음 더 알아볼까요?

대구광역시교육청에서는 학생들의 분노, 공격성 등의 정서적 문제 예방을 위해 감정 조절 프로그램을 개발하여 보급하였습니다. 자기인식(마주하기), 자기관리(다스리기), 사회인식(공감하기), 관계기술(손잡기), 의사결정(선택하기)의 단계로 구성되어 있고, 학년군별로 나누어져 있어 학교 현장에서 바로 활용할 수 있는 매우 우수한 프로그램입니다.

1. 마음의 소리에 귀 기울여요 : 1~2학년군 (놀이 활동 중심)
- 마주하기: 자신의 감정 관찰하기
- 마주하기: 감정의 세기와 분노 표현 방식 이해하기
- 다스리기: 나쁜 기분 조절하기
- 공감하기: 상대방의 감정을 인지하고 공감하기
- 손잡기: 침착하게 감정 전달 방법 알기
- 선택하기: 감정 표현 방법 선택하기

2. 마음의 선글라스를 껴보다 : 3~4학년군 (게임 및 조작 활동 중심)

- 마주하기: 감정 관찰하기
- 다스리기: 친구의 감정 존중하기
- 공감하기: 친구 감정 관찰하기
- 손잡기: 친구 관계 맺기(많이 힘들었구나!)
- 선택하기: 긍정적인 관계를 맺기 위한 올바른 선택하기
- 선택하기: 서로의 마음 선글라스 나누기

3. 마음의 길을 밝혀요: 5~6학년군 (역할극 중심)

- 마주하기: 부정적인 감정을 알고 표현하기
- 다스리기: 분노를 진정시키는 방법을 알고 일상생활에 활용하기
- 다스리기: 체계적 사고 기법을 이용하여 감정 조절하기
- 공감하기: 상대방의 입장 되어 보기
- 손잡기: 너를 공감하고 나를 이해시키고 우리 되기
- 선택하기: 자신의 행동 변화시키기

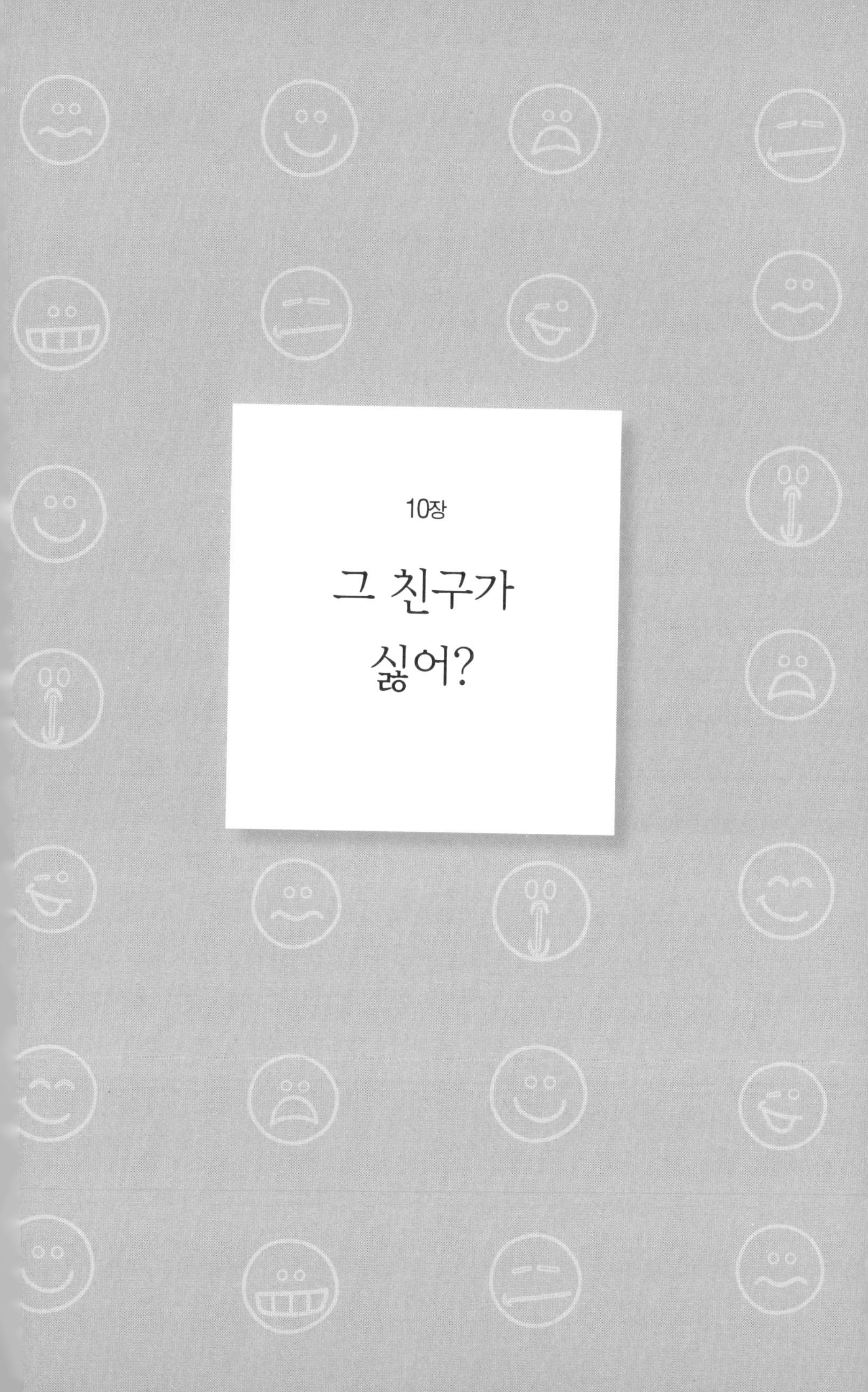

10장

그 친구가 싫어?

“김 선생님, 표정이 안 좋으신데 무슨 고민 있으세요?”

“저희 반 여학생들 사이에 무슨 일이 있는 것 같아서요.”

“무슨 일이요?”

“저희 반 여학생 중에 은지, 예진, 지현, 현진이가 서로 매우 친하게 지내다가 최근에 예진이가 잘 어울리지 못하는 것 같아서요. 한동안은 예진이랑 지현, 현진이가 같이 다니고 은지가 혼자 다녔었다가 이번에는 예진이가 혼자 다니네요. 처음에는 넷이서 매우 친하게 다녔었는데……”

“김 선생님, 예진이랑 한번 대화해 보세요.”

며칠 뒤 예진이를 조용히 불러서 물어보았다.

“예진아! 요새 지현이, 현진이랑 같이 안 다니던데 무슨 일이 있었니?”

말하기를 주저하던 예진이는 그동안 있었던 일을 털어놓기 시작했다.

“전에 은지가 지현이의 굴욕 사진을 SNS에 올려서 지현이가 무지 화를 냈거든요. 그러가다 둘이 엄청 싸웠어요.”

“그런데 지금은 지현이랑 은지가 같이 다니던데 둘이 화해했구나?”

“제가 은지에게 뒤통수를 맞은 거죠.”

지현이와 은지가 크게 싸운 이후로 한동안 은지가 혼자 다녔었다고 한다. 예진이는 혼자 다니는 은지가 걱정되어 지현이 몰래 방과 후에 둘이 만나서 대화를 나누었는데, 은지가 지현이에게 예진이와 나누었던 ‘뒷담화’ 내용을 전달하였고 그 이후로 지현이와 예진이의 사이가 급격히 멀어지기 시작했다고 한다.

“지난 주말에 지현이, 현진이랑 셋이서 같이 놀러가기로 했거든요. 근데 아침에 지현이가 갑자기 못 간다고 해서 그냥 나중에 가자고 했죠. 그런데 알고 보니 저만 빼고 지현이, 현진이 그리고 은지가 같이 놀러갔더라고요.”

그 이후로도 예진이는 한동안 혼자 다니며 힘든 시간을 보내야 했다. 이처럼 학생들끼리 그룹을 지어 다니다가 한 명이 그룹 내 ‘따’가 되었다가, 다시 그룹에 복귀해 같이 놀고, 또다시 다른 한 명이 ‘따’가 되기를 반복하는 일은 특히 여학생 그룹에서 자주 일어난다. 서로 왕따 가해자가 됐다가 피해자가 되기를 반복하는 것이다.

위와 같은 상황이 발생하면 교사는 어떻게 해야 할지 난감하다. 단순히 아이들을 화해시키려고 하다가는 오히려 상황을 악화시킬 수 있기 때문이다. 잘 드러나지 않은 폭력도 아이에게는 매우 큰 상처가 된다. 이러한 따돌림 문제를 해결하는 방법은 없을까?

왜 그럴까요?

집단 따돌림은 단순히 특정 개인 간의 갈등으로 발생하는 것이 아니라 아이들의 사회적 관계 속에서 일어나므로 관계적 특징에 따라 다르게 나타날 수 있습니다.

새 학년이 시작될 때에는 보통 이전 학년이나 어렸을 때부터 마음에 맞는 친구들끼리 집단을 형성하고 다닙니다. 이때 어떤 집단에도 속하지 못한 아이들은 따돌림의 대상이 될 수 있습니다. 또한 아직 의미 있는 관계가 형성되지 않은 상태에서는 겉모습이나 행동이 독특하다는 이유로, 즉 남과 다르다는 이유로 외톨이가 될 수 있습니다. 이와는 달리 높은 상호성과 친밀감이 존재하는 또래 관계 내에서도 따돌림은 일어날 수 있습니다.

다음은 이경희와 고재홍(2006)의 연구를 참조하여 정리한 집단 따돌림의 유형입니다.

- 신체형: 신체적으로 해를 가하거나 재산상의 손실을 가져오

는 행동 (예: 때리기, 발 걸기, 밀기, 차기, 찌르기, 침 뱉기, 옷이나 물건 망가뜨리기, 강제적으로 심부름시키기, 물건 뺏기, 가혹 행위 등)

- 언어형: 말이나 글을 사용하여 심리적인 괴로움을 주는 행동 (예: 놀리기, 욕하기, 협박하기, 비난하기, 모함하기, 거짓 소문 퍼트리기 등)
- 관계형: 친구 관계를 깨뜨리거나 사회적으로 고립시키는 행동 (예: 째려보기, 비웃기, 거부하기, 무시하기, 대답 안 하기, 소외시키기 등)

집단 따돌림은 아이들의 생활 공간인 가정과 학교뿐만 아니라 온라인상에서도 일어납니다. 과거의 학교폭력이 주로 신체적 폭력이었다면 최근에는 아이들의 스마트폰 사용량이 급증하면서 카카오톡이나 페이스북 등의 SNS를 중심으로 사이버 폭력이 꾸준하게 증가하고 있습니다. 이창호(2014)의 논문을 참조하여 정리한 사이버 폭력은 다음 도표와 같이 다양한 형태로 나타납니다.

이외에도 특정 아이의 이름을 공개하지 않지만 누구나 알아볼 수 있도록 특정 아이를 향한 비방 글을 SNS에 올려 조롱하거나 공격하는 행위인 '저격글'이 있습니다.

이와 같은 다양한 형태의 학교폭력 유형 중에서 많이 발생하고 있는 관계형 따돌림은 주로 간접적인 방법으로 집단 안에서 느낄

사이버 폭력의 형태

유형		설명
카카오톡 왕따	떼카	채팅방에서 피해학생에게 단체로 욕을 퍼붓는 것
	카톡 방폭	채팅방에서 피해학생을 초대한 뒤 한꺼번에 나가 피해학생만 카톡방에 남게 하는 것
	카톡 감옥	피해학생을 채팅방으로 초대하여 괴롭히는 것
	기타	채팅방에서 피해학생의 말만 무시하며 유령 취급하거나 피해학생을 초대한 뒤 일제히 의미 없는 메시지를 던져 휴대폰을 마비시키는 것
와이파이 셔틀		스마트폰의 테더링 기능을 이용하여 피해학생의 스마트폰을 와이파이 공유기처럼 사용하는 것으로, 무선데이터 갈취를 통해 금전적 피해를 주는 것
게임 아이템 셔틀		게임하기 위해서 필요한 아이템을 피해학생에게 상납받는 것

수 있는 소속감을 훼손하고, 상대방의 자존감을 공격하는 형태로 나타납니다. 대체로 잘 드러나지 않지만 다음과 같은 행동이 자주, 지속적으로 관찰된다면 대상 아이는 관계형 따돌림을 겪고 있을 가능성이 매우 높습니다.

- 친구들과 어울리지 못하며, 이유 없이 괴롭히는 친구가 있다.
- 다른 아이들이 쳐다보며 귓속말하고 여럿이 함께 노려본다.
- 다른 친구들이 놀이에서 계속 낮은 역할만 시킨다.
- 다른 친구들에게는 규칙을 느슨하게 적용하는데 그 아이에

게만 강하게 적용한다.

- 친구들에게 말을 걸어도 친구들이 대답하지 않고 투명인간 처럼 대한다.
- 도움이 필요한 상황에서 도와주는 친구가 없다.

관계형 따돌림에는 다음과 같은 특징이 있습니다.

첫째, 보통 비밀을 폭로하거나 허위 소문을 내는 등의 간접적인 방법으로 이루어집니다. 관계형 따돌림 가해자들은 온라인 공간에서 '필독기능'을 설정하여 피해학생을 괴롭힙니다. 즉, 따돌림을 당하는 아이가 올라온 글을 반드시 읽도록 함으로써 괴롭히는 방법입니다. 이것은 피해학생에게 직접적인 언어폭력을 가하지는 않는다는 점에서 언어형 따돌림과 구별됩니다. 대신에 피해학생을 간접적으로 연상시키는 별명, 상징, 의미를 넣은 소위 '저격글'을 작성하거나, 누가 봐도 글의 대상이 피해학생임을 짐작할 수 있는 내용을 넣어 비아냥거리는 글을 올리는 등 간접적인 방법을 사용합니다.

둘째, 상대방의 자존감에 상처를 주거나 또래 집단 안에서의 사회적 지위를 훼손시킵니다.

셋째, 친한 친구일수록 서로의 약점을 잘 알고, 우정을 악용하기 때문에 피해자의 고통이 매우 큽니다.

넷째, 가해/피해 학생과 더불어 연관된 또래 집단 안에서 복잡하게 얽혀서 발생하므로 피해 경험을 가지고 있던 학생들이 가해자가 되거나 반대로 가해자였던 학생들이 피해자가 되기도 합니다. 이때, 피해자였던 학생들은 자신이 입은 피해를 보상받으려 하거나 자신이 표적이 되는 것을 피하기 위해 다른 친구에 대한 가해에 가담하기도 합니다. 또한, 따돌림 가해 학생이 오히려 집단에게 위협이 되면 역으로 따돌림을 당할 수 있습니다.

하지만 어떤 학생이나 집단이 특정 학생을 따돌리거나 용서하고 다시 받아들이는 데는 특별한 논리가 없습니다. 그래서 피해 학생에게 따돌림을 당할 이유가 있다고 생각하는 것은 매우 위험합니다. 그러면 집단 따돌림이 자주 일어나는 이유는 무엇일까요?

브론펜브레너(Bronfenbrenner, 1979)의 생태체계이론에 따르면 집단 따돌림은 다음과 같은 여러 환경 요인들이 개인과 상호작용하여 발생합니다.

1. 사회 문화적 요인

▸ 집단 압력에 의한 동조현상

초등학생들은 학교에서 대부분의 시간을 보내면서 가정보다 점차 또래 집단에 대해 강한 유대감과 소속감을 느낍니다. 그리고 자신과 비슷한 경험을 하는 사람들과 주로 관계를 맺습니다. 또한 좋아하고 관심 있는 것, 가치관 등이 서로 같기를 기대합니다. 본격적으로 자신만의 문화를 공유하여 배타적인 집단을 형성하고, 다른 집단의 친구들을 인정하지 않아 갈등이 일어나기도 합니다. 즉, 의견의 불일치로 반대편을 조성하거나 공공의 적을 만듭니다. 이때 집단에 동조하지 않은 구성원들은 자발적으로 집단을 떠나거나 떠나도록 압력을 가하는 선택적 제거 활동이 일어납니다.

초등학교 시기는 친구에 대한 집착과 집단 소속 욕구가 강한 시기이므로 자신이 좋아하는 집단으로부터 인정을 받는 것을 중요하게 생각합니다. 그리고 자신에 대한 타인의 부정적인 반응이나 비판에 매우 민감하게 반응합니다. 그러므로 응집력이 높은 집단에 속한 아이들은 혼자 있을 때 하지 않는 행동도 하게 됩니다. 특히 여학생들은 남학생들에 비해 구성원들 간의 조화로운 관계와 사회적 인정을 중요시하고, 또래의 기대에 더 부응하려고 합니다. 그래서 남학생들보다 더 많은 동조 압력을 받게 됩니다.

▸ 소외 및 관계 변화에 대한 두려움

초등학교 시기는 또래와의 상호작용을 통하여 소속감을 발달시키고, 자아개념을 형성하는 시기입니다. 아이들이 맺는 관계는 힘든 일이 있는 경우 친구의 지지를 받을 수 있는 '소속 안정'과 아울러 따돌림의 피해를 입을 수 있는 '소외 위험'의

양면성을 동시에 가지고 있습니다. 그리고 자신이 싫어하는 친구에 대한 감정을 다른 친구들이 함께 공감해주기를 바라면서도 갈등이 더 심화되어 자신이 속해 있는 집단이 해체되지 않기를 바라는 마음을 동시에 갖고 있습니다. 또한 집단에서 버려질 거라고 느끼는 데서 비롯되는 고립에 대한 두려움을 갖고 있습니다. 점심시간이나 쉬는 시간에 혼자 있는 것보다 더 괴로운 일은 없을 것입니다. 이러한 소외에 대한 두려움과 관계 역동의 변화에 대한 두려움 때문에 자기편이 되어줄 친구를 끊임없이 찾으면서 무조건적인 우정을 약속하고 또래 관계에 더욱 집중하게 됩니다. 이러한 현상은 초등학교 저학년보다는 고학년에서 더 많이 나타납니다.

2. 학교 환경 요인

입시를 위한 학력 위주의 교육은 학생들의 개성을 수용하지 못하고 남들보다 우월해지기 위한 치열한 경쟁을 유도합니다. 이러한 교육 환경에서 아이들은 좌절감과 열등감을 공격성으로 표출하기 쉽습니다.

3. 가정 환경 요인

부모와의 애착 관계는 아이들에게 어떻게 친밀감을 조절해 나가는지 학습할 기회를 제공해줌으로써 또래와의 친밀한 우정을 형성하는 데 중요한 역할을 합니다. 부모와 안정 애착 관계를 형성한 아이는 부모와의 원활한 의사소통을 통해 갈등을 해결하고, 부모에게 충분히 공감 받는 아이는 대인 관계가 원만하여 집단따돌림을 경험하지 않게 될 수도 있습니다.

반면, 부모와 불안정 애착 관계를 형성한 아이는 대인 관계에서 어려움을 보입니다. 타인과의 관계에서 자신이 거부당했다고 더 쉽게 지각을 하게 됩니다. 그래서 불안과 분노를 더 느끼고 과잉 반응함으로써 심리적 안정감이 감소합니다. 그리고 부모를 불신하며, 부모와의 의사소통 단절로 자신에게 문제가 생겨도 털어놓지 못합니다. 또한 부모의 과잉보호나 폭력적인 훈육 방법도 영향을 줄 수 있습니다. 부모가 지나치게 허용적일 경우 자녀의 공격적 성향은 더 높아지고, 반대로 폭력이나 체벌을 하는 가정의 아이는 부모의 행동을 학습하여 문제행동을 일으킬 수 있습니다.

4. 개인 심리 요인

▸ 힘의 과시를 통한 우월성 추구

또래 집단은 서로 돕고 친밀감을 나누는 관계이지만, 그 안에는 경쟁 관계도 존재합니다. 이러한 집단 속에서 아직 올바른 가치관이 확립되지 않아 리더십과 지배적 행동을 혼동하는 아이는 물리적인 힘으로 자신이 우월하다는 것을 과시하려고 합니다.

▸ 사회적 기술 능력 부족

학교에서의 교우 관계는 사회적 기술을 학습할 기회를 제공해 줍니다. 하지만 초등학생들은 언어표현이나 대인 관계 기술이 아직 미숙하므로 집단생활에서 느끼는 스트레스나 갈등 상황에서 자신의 욕구 불만을 따돌림이라고 하는 수단으로 표출하는 경우가 많습니다.

▸ 타인 수용 능력 부족

초등학생은 개성을 있는 그대로 받아들이려는 태도나 능력이 아직 부족합니다. 그래서 주로 저학년에서는 다름의 차이를 인정하지 못하고, 남과 다르다는 이유로 따돌림이 일어날 수 있습니다. 예를 들어, 냄새가 나고 지저분한 아이, 말이 어눌하고 행동이 느린 아이, 공부를 못하는 아이, 오히려 발표를 계속하려고 하며 공부를 매우 잘하는 아이들은 소위 외모나 행동이 튀기 때문에 따돌림을 당할 수 있습니다.

이와 같은 요인 외에도 아이의 심리 장애에 의해 집단 따돌림이 발생할 수도 있습니다. 만약 어떤 아이가 집단 따돌림의 가해 행동 외에도 폭력, 방화, 도둑질, 거짓말, 가출 등과 같이 타인을 고통스럽게 하는 행동을 반복적으로 지속한다면 전문가에게 의뢰하여 품행장애(Conduct Disorder)를 갖고 있는지 확인하는 것이 좋습니다.

DSM-5에 의하면 품행장애는 아동 후기와 청소년 초기에 상당히 흔한 장애로 서서히 여러 가지 증상이 발생되다가 결국은 심각한 수준에 이르게 됩니다. 많은 경우 가벼운 정도의 품행장애는 성인기에 이르면 완화되지만 이른 나이에 발병하고, 문제행동의 수가 많고, 증상이 심각할수록 성인기에 반사회성 성격장애로 발전될 가능성이 높습니다. 다음은 품행장애의 진단 기준입니다.

A. 다른 사람의 기본적 권리를 침해하고 연령에 적절한 사회적 규범 또는 규칙을 위반하는 지속적이며 반복적인 행동 양상으로, 지난 12개월 동안에 다음 15개의 기준 중 적어도 3개 이상에 해당되고, 지난 6개월 동안 적어도 한 개 이상의 기준에 해당된다.

사람과 동물에 대한 공격성

1. 자주 다른 사람을 괴롭히거나, 위협하거나, 협박함
2. 자주 신체적인 싸움을 시작함
3. 다른 사람에게 심각한 신체적 손상을 입힐 수 있는 무기를 사용함(예: 방망이, 벽돌, 깨진 병, 칼, 총)
4. 다른 사람에게 신체적으로 잔인하게 대함

5. 동물에게 신체적으로 잔인하게 대함

6. 피해자가 보는 앞에서 도둑질을 함(예, 노상강도, 소매치기, 강탈, 무장강도)

7. 다른 사람에게 성적 활동을 강요함

재산 파괴

8. 심각한 손상을 입히려는 의도로 불을 지름

9. 다른 사람의 재산을 고의로 파괴함(방화로 인한 것은 제외)

사기 또는 절도

10. 다른 사람의 집, 건물 또는 차를 망가뜨림

11. 어떤 물건을 얻거나 환심을 사기 위해 또는 의무를 피하기 위해 거짓말을 자주 함(즉, 다른 사람을 속임)

12. 피해자와 대면하지 않는 상황에서 귀중품을 훔침(예: 부수거나 침입하지 않고 상점에서 물건 훔치기, 문서 위조)

심각한 규칙 위반

13. 부모의 제지에도 불구하고 자주 밤늦게까지 집에 들어오지 않음

14. 친부모와 살거나 부모를 대신한 가정에서 사는 동안 밤에 적어도 2회 이상 가출, 또는 장기간 귀가하지 않는 가출이 1회 있음

15. 13세 이전에 무단결석을 자주함

B. 행동장애가 사회적, 학업적, 또는 직업적 기능 영역에서 임상적으로 현저한 손상을 초래한다.

C. 18세 이상일 경우, 반사회성 성격장애의 진단 기준에 부합되지 않는다.

다음 중 하나를 명시할 것:

- 312.81(F91.1) 아동기 발병형: 10세 이전에 품행장애의 특징적인 증상 중 적어도 한 개 이상을 보이는 경우다.
- 312.82(F91.2) 청소년기 발병형: 10세 이전에는 품행장애의 특징적인 증상을 전혀 충족하지 않는 경우다.
- 312.89(F91.9) 명시되지 않는 발병: 품행장애의 진단 기준을 충족하지만, 첫 증상을 10세 이전에 보였는지 또는 10세 이후에 보였는지에 대한 정보가 없어서 확실히 결정하기 어려운 경우다.

다음의 경우 명시할 것:

- 제한된 친사회적 정서 동반: 이 명시자를 진단하려면 적어도 12개월 이상 다양한 대인 관계나 사회적 장면에서 다음 중 적어도 2개 이상의 특징을 보여야 한다. 이러한 특성은 해당 기간 동안 그 개인의 대인 관계적 · 정서적 기능의 전형적인 형태를 반영해주며, 몇몇 상황에서만 가끔 발생하는 것이 아니다. 따라서 명시자를 평가하기 위해서

는 다양한 출처에서 정보를 얻는 것이 필수적이다. 자가 보고뿐만 아니라 그 개인을 장기간 알고 있는 사람들(예: 부모, 교사, 동료, 친척, 또래)의 보고를 반드시 고려해야 한다.

- 후회나 죄책감 결여: 본인이 잘못을 저질러도 나쁜 기분이나 죄책감을 느끼지 않는다(붙잡히거나 처벌받는 상황에서만 양심의 가책을 표현하는 경우는 진단 기준에서 배제해야 한다). 자신의 행동으로 인한 부정적인 결과에 대해 일반적인 걱정이 결여되어 있다. 예를 들면, 다른 사람을 다치게 하고도 자책하지 않거나 규칙을 어겨 발생하는 결과에 대해 신경을 쓰지 않는다.
- 냉담, 공감의 결여: 다른 사람의 감정이나 생각을 무시하거나 신경 쓰지 않는다. 심지어 자신이 다른 사람에게 상당한 피해를 주는 경우에도, 자신이 타인에게 미치는 영향보다는 자기 자신에게 미치는 영향에 더 신경을 쓴다.
- 수행에 대한 무관심: 학교 또는 다른 중요한 활동에서 자신이 저조한 수행을 보이는 것을 개의치 않는다. 심지어 충분히 예상 가능한 상황에서도 좋은 성과를 보이기 위해 필요한 노력을 기울이지 않으며, 전형적으로 자신의 저조한 수행을 다른 사람의 탓으로 돌린다.
- 피상적이거나 결여된 정서: 피상적이거나, 가식적이고,

깊이가 없는 정서(예, 행동과 상반되는 정서 표현, 빠른 정서 전환)를 제외하고는 다른 사람에게 자신의 기분이나 정서를 드러내지 않는다. 또는 얻고자 하는 것이 있을 때만 정서를 표현한다(예: 다른 사람을 조정하거나 위협하고자 할 때 보이는 정서 표현).

현재의 심각도를 명시할 것

- 경도: 진단을 충족하는 품행 문제가 있더라도, 품행의 수가 적고, 다른 사람에게 가벼운 해를 끼치는 경우다(예: 거짓말, 무단결석, 허락 없이 밤늦게까지 집에 들어가지 않는 것, 기타 규칙 위반).
- 중등도: 품행 문제의 수와 다른 사람에게 미치는 영향의 정도가 "경도"와 "고도"의 중간에 해당되는 경우다(예: 피해자와 대면하지 않는 상황에서 도둑질하기, 공공기물 파손).
- 고도: 진단을 충족하는 문제가 많거나, 또는 다른 사람에게 심각한 해를 끼치는 경우다(예: 성적 강요, 신체적 잔인함, 무기 사용, 피해자가 보는 앞에서 도둑질, 파괴와 침입).

이렇게 해 봅시다

집단 따돌림은 겉으로 잘 드러나지 않으므로 지속적으로 관찰하고 교육하는 것이 중요합니다. 그러면 아이들의 관계형 따돌림을 어떻게 예방하고 대처해야 할까요?

1. 관계형 따돌림의 형태를 명시하고 규칙을 준수하도록 교육하세요

학교 규칙 준수에 대한 높은 인식은 집단 따돌림에서 중요한 방어막이 될 수 있습니다. 그러므로 새 학기가 시작된 직후에 누구에게나 공정하게 적용되는 규칙을 준수하도록 교육하는 것이 필요합니다. 이때 아이들이 함께 학급 규칙을 정하도록 하는 것은 매우 중요합니다. 학급 회의를 통해 장난과 괴롭힘(폭력)을 구분하고, 직접적인 폭력이 아닌 은밀하게 이뤄지는 관계적 공격의 여러 형태도 공개적으로 토론하도록 합니다. 그리고 폭력 상황이 발생하였을 때의 대처 방안도 함께 이야기해 보도록 합니다. 따돌림이 발생했을 경우, 즉각 학교 구성원 전체가 개입하여 해결하는

과정을 통해 따돌림이 용납되지 않는다는 일관성을 아이가 경험할 수 있도록 해야 합니다.

- 각자의 개성을 존중하는 교육을 통해 친구들과 어떤 점이 비슷하고, 어떤 점이 다른지 알게 하는 것은 중요합니다. 그래서 나와 외모가 다르거나 행동이 튄다는 등의 이유로 따돌리지 않도록 합니다. 또한 어느 누구도 따돌림 받을 이유가 없고, 따돌릴 권리도 없다는 것을 지속적으로 교육해야 합니다. 그리고 언어적인 교육보다는 구체적인 사례와 체험활동을 통해 장난과 괴롭힘을 구별할 수 있도록 지도합니다.
- 고학년으로 갈수록 동성 집단을 형성하므로 집단의 힘을 이용하여 은밀하게 폭력을 행사하지 않도록 지도하는 것이 중요합니다.

2. 긍정적인 학급 분위기를 조성해주세요

교사는 학급 안에서 원활한 의사소통이 이루어지고, 학급 구성원들이 서로 의지할 수 있도록 긍정적인 학급 분위기를 조성할 필요가 있습니다. 이러한 분위기 속에서 집단 따돌림에 방어 행동을 하는 아이를 적극적으로 격려함으로써 학급 구성원들이 긍정적인 자신감을 확대해 나갈 수 있도록 지원해야 합니다. 그러기 위해서는 집단 상담을 통해 학급 구성원 간의 신뢰를 쌓을 수 있도록 다음과 같은 활동을 실시하는 것이 좋습니다.

- 믿고 넘어지기: 짝에게 등을 돌려 서서 팔을 옆으로 벌리고 뒤로 넘어지면 짝은 그를 잡아준다. 역할을 바꿔 반복한다.
- 믿고 걷기: 한 명이 눈을 감으면 다른 한 명이 그를 도와 방을 돌아다닌다. 역할을 바꿔 반복한다.
- 원 안에서 돌기: 서로 촘촘히 붙어서 원을 만들고, 한 친구가 원 안에 서서 나머지 친구들에게 몸을 의지하여 기대고 부드럽게 몸을 돌린다. 역할을 바꿔 반복한다.
- 친구의 장점 찾기: 반 전체 학생이 모두 칭찬을 받을 수 있도록 일정한 날을 정한다. 그리고 반 전체가 그날의 학생들을 칭찬한다.

3. 아이들의 대인 관계 기술 능력을 향상시켜주세요

아이들은 또래 집단에서 소외 받지 않으려는 심리가 큽니다. 그래서 괴롭힘을 당해도 도움을 요청하는 경우가 적어 집단 밖에서 상황을 모르는 경우가 많습니다. 또한 침묵은 자기 생각을 표현하는 기회를 막아 갈등을 더욱 깊게 합니다. 그러므로 아이들이 스스로 갈등 상황에서 대처할 수 있는 대인 관계 기술 능력은 매우 중요합니다. 타인을 배려하고 존중하며, 타인이 처한 상황을 공감할 수 있는 능력을 향상시킬 필요가 있습니다. 이러한 능력을 향상시킬 수 있도록 함께 어울리고 서로를 이해할 수 있는 기회를 자주 만들어 주십시오.

또한 지속적으로 집단 따돌림에 대한 교육을 강화하여 집단 따돌림의 심각성을 깨닫도록 해야 합니다. 그리고 피해 학생들이 어떻게 대처해야 하는지 등을 생활화할 수 있도록 해야 합니다. 학교폭력을 당했을 때 우선 어떻게 대처해야 하는지를 유형별로 정리하면 다음과 같습니다.

- 언어폭력을 당했을 때에는 함께 흥분하면 상황은 더 악화될 수 있습니다. 그러므로 감정적으로 흥분하지 않는 것이 중요합니다. 즉각 폭력적인 언어로 대응하지 않도록 합니다.
- 신체 폭력을 처음 당했을 때에는 강하고 단호한 태도로 "싫다!"라고 경고합니다. 그래도 지속되는 경우 반드시 어른들에게 도움을 요청하십시오. 신체 폭력의 경우 대개 학생 스스로 해결되기 어려운 경우가 많습니다.
- 간접적인 폭력(험담이나 나쁜 소문 등)을 경험했을 때는 내용에 민감함 반응을 보이지 마십시오. 험담이나 소문의 진원지인 친구에게 가서 따지는 행동은 오히려 가해 학생이 소문을 부풀려서 악의적 소문을 추가로 퍼뜨릴 빌미를 제공하게 되므로 신중하게 생각하여야 합니다.
- 사이버 폭력을 당했을 경우에는 즉각적인 대응보다 우선 증거 자료를 확보하는 것이 중요합니다. 또한 평소에 개인정보를 함부로 올리지 않고, 낯선 사람의 접근을 거부하는 것이 매우 중요합니다.

4. 학급의 대인 관계 구조와 상호작용을 파악하고 관계의 역동을 활용하세요

대인 관계의 측면에서 보면, 교실에서 생활하는 아이들의 힘은 동일하지 않습니다. 인기가 있어 친하게 지내고 싶은 아이나 공부, 운동, 노래, 춤에 특기를 보이는 아이는 소극적이거나 사회성이 떨어지는 아이와 비교할 수 없을 만큼 힘이 있다고 볼 수 있습니다. 따라서 학기 초 교실에서 생활하는 아이들의 집단 서열 구조와 상호역동적인 측면을 잘 파악하여 대처해야 합니다.

▸ 학급 안에서의 학생 관계를 파악하세요.

아이들이 직접 '피라미드 관계도'를 그리도록 하여 학급의 서열 구조를 파악합니다. '피라미드 관계도'로 파악하기 어려운 집단 간의 서열, 집단 내의 서열 관계 등은 '교우 관계도, 소시오그램(sociogram)'을 그리도록 하여 파악하는 것이 좋습니다. 관계도의 예시는 다음과 같습니다.

▸ 따돌림의 상황에 대해 학생들과 공개적으로 이야기하세요.

따돌림의 가해자, 피해자의 개별 상담도 중요하지만 학생 전체의 집단 상담이 더 필요합니다. 아이들에게 서로가 원하는 것과 고쳐줬으면 하는 것 등을 터놓고 대화를 하면서 오해를 풀 수 있는 기회를 제공합니다. 그리고 과거의 사건이 아닌 현

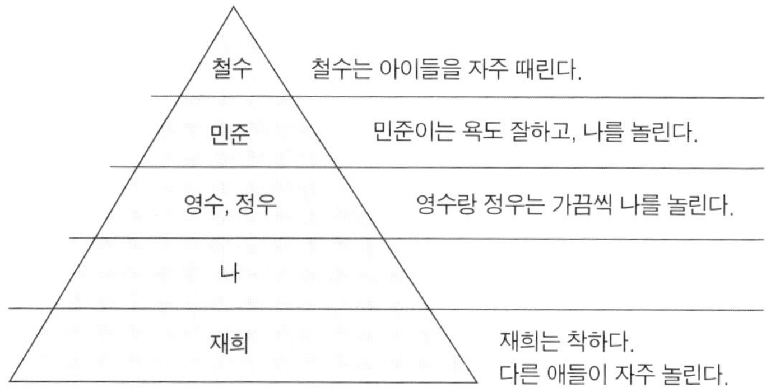

피라미드 관계도 예시

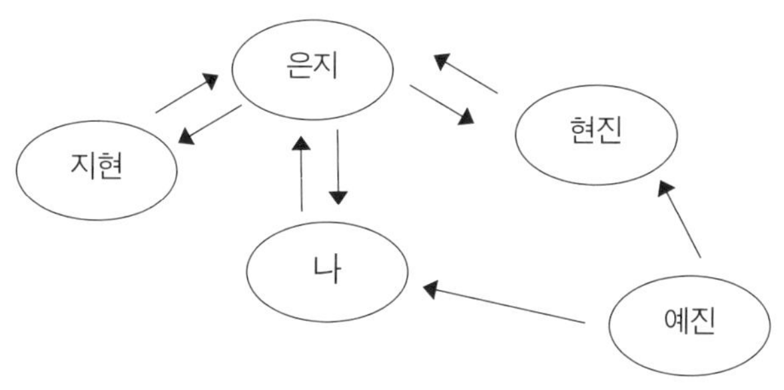

교우 관계도 예시

재의 상황에 집중하도록 합니다. 모든 친구들과 잘 지내며, 갈등이 없는 관계는 존재하지 않습니다. 각자의 개성을 존중하며 갈등을 잘 해결한 관계가 더 오래 유지된다는 사실을 깨닫게 해준다면, 자신들의 우정을 파괴하는 행동이 줄어들 것입니다.

▸ 따돌림의 방관자를 적극적인 방어자로 바꿔주세요.

집단 따돌림이 발생하는 상황에서 무관심하게 방관하는 아이들은 적극적인 가해 행동이 없어도 괴롭힘 상황을 지속시킬 수 있습니다. 이러한 아이들을 적극적인 개입을 하는 방어자로 역할을 변화시키면 괴롭힘의 역동이 변화될 수 있습니다. 교사가 없는 긴급한 상황에서 한 명의 방어자에 의한 적극적인 개입은 외부의 간접적인 개입보다 폭력 행동을 더 빠르게 멈추도록 하는 데 효과적입니다. 그리고 문제 상황이 일어날 때마다 훈계를 하는 대신 역할극을 하면 아이들이 상대방의 마음을 더 쉽게 이해하고 내면화할 수 있습니다. 다음은 따돌림을 경험하는 활동의 예시 자료입니다.

[혼자가 되어 보면]

1. 학생들 모두 원 모양으로 빙 둘러선다.
2. 돌아가면서 한 사람씩 각각 원 밖으로 나간다.
3. 학생들은 각자 집단으로부터 떨어져 있는 것이 어떻게 느껴지는지에 초점을 두고, 다른 위치에서는 어떤 느낌이 드는지 탐색하면서 방을 빙빙 배회한다. 예를 들어 개인은 집단으로부터 강하게 거부당한 느낌을 받을 수 있고, 외로움이나 나약함, 무의미한 느낌을 받았을 수도 있다. 다른 한편으로는 구원받은 느낌일 수도 있고, 자유롭다고 느낄 수도 있다.

4. 집단으로 돌아와서 자신이 어떻게 느꼈는지에 대해 이야기한다. 예를 들면 집단에 소속된 것처럼 느꼈는지, 소외되는 것처럼 느꼈는지를 표현한다.

5. 다른 학생들은 누군가 떠날 때 자신들은 어떻게 느꼈는지에 주목하여야 한다. 이때 남은 학생들의 경우 떠난 학생에게 미안함을 느끼는 사람도 있을 것이고, 떠난 학생이 남은 자신들보다 더 자유롭고 집단보다 더 강하다고 느끼는 학생도 있는데, 이처럼 남아있는 학생들의 느낌에 대해서도 함께 나눈다.

한 걸음 더 알아볼까요?

지금까지 교육부나 관계 기관에서 만들어진 학교폭력 예방 교육 프로그램들을 정리해보면 다음과 같습니다.

1. 어울림 프로그램 : 한국교육개발원에서 개발한 대표적인 학교폭력 예방 프로그램으로 학급에서 프로그램을 활용하여 꾸준하게 교육한다면 아이들의 대인 관계 기술을 향상시키고, 따돌림을 예방할 수 있습니다.

초등학교 저학년 학생용 (감정 조절)	1차시	이런 말들이?: 친구를 아프게 하는 말을 찾고 사용하지 않도록 약속하기
	2차시	말하기보다 귀한 것: 듣기 위해 침묵해야 하는 필요성을 알고 친구의 이야기에 경청하기
	3차시	마음을 부드럽게: 역할극을 통해 친구와 싸움이 일어날 수 있는 상황을 살펴보고 나의 마음을 부드럽게 표현하는 말하기
	4차시	같이 놀자: 놀이를 하기 위해 지켜야 할 약속을 정하고 의사소통이 일어나는 놀이 문화 만들기

초등학교 고학년 학생용 (감정 조절)	1차시	나의 다양한 감정 세계와 표현 방식 이해하기
	2차시	불편한 감정에 틈새를 만들자!
	3차시	불편한 감정, 이렇게 조절해 봐요!
	4차시	불편한 감정, 이제 자신 있어요!

2. 시우보우(視友保友) 프로그램 : 서울대 심리학과 발달심리 연구실이 제작한 10회기 프로그램으로 생활 속의 소양을 기를 수 있는 기본 인성 함양에 중점을 두고, 쉽게 흥미를 유발할 수 있도록 프로그램이 구성되어 있습니다.

영역	영상 제목
이타행동	내가 바로 그 사람이야!
대인 관계 기술	나와 조금 다를 뿐이야!
의사소통 기술	이렇게 말해요!
인권과 평화 의식	우리에겐 인권이 있어요!
폭력 문화 바로 알기	나도 폭력에 중독되고 있다!
집단 따돌림	내가 먼저 시작할 수 있어요!
언어적 폭력	말도 상처가 돼요!
신체적 폭력	아프게 하지 말아요!
금품 갈취	부끄러운 일!
사이버 폭력	내가 사이버 폭력을!

http://down.edunet4u.net/KEDTLC/school/elem/index.htm

3. 굿네이버스의 'Be Together': 학교폭력의 방관자를 적극적인 방어자로 바꾸는 것을 돕는 프로그램입니다.

교육 I	현황 알리기	- 관점의 차이 이해를 통한 갈등 해결
	공감하기	- 집단역동 이해 - 집단 따돌림 상황에서 자신의 역할 성찰 - 방관자 책임 인식
	다짐하기	- 방어자로 전환 - 집단 따돌림 예방을 위한 학급 구성원 역량 강화
교육 II	성찰	- 피해자 내면의 상처와 고통 공감 - 방관자 집단의 심리적 불안과 두려움 이해
	결단	- 방관의 결과 깨닫기 - 방관의 이유 몰아내기
	실천	- 집단의 힘 전환하기 - 21일의 약속 (긍정 언어 사용 실천)

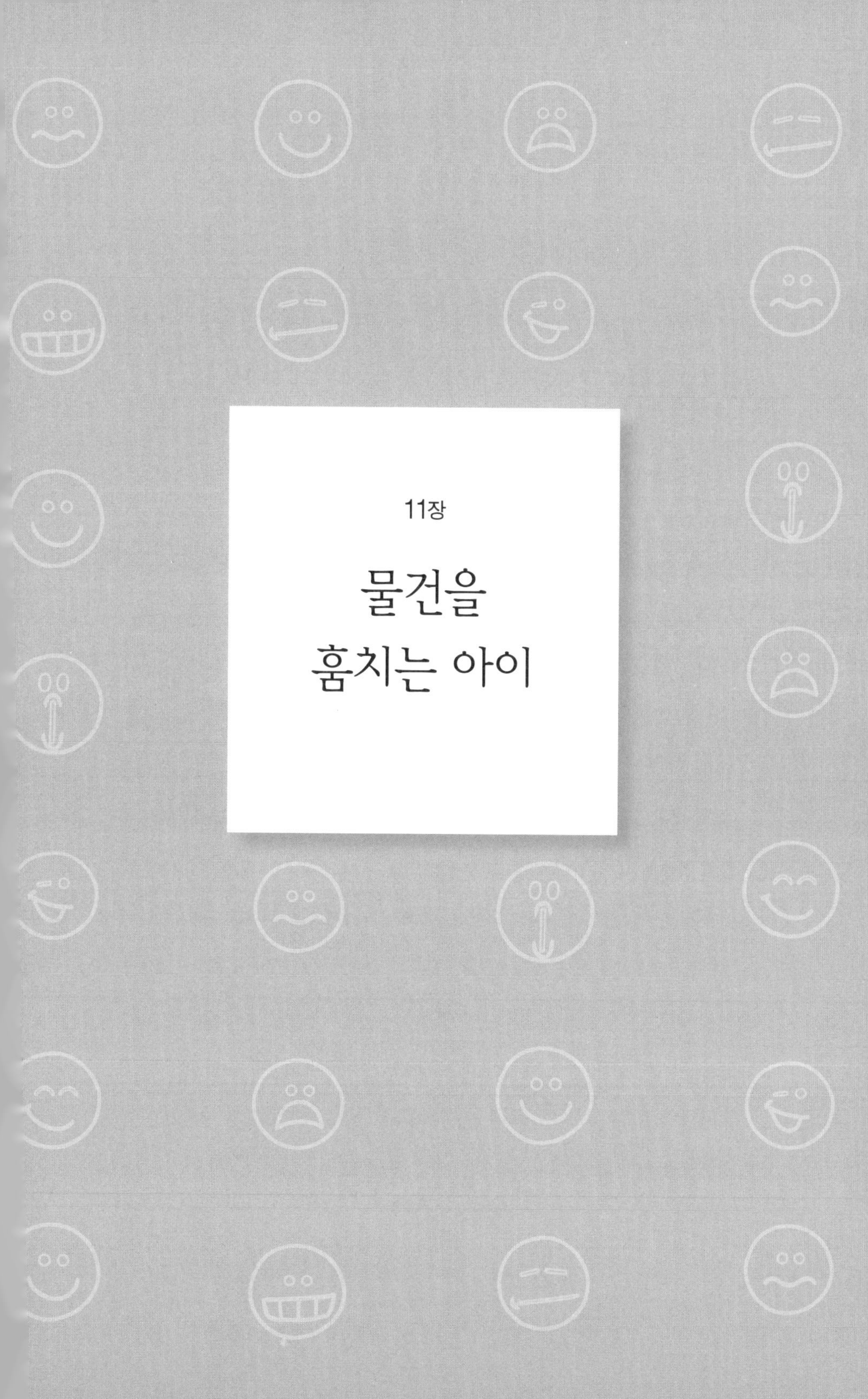

11장

물건을 훔치는 아이

며칠 전 우리 반 주희가 학교 앞 문구점에서 물건을 훔치다 들켰다는 전화를 받고 놀랍고 당황스러운 마음으로 한걸음에 문구점으로 뛰어갔다. 문구점에 도착해서 주희가 훔친 물건을 보고 또 한 번 놀라지 않을 수 없었다. 주희가 훔친 물건은 샤프 한 박스, 지우개 한 박스, 초콜릿 한 박스였다. 훔친 물건의 규모로 보니 이번이 처음은 아니라는 확신이 들었다.

가정 형편이 어려운 아이도 아니고, 외동딸로 부모님께서 신경도 많이 쓰시는 아이인데 '그 많은 물건을 어디다 쓰려고 했을까?' 주희의 행동이 도무지 이해가 되지 않았다.

문구점 아주머님 말씀으로는 초등학교 3학년 때부터 과자 한 개, 초콜릿 한 개 등을 훔치다 들켜서 몇 번 야단을 맞고 다시는 물건을 훔치지 않겠다는 약속을 하곤 했다는데 바늘 도둑이 소도둑 된다고 최근에는 훔치는 물건의 규모가 커지고 있어 이대로는 안 되겠다 싶어 학교에 연락을 하셨다는 것이다.

주희를 교실로 데리고 와 왜 그렇게 많은 물건을 훔쳐야 했는지 물어 보았지만 주희는 입을 꾹 다물고 아무 말도 하지 않았다. 아이와는 더 이상 이야기를 할 수 없겠다고 판단되었다. 부모님과의 상담이 필요할 것 같아 부모님께 전화를 드려 상황을 말씀드리니 부모님께서는 이미 주희의 나쁜 습관을 잘 알고 계셨다. 용돈이 부족해서 남의 물건에 손을 대나 싶어서 용돈을 올려주며 타일러도 보고, 그래도 나쁜 습관이 고쳐지지 않아 경찰에 신고하겠다 협박도 해보고, 매도 들어보았지만 지금까지 몇 년째 주희의 나쁜 버릇을 고치지 못하고 있다며 많이 속상해 하셨다.

주희의 부모님은 맞벌이를 하시는데 가정 형편은 매우 넉넉한 편이라 주희가 원하는 것은 대부분 해주신다고 하셨다. 다만 퇴근 시간이 늦어 저학년 때부터 아이 혼자 집에 있는 시간이 많은 것이 항상 마음에 걸리신다고 하셨다. 부모님 말씀을 들으니 주희가 학교에서 친구 관계에 집착하는 것이 이해가 되었다.

주희는 친구 욕심이 많은 반면 학습 의욕이 적어 수업 시간에 집중을 하지 못하고 종종 딴 생각을 할 때도 있지만 수업에 방해가 되는 행동은 하지는 않는다. 또한 다소 감정 기복이 있는 편이지만 기분이 나쁘다고 공격적인 행동을 보이는 일은 전혀 없다. 언제나 친구에게 먼저 양보하고, 친구의 이야기를 잘 들어주는 등 배려를 잘하는 착한 아이인데…… 착한 주희가 그렇게 오랜 시간 나쁜 습관을 가지고 있었다니 정말 믿을 수가 없었다.

평소에는 더 없이 착한 아이인데 어쩌다 그렇게 나쁜 습관이 들었을까? 주희의 속마음을 알고 싶지만 통 이야기를 해주지 않으니 답답하고 걱정이 된다. 주희는 왜 남의 물건을 훔치는 걸까? 주희의 나쁜 버릇을 어떻게 하면 고쳐줄 수 있을까?

왜 그럴까요?

훔치는 행동은 초등학교 교실에서 자주 볼 수 있는 문제행동 중 하나입니다. 초등학교 저학년 아이들은 소유 개념이 미숙하여 나의 것과 남의 것에 대한 구분이 명확하지 않거나, 도덕적 관념의 발달이 미흡하여 다른 사람의 물건을 갖고 싶다는 단순한 이유로 물건을 훔치는 경우가 많습니다. 저학년 교실에서 도난 사건이 발생한다면 아이들에게 올바른 소유 개념과 도덕성을 가르칠 기회라고 인식하고 적절한 교육이 이루어져야 합니다. 남의 물건을 훔치는 습관은 선천적인 것보다 후천적인 학습을 통해서 형성되기 때문에 저학년 교실에서는 교사의 적극적인 개입과 지도가 필요합니다.

사소한 물건을 훔치는 행동은 1학년~3학년 아이들에게 가장 많이 나타나고 그 후로는 점차 줄어드는 양상을 보이지만, 5학년 이후에도 훔치는 행동이 계속 나타난다면 다른 문제행동으로 이어지지 않도록 더욱 관심을 기울여야 합니다. 교실에서 도난 사건이 발생할 경우 남의 물건을 훔친 아이를 찾아내 호되게 혼내거나 반대로 묵인하고 넘어가는 것은 좋지 않습니다.

아이들은 애정 결핍 등 충족되지 못한 욕구 불만을 훔치는 행위로 표출하기도 합니다. 따라서 아이가 남의 물건을 훔치는 행동은 주위의 관심과 애정이 필요하다는 위한 중대한 신호가 될 수 있으며, 다른 문제행동을 막을 수 있는 중요한 기회가 될 수 있습니다.

아이들이 남의 물건을 훔치는 것은 상실된 욕구에 대한 대체물을 추구하는 행동입니다. 대상관계이론에 의하면 남의 물건을 훔치는 행동은 타인과의 관계에 의해 형성될 수 있는 행동이라고 보았습니다. 생애 초 주양육자와의 상호작용 욕구가 좌절되었을 경우 성장하면서 이 좌절된 욕구를 충족시키기 위해 절도를 하게 된다는 것입니다(한국청소년상담원, 2002). 즉, 부모와의 관계에서 친밀감과 애착이 부족할 경우 남의 물건을 훔치는 행동이 나타날 수 있습니다.

습관적으로 남의 물건을 훔치는 것을 도벽이라고 합니다. 도벽은 다른 비행과 연결될 가능성이 많기 때문에 초기에 문제를 해결하는 것이 중요합니다. 필요한 경우 전문가의 도움을 받는 것도 좋습니다. 도벽 행동을 보이는 아이들을 좀 더 관찰해 보면 비슷한 행동 특성이 나타난다는 것을 알 수 있습니다. 우선, 가정에서 충분한 사랑과 관심을 받지 못해 주위 환경을 항상 불만족스럽게 여겨 자주 투덜거리거나 우울해하기도 합니다. 또한 자신이 원하는 것은 무조건 가져야만 하고 그것을 얻기 전까지 오래 기다리지 못합니다. 수업 시간에는 주의가 산만하고 다소 과잉행동의 경향을 보이기도 하며, 호기심이 많고 영웅심이 있어 스릴을 좋아하고 사람들 앞에서 위험한 행동을 하며 호기를 부리기도 합니다. 거짓말, 학습부진, 공격적 행동 등의 행동 특성을 나타내기도 합니다.

이와 같이 아이들이 남의 물건을 훔치는 이유는 도덕적 관념이 잘 습득되지 않아 발생되는 경우부터 단순히 관심을 끌거나 충족되지 않은 욕구의 표현, 충동 조절의 문제까지 매우 다양합니다. 좀 더 구체적으로 살펴보면 초등학교 저학년 아이들은 대개 애정결핍과 같은 관심 부족의 결과로 나타나는 경우가 많으며, 고학년에 이르면 필요하지도 않은 물건을 훔쳐 친구에게 자랑하거나 인정받기 위해 물건을 훔치는 경우가 많이 나타납니다. 이와 같이 아이들이 훔치는 이유는 다양하지만 주로 심리적 어려움에서 출발합니다. 따라서 아이가 남의 물건을 훔치는 이유를 잘 알고 가장 적절한 방법으로 돕는 것이 매우 중요합니다. 일반적으로 아이들이 남의 물건을 훔치는 이유는 다음과 같습니다.

1. 정서적인 어려움이 있는 경우

'도벽'이 있는 아이들은 정서적인 어려움이 있는 경우가 많습니다. 부모의 사랑과 관심이 부족하다고 느끼는 아이들은 물질로 대리만족을 느끼기 위해 물건을 훔치는 행동을 나타낼 수 있습니다.

또 부모에게 불만과 미움을 가지고 있는 아이들은 일부러 부모님을 속상하게 하기 위해 남의 물건을 훔치거나 부모님의 물건을 몰래 가지고 가기도 합니다. 아이들은 '물건을 훔치는 행위'를 통해 부모님의 관심이 자신에게 향할 수 있도록 하는 것입니다.

2. 충동 조절 능력이 부족한 경우

초등학생이 되면 아이들의 도덕성이 어느 정도 완성되고 내면화된다고 볼 수 있습니다. 그러나 가정과 학교에서 제대로 배우지 못한 경우 기본적인 도덕성이 갖추어지지 않은 아이들을 종종 만나게 됩니다. 또한 상대적으로 충동 조절 능력이 부족한 주의력 결핍이나 과잉행동 장애를 가진 아이들이나 부모가 너무 자녀를 과잉보호해서 아이가 원하는 것을 뭐든지 들어주는 경우, 아이는 스스로의 욕구를 자제하는 능력을 배우지 못하게 되고, 아이들이 함부로 남의 물건에 손을 대는 행동이 나타나기도 합니다.

3. 부모의 교육 태도에 문제가 있는 경우

부모가 경제적인 면에서 지나치게 엄격한 경우 아이에게 도벽이 생길 수 있습니다. 아이가 원하는 것을 미성숙한 요구라고 무시하고 최소한의 욕구도 충족시켜주지 않는다면 아이는 결국 '훔치는 행위'라는 최악의 선택을 하게 되는 것입니다. 반면에 부모가 자녀에 대해 지나치게 방임적인 경우에도 아이에게 도벽이 생길 수 있습니다. 지나치게 방임적인 환경에서 자란 아이들은 자신이 원하는 것을 갖기 위해서 수단과 방법을 가리지 않게 됩니다. 즉, 자신이 원하는 것을 갖기 위해 '훔치는 행위'도 망설임 없이 저지르게 되는 것입니다.

4. 사회성이 부족한 경우

또래 친구들과 관계를 형성하는 것을 어려워하고, 친구들과 잘 어울리지 못하는 아이들도 도벽에 빠지기 쉽습니다. 교우 관계가 원만하지 않은 아이들은 친구를 사귀는 것을 매우 어려워하고, 친구들과의 관계에서 자신감이 부족합니다. 이러한 성향의 아이들은 물질로 친구들의 마음을 얻으려고 하게 됩니다. 그래서 비싼 선물을 하고, 지속적으로 간식을 제공하기도 합니다. 이를 위해서는 큰돈이 지속적으로 필요하게 되기 때문에 엄마의 지갑에 몰래 손을 대거나, 슈퍼에서 물건을 훔치는 상황까지 이르게 됩니다. 특히, 사회성은 부족하나 자기 과시 욕구가 강한 아이들의 경우에는 새로운 물건, 비싼 물건 등을 친구들에게 자랑하기 위해 훔치는 경우가 빈번하게 발생합니다.

남의 물건을 습관적으로 훔치는 아이를 지도할 때 가장 중요한 것은 일반적인 도벽인지 병적 도벽(Kleptomania)인지 구분하여 지도하는 것입니다. 물론 병적 도벽은 물건을 훔치는 아이들의

5%에만 해당될 정도로 드물게 나타나지만 조기에 적극적으로 개입하는 것이 매우 중요하기 때문입니다.

병적 도벽이란 충동 장애의 일종으로 병적 도벽을 설명하는 데 가장 중요한 특징은 그 물건이 탐이 나거나 그 물건이 꼭 필요해서 훔치는 것이 아니라는 것입니다. 병적 도벽을 가진 아이들이 훔치는 물건은 객관적으로 보았을 때 그다지 가치 있는 물건이 아닌 경우가 많습니다. 더욱이 병적 도벽이 있는 아이들은 물건을 살 만한 돈이 충분히 있으며 경제적으로 부족한 아이들도 아닙니다. 이 아이들은 필요해서 물건을 훔치는 것이 아니기 때문에 대개 그 물건을 훔친 후에 그 물건을 남에게 주거나 버리면서도 물건을 훔치는 행위를 반복합니다.

병적 도벽이 있는 아이들은 '훔치는 행동' 자체가 중요한 것이지 '훔치는 물건'이 중요한 것이 아니기 때문입니다. 병적 도벽은 충동조절장애의 일종으로 갑작스럽게 일어나는, 훔치고 싶다는 충동을 억제하지 못해서 물건을 훔치게 되는 것입니다. 따라서 병적 도벽이 있는 아이들은 물건을 훔칠 때 도둑질을 미리 계획하지 않으며, 물건을 훔치는 그 상황에는 들켰을 때의 상황에 대한 두려움을 느끼지 못합니다. 그러나 훔치고 난 뒤에 남의 물건을 훔쳤다는 사실에 대해서 자책하며 심하게 우울해하기도 합니다.

DSM-5의 진단 기준에 따르면 다음 기준들을 모두 만족할 때 병적 도벽으로 진단합니다.

A. 개인적인 용도로 쓸모가 없거나 금전적인으로 가치가 없는 물건을 훔치려는 충동을 저지하는 데 반복적으로 실패한다.

B. 훔치기 직전에 고조되는 긴장감이 나타난다.

C. 훔쳤을 때의 기쁨, 충족감, 안도감이 있다.

D. 분노나 복수를 표현하거나 망상이나 환각에 대한 반응으로 훔치는 행위를 하는 것이 아니다.

E. 훔치는 행위가 품행장애, 조증삽화(manic episode, 조증에서 보이는 기분 증상), 또는 반사회성 성격장애로 더 잘 설명되지 않는다.

이렇게 해 봅시다

눈에 보이는 훔치는 행위는 이면에 또 다른 문제를 가지고 있는 경우가 많습니다. 따라서 도벽 행동 자체에 대한 지도와 함께 다른 문제에 대해서도 폭넓게 접근하는 것이 필요합니다. 도벽 행동의 원인을 알아냈다면, 거기에 맞는 적절한 대책을 강구하는 것이 가장 효과적입니다.

1. 정서적인 문제에 관심을 기울여 주세요

대부분의 교사들은 아이가 습관적으로 남의 물건을 훔치는 경우 그 습관을 고쳐주겠다고 엄하게 아이를 지도하는 경우가 많습니다. 심하게 체벌을 하거나 또한 공개적으로 사과하게 하거나 물건을 돌려주도록 하기도 합니다. 이렇게 지도할 경우 도둑이라는 낙인이 찍혀 지울 수 없는 상처가 될 수 있습니다. 아이가 남의 물건을 훔치는 이유는 정서적인 문제에 기인하는 경우가 많습니다. 따라서 정서적인 문제가 해결되지 않으면 아무 소용이 없습니다.

아이가 습관적으로 남의 물건을 훔친다면 행동의 원인이 단순한 호기심인지, 애정 결핍의 문제인지, 부모에 대한 반항의 문제인지, 충동 조절의 문제인지를 파악하여 원인에 따른 적절한 대책을 마련해야 합니다. 아이의 마음에 충분히 공감해 주고 좌절된 욕구를 충족시켜주기 위한 다른 방법을 함께 고민하고 찾아주는 것이 필요합니다. 또한 피해학생과 입장을 바꿔 생각을 해보도록 안내하는 것도 좋은 방법입니다.

2. 올바른 소유 개념을 알려주세요.

저학년 아이들의 경우에는 올바른 소유 개념을 지도하는 것이 가장 중요합니다. 도덕적인 기준을 알지 못해 훔치는 아이들에게는 약속이나 규칙을 지키는 일이 얼마나 중요한지 교육해야 합니다. 그래서 다른 사람의 권리를 보호하고 존중하는 것이 함께 살아가기 위해서 매우 중요한 가치라는 것을 배울 수 있도록 하는 것이 중요합니다.

3. 좋은 모델이 되어주세요

어른들은 알게 모르게 아이들이 올바른 도덕 기준을 배우는 데 방해가 되는 행동을 합니다. 예를 들면 부모님이 회사의 물건을 집으로 가져와 쓴다든가, 교사가 아이들의 물건을 함부로 가져와 쓰는 등의 사소한 행동이 아이들이 도덕적 기준을 학습하는 데 방해가 될 수 있습니다. 어른들의 이러한 행동을 보며 아이들은 '저렇게 해도 되는구나'라고 생각하게 되고, 자기 것과 남의 것을 구별하고 타인을 존중해야 한다는 것을 배우는 데 방해를 받게 됩니다. 생활 속에서 아이들에게 얼마나 좋은 모델이 되어주느냐가 매우 중요합니다.

고학년이 되면서 점차 도덕성을 완벽하게 갖추어가게 됩니다. 그리고 물건을 훔치는 행위는 나쁜 행위이며 해서는 안 된다는 것을 확실하게 알게 됩니다. 알기 때문에 남의 물건을 훔치는 행동이 더욱 은밀하게 이루어집니다. 그만큼 교사는 남의 물건을 훔친 아이를 밝혀내는 것이 더더욱 어려워집니다. 또한 도벽은 다른 비행과 연결될 가능성이 많으므로 습관으로 굳어지지 않도록 초기에 문제를 해결하는 것이 좋습니다.

4. '도둑'이라는 꼬리표를 붙이지 마세요

물건을 훔친 아이에게 '도둑'이라는 꼬리표를 붙이면 안 됩니다. 사소한 말로 아이는 마음에 상처를 입게 됩니다. 상처 받은 아이는 자존심이 상하고, 반항심에 정말 그 말처럼 행동해 버리기도 합니다.

아이가 잘못을 고백하고 물건을 돌려줄 수 있도록 유도해 주시고, 물건을 돌려주고 사과를 하고 난 후에는 힘들고 부끄러운 일을 해 낸 아이의 노력과 용기를 칭찬해 주세요. 특히, 아이가 자신의 잘못을 고백할 수 있는 기회를 주는 것이 중요합니다. 누구나 실수는 할 수 있으며, 잘못했다고 생각될 때 바로잡을 수 있는 것도 용기라고 이야기해 주세요.

이때 훔친 물건을 돌려 줄 기회를 마련해 주는 교사의 지혜가 필요합니다. 이때 다른 아이들이 물건을 훔친 아이가 누구인지 모르게 하는 것이 중요합니다. 방과 후에 선생님 자리에 몰래 가져다 놓도록 하거나, 친구의 자리에 돌려놓을 수 있는 상황을 만들어 주세요.

5. '도둑'을 잡기 위해 흥분하지 마세요

일단 교실에서 도난 사건이 일어나면 교사는 매우 당황스럽습니다. 가장 어려운 것은 범인을 밝혀내는 것입니다. 범인을 밝히는 것에 초점을 맞추어 중요한 것을 놓치는 경우가 많습니다. 중요한 것은 '도둑'을 잡는 것이 아니라 '아이'를 바르게 지도하는 것이 교사의 역할이라는 것을 잊지 마세요. 교실에서 도난 사건이 발생했을 경우 아이들을 야단치고 화를 낸다면 아이들은 자신의 잘못을 고백할 기회를 잃게 됩니다. 뿐만 아니라 변명과 거짓말을 통해 위기를 빠져나가려고 애쓰게 될 뿐입니다.

6. 도난 사건을 예방할 수 있는 학급 분위기를 만들어 주세요

학급 아이들에게 누구든지 돈이나 좋은 물건을 보면 갖고 싶은 마음이 생길 수 있기 때문에 도난을 예방하기 위해 함께 학급 분위기를 만들어가야 한다고 이야기해 주세요.

그리고 도난 사건 예방을 위한 구체적인 규칙을 함께 정해 보는 것도 좋습니다. 예를 들면 자기 물건을 잘 간수하기와 고액의 돈이나 탐낼 만한 물건을 학교에 가지고 오지 않기, 또한 학급에서는 남의 물건을 허락 없이 만지지 않기 등의 규칙을 함께 만들고 지켜나가며 서로의 소유권을 존중하도록 지도합니다.

한 걸음 더 알아볼까요?

도난 사건은 예방 교육이 중요합니다. 그래서 도난 사건 예방을 위한 연극 활동을 소개합니다. 이 활동을 통해 아이들은 올바른 소유 개념과 도덕성에 대해 고민하고 함께 나누며 갈등 상황에서 어떻게 행동할 것인지를 배워갑니다.

내가 만드는 연극

1. 주제에 맞는 짧은 이야기를 읽거나 영상물을 시청합니다.

예) 자전거 도둑(박완서), 주인 없는 구둣가게(송재찬)

2. 모둠 친구들과 함께 이야기나 짧은 글이나 영상물에 나온 갈등 상황에서 '나'라면 어떻게 행동할 것인지 생각해보고 이야기를 나누며 역할극 대본을 작성합니다.

3. 대본 작성이 끝나면 모둠별로 교실 앞에 나와 직접 역할 연

기를 해 봅니다. 이때 주인공과 주인공에게 바람직한 행동을 하도록 도와주는 '나'와 바람직하지 못한 행동을 하도록 부추기는 '나'가 함께 연기를 합니다.

4. 역할 연기가 끝나고 주인공 역할을 한 아이에게 앞으로 유사한 갈등 상황에서 어떤 행동을 할 것인지 들어보고 다른 친구들의 의견도 들어봅니다.

5. 활동을 마무리 하며 앞으로 유사한 갈등 상황에서 자신이 어떻게 행동할지 구체적으로 적어보며 마무리 합니다.

〈활동지〉

♥ 이번 시간에는 어떻게 행동할지 갈등되는 상황에서 어떻게 행동할 것인지에 대해 생각해 보았어요. 이제 일상생활에서 내가 할 수 있는 정직한 행동에는 어떤 것들이 있는지 적어봅시다.

1.______________________________때,
나는__________마음과____________ 마음이 들어요.
그럴 때 나는____________________ 하겠어요.

2.______________________________때,
나는__________마음과____________ 마음이 들어요.
그럴 때 나는____________________ 하겠어요.

3.______________________________때,
나는__________마음과____________ 마음이 들어요.
그럴 때 나는____________________ 하겠어요.

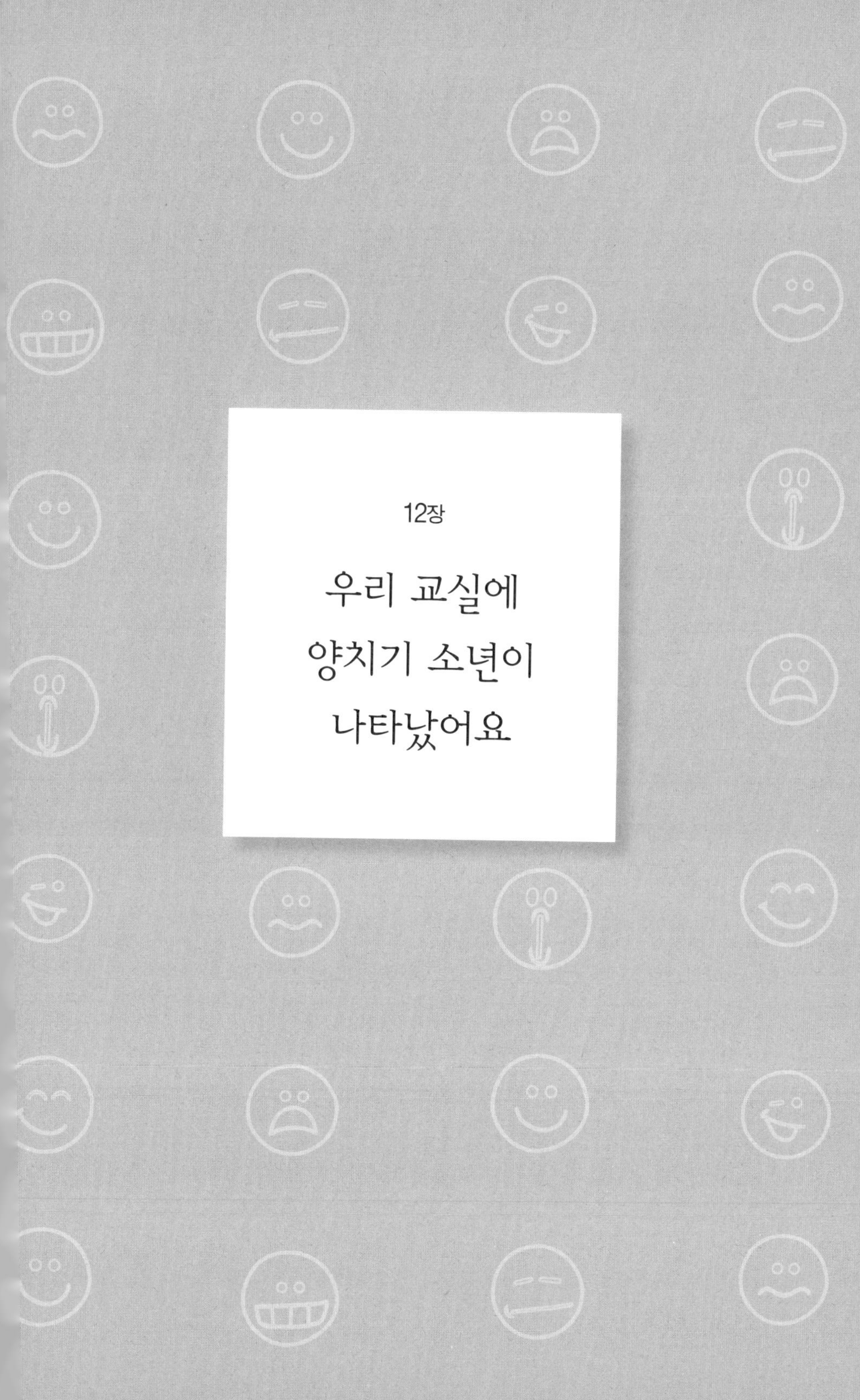

12장

우리 교실에 양치기 소년이 나타났어요

2학기가 시작되던 첫날, 교실 앞 복도에서 강수를 처음 만났다. 강수는 커다랗고 맑은 눈망울이 인상적인 아이였다. 하지만 조금만 더 자세히 들여다보면, 놀라운 사실을 알 수 있었다. 강수의 눈동자가 쉼 없이 흔들려 그의 불안함이 마주보는 이에게도 느껴질 정도로 좀처럼 안정을 찾지 못하고 있었다.

'전학을 온 데다, 첫날이어서 몹시 긴장이 되었나 보네. 하긴 멀리 떨어진 다른 지역에서 왔으니 아이 입장에서는 많이 낯설고 두려울 수 있지.'

그러나 그날은 개학 날이어서 강수와 개인적인 대화를 나눌 시간이 따로 없었다. '앞으로 이야기를 나눌 수 있는 기회는 많이 있으니까'라고 생각했기에 그날은 서로 가볍게 인사를 하고 지나갔다. 그런데 그 다음날 강수가 학교를 나오지 않았다. 전학 오자마자 결석을 하는 경우는 드물어 반 아이들이 들으라는 듯이 혼잣말을 하였다.

"강수가 오늘 안 나오나 보네……"라며 말끝을 흐리니 학급 아이들이 매우 놀라운 이야기를 들려주었다. 여기저기서 강수를 학교 오는 길에 봤다는 제보였다. 자세히 말해보라 하니,

"강수를 학교 오는 길에 만났는데, 선생님께서 오늘은 엄마를 도와 집에서 이삿짐 정리를 하라고 해서 자기는 오늘 학교에 안 간다며 집으로 되돌아가던데요."

이제 겨우 초등학교 5학년인 아이가 어떻게 그런 거짓말을 표정 하나 변하지 않고 했을까 몹시 당황스러웠다.

셋째 날이 되었다. 우리 모두 강수가 학교에 나올지 궁금하였다. 다행히

학교에 나왔다. 어제 일에 대해 이야기 나누고 나서 거짓말을 하면 안 된다고 좋은 말로 타일렀다. 그런데 어이없게도 그날 강수는 점심 급식을 맛있게 풍족히 먹고는, "선생님께서 나 오늘 몸이 안 좋으니 집에 가서 쉬라며 조퇴 허락해주셨어. 난, 간다 얘들아, 내일 보자." 하고는 집으로 유유히 돌아갔다.

그 이후로도 강수의 거짓말은 너무 감쪽같아 학급 아이들은 매번 뒤통수를 맞기 일쑤였고 결국, 무단결석을 일삼다 도벽과 가출에까지 이르렀다.

왜 그럴까요?

상담소나 정신과를 내원하는 부모 중 5% 정도가 거짓말을 하는 자녀에 대한 염려로 도움을 얻고자 찾아온다고 합니다. 아이들은 마냥 순수한 것 같지만 실은, 거짓말을 안 하는 아이는 없습니다.

4세 유아는 2시간에 한 번, 5세 유아는 1시간 반에 한 번씩 거짓말을 하고, 심지어 6세 유아의 경우에는 95%의 아이가 거짓말을 한다고 합니다. 하지만 어른도 하루에 200번의 거짓말을 한다는 연구 결과를 생각하면 그리 놀라운 사실이 아닐지도 모릅니다. 물론, 일반적인 성인의 거짓말은 주위 사람과 좋은 관계를 유지하거나 사회생활에 적응하기 위한 '하얀 거짓말' 즉, 사회적 거짓말이라는 점을 고려해야 합니다.

사실, 거짓말은 아이의 두뇌가 발달하면서 자신이 원하는 것을 어떤 방법으로 얻어낼 수 있는지 탐색하는 과정에서 나타나는 하나의 현상입니다. 아이는 두뇌가 성장하면서 다음과 같은 발달 과정을 거쳐 거짓말을 하게 됩니다.

연 령	거짓말의 발달 과정
만 2-3세 전후	현실과 공상을 잘 구별하지 못해, 현실에서 부족한 자신의 약점을 상상으로 보완하기 위해 거짓말을 합니다.
	- 어젯밤에 산타할아버지를 만났어요. - 나는 하늘을 날 수 있다!
만 4-5세 전후	자기에게 곤란한 상황을 피하기 위해, 주변 사람들의 관심을 끌기 위해 거짓말을 합니다.
	- 토토(토끼인형)가 내 화분을 엎질렀어요. - 아빠, 나 갑자기 다리가 아파서 못 걷겠어요.
만 6세 전후	거짓말이 나쁘다는 것을 알지만 의도적으로 거짓말을 합니다.
	- 시치미를 뚝 떼고 "내가 안 그랬는데" - 어제 갑자기 감기에 걸려서 숙제를 못했어요.

위에 제시된 거짓말의 발달 과정에 의하면, 만 4, 5세 이하 아이의 거짓말은 우리가 흔히 말하는 거짓말이라고 칭하기 어렵습니다. 이들은 발달단계상 인지적으로 미발달되었기 때문에 현실과 공상을 구별하는 데 어려움을 겪습니다. 성인들이 보기에는 현실적으로 불가능한 일이지만 그들에게는 그것이 진실로 여겨지기 때문입니다. 또한, 자기중심적 사고에 머물러 있는 단계이기 때문에 자기에게 곤란한 상황을 피하기 위해 그리고 주변 사람들의 관심을 받고 싶어서 거짓말을 하게 됩니다. 하지만 자신의 거짓말이 주변 사람뿐만 아니라, 결국에는 자신에게도 좋지 않은 영향을 미친다는 것을 미처 깨닫지 못한 단계입니다. 즉, 만 4~5세 이하 아이는 양심이나 도덕성에 문제가 있어서 거짓말을 하는 것이 아니

란 뜻이지요.

그러나 만 6세 이상의 아이 즉, 학령기 아이라면 상황은 달라집니다. 그들은 거짓말의 진정한 의미를 이해할 수 있을 정도로 생각하는 힘이 발달되었고 판단력을 지니고 있습니다. 또한, 이 시기에는 거짓말이 미치는 부정적인 영향을 알고 있을 가능성이 높습니다. 즉, 당장은 선생님이나 가족, 친구를 속일 수 있지만 진실은 언젠가 밝혀지기 마련이고 그랬을 때, 주변 어른에게 꾸지람을 듣거나 양치기 소년처럼 사람들이 자신을 믿지 못하게 되고 그런 자신을 친구들도 싫어하게 되어 외톨이가 되는 등 결국에 가장 큰 손해를 보는 것은 자신임을 깨닫게 됩니다. 그러므로 만 6세 이상 아이의 거짓말은 웃고 넘어갈 수 있는 귀여운 어린아이의 장난이나 농담이라고 가볍게 여겨서는 안 됩니다. 특히, 초등학교 저학년을 제외하고 거짓말을 습관적으로 혹은 빈번히 하는 아이가 보인다면 그야말로 우리가 우려해야 할 진정한 의미의 거짓말쟁이라고 볼 수 있습니다.

지금까지 살펴본 발달 과정에 따라 아이들은 거짓말을 하게 되고 다음과 같은 심리적 과정을 거치면서 더 자주 거짓말을 하게 됩니다. 3세 이전의 아이에게 어머니가 과자를 먹지 말라고 일러놓고 나가면 대부분의 아이는 과자를 먹습니다. 어머니가 돌아와서 과자를 먹었냐고 물어보면 아이들은 사실대로 어머니에게 말합니다. 이때, 어머니는 왜 먹지 말라고 한 것을 먹었냐며 아이를 야단치게 되고, 아이는 사실대로 말하니까 어머니에게 꾸지람을 듣는다는 것을 깨닫게 됩니다. 이러한 일이 반복되면 아이들은 부모가 금지한 행동을 했을 때 사실대로 말하면 처벌을 받는다는 것을 학습했기 때문에 이때부터 거짓말을 하기 시작합니다. 아이들이 거짓말을 한다는 것을 눈치 챈 부모는 거짓말하는 것은 잘못이라고 주의를 주고 거짓말을 하면 처벌을 받을 수도 있다고 훈육합니다. 이제 아이들은 솔직하게 말을 해도 벌을 받을 것이고, 거짓말을 해도 벌을 받을 것이라는 딜레마에 빠지게 됩니다. 그러나 사실, 대부분의 부모들은 아이가 정말로 문제행동을 했는지 진실을 알지 못합니다. 아이들은 곧 부모가 진실을 알지 못한다는 이 비밀을 알아내고 솔직히 말하고 혼이 나기보다는 일단, 거짓말을 하고 들키지 않기를 바라게 되는 것이지요.

그렇다면 아이들은 잘못을 들키지 않기 위해서만 거짓말을 하는 걸까요? 아이들이 거짓말을 하는 심리적인 이유에는 또 무엇이 있을까요?

물론, 무엇보다 가장 흔한 이유는 처벌을 피하기 위해서입니다. 아이들은 거짓말은 도덕적으로 옳지 않으며 나쁜 행동이라는 것을 이미 알고 있지만 스스로 혼날 만한 일을 했거나 큰 실수를 저질러서 처벌을 받을 것이라는 생각이 들 때, 자신을 보호하기 위한 수단으로 거짓말을 합니다. 문제행동에 잇따른 거짓말은 4세에서 12세까지의 시기 동안 가장 흔하며(Bussey, 1999), 이런 거짓말은 일반적으로 남자아이가 여자아이보다 더 자주 한다고 합니다(Wilson et al., 2003). 물론, 거짓말이 탄로 났을 때 더 큰 벌을 받거나 본인이 예상치 못한 피해를 받을 수도 있다는 생각은 못하고 당장 당면한 위기를 모면하고자 하는 행동입니다.

둘째, 자존감을 지키기 위해서입니다. 초등학생도 자존심이 있습니다. 특히, 초기 청소년(초등학교 고학년)에게는 주변인에게 본인의 체면을 지키는 것이 목숨보다 소중한 일이 될 때도 있습니다. 이들은 창피하거나 자신의 불안한 감정을 남에게 들키고 싶지 않을 때 자신의 이미지를 보호하기 위해 거짓말을 합니다. 즉, 주위 사람들이 자신에 대해 가지고 있는 이미지를 유지하기 위해 거짓말을 하는 것입니다. 예를 들어, 아이들은 감추고 싶은 생리적 현상에 대해 종종 거짓말을 합니다. 그러나 이 정도 수준의 거짓말은 다른 이들에게 피해를 주지 않으므로 그나마 수용해 줄 수 있는 거짓말로 볼 수 있습니다. 하지만 자기의 가정 사정을 들키고 싶지 않을 때, 자신의 약점이 드러나는 것이 싫을 때, 또는 상대방과의 기 싸움에서 밀리기 싫을 때에도 거짓말을 합니다. 간혹, 성(적)학대, 신체적/언어적 학대, 가정불화와 같이 좀 더 심각한 수준의 비밀을 들키고 싶지 않아 거짓말을 하는 경우도 있습니다.

대체로 초등학교 저학년 아이는 자기중심적 성향이 남아 있어 또래의 관심이나 환심을 사고 싶어서 진실인지 거짓인지에는 크게 관심 두지 않고 거짓말을 하고는 합니다. 그래서 학교 선생님이나 주변 친구에게 자기 나름은 좋은 인상을 심어주리라 여기며 얼토당토않은 거짓말을 지어낼 때가 있습니다. 예를 들면, 친구 중에 누군가가 자기 집에서 기르는 애완견 자랑을 하면 실제로 자신은 애완견이 없음에도 불구하고 애완견을 기른다고 하는 것처럼 잘난 척, 있는 척 없는 말을 꾸며댑니다. 이 시기의 아이들은 거짓말 자체를 가벼운 농담처럼 쉽게 하는 경향이 있습니다. 다른 이를 괴롭히기 위해 거짓말을 하거나 나쁜 의도로 거짓말을 하는 경우는 흔하지 않습니다.

그러나 초등학교 고학년 아이가 거짓말을 하는 이유는 몇몇 측면에서 차이가 있습니다.

첫째 이유는 권위자에 대한 반항심 때문입니다. 사춘기에 이르러 주변 권위자에 대한 비판 의식이 생기고 동시에 반항심이 생기는 초기 청소년들이 있습니다. 이들은 거짓말을 의도적으로, 교묘하게 꾸며 선생님을 골탕 먹이거나 주변 친구들을 속여 그들이 당황하거나 약올라하는 그 반응을 보면서 즐거워합니다. 그리고 더욱 교묘한 거짓말로 남을 속일 때마다 우월감을 느낍니다. 그릇된 우월감을 말이지요.

두 번째는 거짓말로 덮어버리려는 행동의 심각성이 다릅니다. 초등학교 저 · 고학년에 상관없이 누구나 자신의 잘못을 숨기기 위해 거짓말을 합니다. 그러나 고학년에서 좀 더 염려해야 할 것은 이들이 덮고 싶어 하는 행동의 수준이 음식을 엎지르거나, 친구를 놀리는 정도가 아니라는 것입니다. 그들은 게임중독, 흡연, 도벽, 약물 남용, 무단결석, 음주, 집단따돌림과 같은 비행을 저지르기 위해 혹은 감추기 위해 거짓말을 하기도 합니다.

세 번째 이유는 거짓말이 점점 더 심해지고 점점 더 교묘해진다는 것입니다. 초등학교 고학년 아이도 저학년 아이처럼 주변 인물에게 관심을 받고 싶은 마음에 거짓말을 하지만 이들의 거짓말은 점차 더 크고 정교해져서 눈덩이처럼 불어나곤 합니다. 그리고 이런 거짓말이 습관화되면 성인이 되어서도 작화증이라 불리는 증상으로 이어질 수 있습니다. 작화증은, 몇 년 전 허담증으로 유명세를 탔던 ㅇㅇ씨처럼 우주인과 교신을 했다던가, 자신의 이름을 외치면 우유가 치즈로 변한다는 등의 상식적으로 전혀 맞지 않는 이야기를 하는 병적 증세를 말합니다. 작화증 증세는 없었던 일을 마치 있었던 것처럼 확신을 가지고 말하며, 일어났던 일을 위장하거나 왜곡하기도 합니다. 또한 망상적인 환자는 이런 경향을 병적으로 과장되게 나타내고 사실을 오해하고 왜곡하며, 자신의 공상을 덧붙이고, 근거가 없는 일을 사실처럼 말하기도 합니다.

'세 살 적 버릇이 여든까지 간다'는 속담과 같이 어렸을 때부터 이런 허황된 이야기를 만들어내는 습관을 들이면 나중에 심각한 병적 증세로 발현될 수 있습니다. 실제로 학교 현장에서도 진지한 표정으로 친구들에게 세계 일주를 했다며 거리낌 없이 거짓말을 하는 친구들이 있습니다. 처음에는 장난으로 시작된 이 놀이를 재미있다고 즐기다 보면 어느 새 자신의 거짓말을 진실로 믿게 된다고 합니다. 자신의 잘못을 습관적인 거짓말로 숨기는 행동의 그릇됨을 깨닫지 못하면 점점 더 도덕적 양심의 가책을 느끼지 않아 사회에 반하는 문제행동을 하게 될 수도 있습니다. 실제로, 유치원 시절부터 11세가 되기까지 아동들의 변화를 연구한 캐나다의 연구에 의하면, 어렸을 때부터 빈번하게 거짓말을 한 아이들이 이후에도 지속적으로 거짓말을 자주 하는 것으로 보고되었고 또래 갈등이 잦거나 파괴적인 행동을 보이는 등 문제행동을 보일 가능성이 더 높은 것으로 나타났다는 연구 결과가 이를 뒷받침해줍니다(Gervais et al., 2000). 따라서 초등학교 고학년 아이의 습관적인 거짓말을 아직 어려서라고 가볍게 덮어버리기에는 그 무게가 매우 무겁습니다.

한편, 아이들은 심리적인 이유로 거짓말을 하기도 하지만 거짓말을 구별하는 기준이나 거짓말의 도덕적 판단에 대한 발달 과정의 차이로 거짓말이 아닌 거짓말을 하기도 합니다.

우리는 일반적으로 아이들도 거짓말에 대해 성인들과 똑같은 개념으로 이해할 것이라 여기지만 피아제(Piaget, 1932)는 아이들은 거짓말에 대해서 성인과 다르게 생각한다는 것을 보여주었습니다. 6세 미만의 아이에게 욕이 거짓말이냐고 물었을 때 아이들은 욕이나 비속어와 같은 '나쁜 말'은 거짓말이라고 합니다. 과장이나 농담, 속이려는 의도 없이 추측을 잘못해서 한 말도 거짓말이라고 생각합니다. 또한, 아이들은 거짓말에 숨겨진 의도를 파악하는 판단력이 거짓말의 여부를 구별하는 능력에 비해 다소 늦게 발달됩니다.

3세 전후의 아이는 사실과 다른 말을 들었을 때 의도가 없는 단순한 말실수인지, 아니면 의도적인 거짓말인지를 구별할 수 있습니다. 반사회적인 의도를 갖고 한 거짓말을 선의의 거짓말이나 유희적 거짓말과 구별할 수 있고 그것에 대해 옳지 못한 행동이라고 판단을 내립니다. 하지만 선한 의도를 가진 거짓말을 판단할 때, 사실적이거나 약속한 것에만 초점을 맞추어 판단을 하고 의도에 대해서는 고려하지 못합니다.

4세 정도가 되면 의도를 고려하여 사실과 거짓을 분별하지만 도덕적 판단을 내릴 때에는 의도보다는 사실적 발언이나 상이나 처벌과 같은 외적 요인에 의해 영향을 받습니다. 예를 들면, 의도가 선하다 하더라도 결과가 너무 나쁘면 부정적으로 판단하는 경향이 있습니다. 그러나 6세가 되면 거짓말과 사실을 구분할 때 내용의 사실성과 듣는 사람을 속이려는 의도뿐만 아니라 내용의 정확성에 대한 믿음까지 고려하기 시작합니다. 결론적으로 아이들은 연령이 올라감에 따라 반사회적 거짓말을 실수, 추측, 과장, 그리고 빈정대거나 비꼬는 것과 구별할 수 있게 되고 서서히 거짓말하는 사람의 의도와 믿음을 전제로 도덕적 판단을 내릴 수 있게 됩니다.

아이들이 거짓말을 도덕적으로 판단하는 능력을 요약하면, 3~4세 아이는 사실과 거짓말을 구분할 때 의도를 고려하기는 하지만 거짓말에 대한 도덕적 판단을 할 때는 의도보다는 사실적 발언이나 상, 벌과 같은 외적 요인에 영향을 받고, 6세가 되어서야 거짓말하는 사람의 의도와 믿음을 고려하여 평가하기 시작한다는 것입니다.

이를 바탕으로 생각해볼 때, 6세 이전의 아이들은 거짓말을 구별해내는 능력도 미숙할 뿐만 아니라 의도보다는 사실 여부를 기준으로 도덕성을 판단하므로 이들에게는 스스로 믿는 사실을 그대로 말했을 뿐 거짓말은 아니기 때문에 양심에 어긋나는 말이 아닌 '거짓말이 아닌 거짓말'을 한 것입니다.

그러나 6세 이후의 아이의 경우에는 의도를 중심으로 도덕성을 판단할 수 있기 때문에 반사회적 거짓말, 선의의 거짓말, 유희의 거짓말도 구별해낼 수 있으므로 본인이 의도를 갖고 거짓말을 했을 때 이 행동이 도덕적으로 옳지 않음을 알고도 하는 행위라 볼 수 있습니다. 따라서 이때에는 도덕성 발달에 문제가 있음을 고려해 보아야 합니다.

이렇게 해 봅시다

캐나다 토론토대학교 아이연구협회의 강리 박사는 발달심리학적으로 볼 때 아이가 거짓말을 하는 것은 당연한 일이며 거짓말은 뇌가 발달하는 과정에서 일어나는 자연스러운 현상이므로 그리 걱정할 일이 아니라고 말합니다. 거짓말을 하려면 일단 자신의 과거 행동을 숨겨야 하고 사실과 다른 이야기를 만들어내야 합니다. 이런 과정이 뇌 활동을 활발하게 하고 이로 인해 지능이 발달된다고 합니다. 그러므로 의도적이고 습관적이지 않다면 아이의 거짓말을 너무 심각하게 받아들일 필요는 없습니다. 그러나 분명 거짓말을 한 것을 알게 되면 적절하게 지도해야 올바른 사회의 구성원으로 성장할 수 있다는 것을 잊지는 말아야 합니다. 그렇다면, 학교 현장에서 거짓말을 하는 아이를 만났을 때 혹은 거짓말을 하지 않도록 예방하기 위해 어떻게 해야 할까요?

1. 화는 잠시 미루어 두세요

만약, 따끔하게 지도하겠다는 마음으로 거짓말을 한 사실에 몹시 흥분하거나 소리를 지르거나, 사실대로 말하라며 추궁하거나 다시 또 그러면 혼이 날거라며 협박을 하게 된다면, 아이는 솔직히 말하고 자신의 잘못을 뉘우치기 더 어렵게 됩니다. 또한, 과도하게 화를 내면, 아이는 자기 자신을 보호하기 위해 거짓말을 더 자주하게 되고 더욱더 큰 거짓말을 만들어 내게 됩니다. 물론, 성인도 화를 참는 것은 쉽지 않습니다. 이럴 땐, 속으로 천천히 숫자를 세어보세요. 그러면 감정이 조금은 가라앉는 것을 느낄 수 있습니다. 마음이 안정된 후 아이와 대화를 나누면 아이의 말이 더 선명히 들리고 아이를 더 잘 이해하게 될 것입니다.

2. 거짓말 뒤에 숨어 있는 아이의 진짜 마음을 찾아보세요

아이의 진짜 마음을 알게 되면 습관적인 거짓말을 예방하는 것이 생각보다 쉬워질 수도 있습니다. 아이의 불안과 요구를 합리적이고 정당하게 수용해주고, 사랑과 안정을 준다면 아이의 거짓말은 자연스럽게 사라집니다. 또한, 아이의 속내를 찾아보는 과정에서 아이가 숨기고 싶었던 혹은 말하고 싶지 않았던 진실을 알게 될 수도 있습니다. 특히, 교사로서 꼭 파악하고 있어야 하는 사실, 이를테면, 아이가 숨기고 싶은 가정 상황이나 학대와 같은 상처를 새롭게 발견할 수도 있습니다. 따라서 교사는 아이가 거짓말을 했을 때 오히려, 의연하게 대처하며 오죽했으면 거짓말을 했을까 하는 마음으로 한 번 더 바라보도록 노력해야 합니다. 그리고 아이로 하여금 왜 자신이 거짓말을 했는지 스스로 돌아보고 반성할 수 있도록 도와줘야 합니다. 또, 그 상황에서 어떻게 행동해야 했는지, 그리고 앞으로 어떻게 해야 하는지 함께 이야기 나누며 해결책을 찾아보는 것도 도움이 됩니다.

3. 거짓말쟁이라는 표현은 금물!

죄는 미워하되, 사람은 미워해서는 안 된다는 말이 있습니다. 나쁜 것은 아이가 아니고, 아이의 행동이라는 점을 분명히 말해줘야 합니다. 아이들은 이미 거짓말은 나쁜 행동이라는 것을 알고 있습니다. 교사가 단단히 훈육을 하겠다는 마음으로 '넌 나쁜 아이야', '거짓말쟁이야'와 같이 부정적인 표현을 하는 것은 아이에게 낙인을 찍는 셈입니다. 그러면 아이들은 스스로를 진짜 나쁜 사람이라 받아들이게 되고 자신이 나쁜 사람이 아니라는 것을 증명하기 위해 더 큰 거짓말을 지어내거나 자신은 정직하지 못한 사람이라는 부정적인 자아개념을 형성하게 될 수도 있습니다.

4. 정직에는 용기가 필요하고 그래서 칭찬받아 마땅한 일이라는 것을 알려주세요.

평소에 자신의 실수나 잘못을 용기 있게 인정하고 솔직하게 말하는 것을 칭찬해줍니다. 솔직하게 말해도 용서받을 수 있고 이해받을 수 있다는 것을 아이가 깨달을 수 있도록 대처해야 합니다. 아이에게는 거짓말을 한 것이 들통 났을 경우, 그때 느꼈던 부끄러움, 죄책감과 같은 다양한 감정을 표현해 볼 수 있는 기회를 제공해줌으로써 스스로 반성해보게 하는 것도 좋습니다. 그럼으로써 자신의 욕구와 현실에 맞게 조절하는 법을 배우고 자신의 현실을 인정하게 되면서 더욱 성숙해질 수 있습니다.

사회학습이론은 모방과 강화라는 차원에서 학습을 시킵니다. 즉, 보상받고 칭찬을 받았을 때는 그 행동을 계속 강화하게 되며 혼나거나 벌을 받게 되면 그 행동은 점차 소멸되어 사라진다는 것입니다. 거짓말을 할 수 있는 상황이었음에도 불구하고 용기 있게 정직한 태도를 보이는 아이가 있다면 학급 친구들이 모두 모인 자리에서 공식적으로 칭찬을 하여 다른 아이들도 본받을 수 있도록 합니다. 반면에, 거짓말을 자주 하는 아이가 있다면 선생님과 둘만 있는 사적인 공간에서 훈육을 해야 합니다. 그래야, 자신의 잘못을 인정하고 친구들로부터 부정적인 시선을 받지 않게 되어 또래 관계도 유지될 수 있기 때문입니다.

5. 교실에서는 예방 교육을, 상담실에서는 사랑과 관심을

초등학교 저학년에게 거짓말은 발달단계상 자연스러운 현상이기도 하며 의도적으로 하는 경우가 드물어 학급 아이 전체를 대상으로 '거짓말'을 소재로 한 그림책을 통한 독서 치료가 하나의 방법이 될 수 있습니다. 교사의 입장에서는 그림책을 통해 아이가 거짓말을 하는 상황과 아이 마음을 엿볼 수 있고, 아이의 입장에서는 현명하게 문제를 해결하는 어른의 모습을 만나볼 수 있다는 면에서도 좋습니다. 그러나 앞서 살펴보았듯이, 고학년의 거짓말은 저학년의 거짓말과 조금은 다릅니다. 그들 중에는 좀 더 정교하게 거짓말을 하고 습관적으로 의도적 거짓말을 하는 아이들이 있습니다. 또한, 비행을 저지르고 이를 숨기기 위해 거짓말을 하는 장래가 걱정되는 아이도 있지요. 이들을 위해서는 어떻게 해야 할까요?

의도적으로 거짓말을 하는 고학년은 마찬가지로 거짓말을 하는 심리적인 이유를 찾아내는 진지한 상담이 필요합니다. 사춘기를 겪고 있어 반항심이 있거나 주변인의 조언을 냉소적으로 받아들이는 아이는 내면의 심리적인 욕구를 찾아내는 것이 쉽지 않습니다. 그러므로 꾸준하고 지속적인 관심을 가져야 합니다. 만약, 행동수정이 잘 되지 않을 때에는 근본적인 문제인, 부모-자녀 관계, 애정 결핍, 부모 양육 태도 등 더 넓은 범위에서 원인을 찾아보아야 합니다. 이때, 전문상담교사에게 의뢰하여 담임교사와 전문상담교사가 협업하여 대처하는 것도 하나의 방법이 될 수 있습니다. 또한, 고학년의 경우, 거짓말이 비행과 함께 나타날 때에는 동료 선생님과 공유하여 다 함께 지속적으로 지도해야 할 필요도 있습니다.

6. 선생님의 어렸을 적 거짓말 경험을 들려주세요

'선생님도 사실은, 어렸을 적에…….', 선생님의 어렸을 때 경험을 진솔하게 들려주는 것도 꽤 도움이 됩니다. 아이들은 선생님의 어릴 적 실수담을 매우 흥미롭게 듣습니다. 그들이 보기에 어른들은 항상 올바른 선택을 하며 실수를 하지 않을 것이라 생각하는데 어른들도 어릴 때 자신들과 같은 고민을 하고 비슷한 잘못을 하며 성장했다는 데에서 오히려 용기를 얻습니다. 아이들은 때때로 부딪히는 혼란스러운 상황에서 잘못된 선택에 빠지고 좌절을 겪으며 본인은 바르게 자라지 못할 것이라는 불안과 두려움을 갖습니다. 그런데 선생님도 자기들처럼 거짓말을 한 적이 있고, 잘못을 저지른 적이 있다는 것을 알게 되면 나도 지금은 실수했지만 이를 바탕으로 잘못을 인정하고 변화한다면 얼마든지 훌륭한 어른으로 성장할 수 있다는 희망을 얻고 그 안에서 위로를 받기 때문입니다.

7. 함께 생각해보는 도덕 교과 시간을 가져보세요

비판적 사고력과 판단력이 향상되는 초등학교 고학년 아이에게는 일방적인 지시보다 함께 생각하고 스스로 선택하고 책임지게 하는 과정이 필요합니다. 인지발달이론에 의하면 아이는 어른의 기준을 일방적으로 수용하는 것이 아니라 사회적 규칙의 옳고 그름을 능동적으로 생각하고 판단하여 습득한다고 합니다. 도덕 교과 시간을 활용하여 아이들이 공감할 수 있는 '거짓말' 사례로 솔직하게 이야기를 나누는 시간을 가져보세요. 도덕 교과 시간이 전담 시간이라면 창의적 재량활동 시간을 활용하여 토론・토의 주제로 선정하여 조별 토론 활동을 하거나 국어 시간에 글 읽기 활동과 연계하여 운영하는 방법도 있습니다. 또는 매주 한 가지 주제를 정하여 아침 활동 시간에 생각을 나누는 시간을 꾸준히 운영해보는 것도 아이의 사고력과 판단력, 그리고 실천력을 기르는 데 도움이 됩니다.

학교에서 자주 거짓말을 하여 눈에 띄는 아이가 있을 때, 자녀가 거짓말을 자주 한다며 걱정을 토로하는 학부모가 있다면 다음 사항을 중심으로 이야기를 나누어보세요.

- 아이는 어른의 등을 보고 자란다는 옛말이 있듯이 부모가 먼저 솔선수범을 보이며 정직한 태도로 생활하는 모습을 보여주어야 합니다. 앞에서 언급되었듯이 아이는 거짓말을 성인과 다르게 이해하며 도덕적 판단의 기준이 달라 서로 오해가 생길 수 있습니다. 부모가 사회생활을 위해 하는 사소한 거짓말이 아이에게는 도덕적으로 옳지 않은 거짓말로 받아들여지고 부모가 도덕적으로 그른 행동을 하는 것으로 보일 수 있습니다. 따라서 부모는 평소에 아이와 함께 거짓말이 무엇인지에 대해 대화를 자주 나누는 것이 필요합니다.

- 아이가 왜 거짓말을 하는지 그 속마음을 알아주는 것이 필요합니다. 진솔한 대화를 나누어보세요.
- 어린 나이에 거짓말을 한다고 해서 평생 거짓말쟁이가 되는 것은 아니니 너무 크게 염려하거나 화를 내실 필요는 없습니다.
- 일관된 태도가 중요합니다. 아이의 잘못된 거짓말에 대해 부모의 기분에 따라 태도가 바뀌어서는 안 됩니다.
- 유아기 이후에 물건을 훔치거나 타인에게 피해를 주는 거짓말을 한 경우, 도덕성 발달의 문제로 인해 거짓말이 나타나는 경우일 수 있으므로 이때는 엄하게 훈육해야 합니다.
- 가정환경으로 인해 거짓말을 하는 아이도 있습니다. 다음 예시에 해당되는지 되돌아봅니다.
  - 부모가 매우 엄격하거나 거부적으로 대하는 경우
  - 부모가 아이의 행동이나 생활에 관심이 없고 방임하는 경우
  - 부모가 한 부모이거나 화목하지 않은 경우
  - 잦은 다툼으로 인해 심리적으로 불안한 가족 분위기
  - 부모가 아이의 잦은 거짓말로 아이를 신뢰하지 못하는 경우
  - 어려운 가정 형편, 가정 사정 때문에 돌봄을 잘 받지 못하는 경우

한 걸음 더 알아볼까요?

우리는 때로 학교 현장에서 비행을 저지르는 아이를 지도하기 위해 그들이 하는 거짓말을 진실인지 거짓인지 구별해내야 할 때가 있습니다. 이럴 때 우리는 교사보다 홈즈가 되어 그들의 말이 진실인지 판별해 낼 수 있어야 더 큰 비행을 예방하고 우리의 아끼는 제자를 보호할 수 있습니다. 어떻게 하면 거짓말이라는 사실을 드러내어 꼼짝없이 그들의 입에서 진실을 고백하게 만들 수 있을까요? 물론, 정답은 위에서 여러 번 강조했듯이 상담입니다. 하지만 시간적으로 촉박하고 현실적으로 빠른 답변이 필요할 때에는 어떻게 해야 할까요? 그럴 때 참고해 볼 만한 것이 '내 안에 거짓말 탐지기 있다!'입니다. 너무 과신하면 안 되지만 필요한 때를 위해 미리 알아두어도 좋을 것 같아 준비하였습니다.

텍사스 대학의 연구팀이 개발한 신뢰도 테스트

1. 자세한 디테일을 설명하지 않는다.

2. 잘 기억이 나지 않는다고 변명을 한다.

3. 자주 이야기를 수정한다.

4. 짧고 모호하게 이야기한다.

5. 말이 안 되거나 모순되는 이야기를 한다.

6. 너무 깊게 생각하는 것 같다.

7. 긴장되어 보이거나 가만있지 못한다.

8. 남에게 잘 보이려는 노력을 한다.

9. 느리게 이야기한다.

'거짓말'을 주제로 한 초등학교 저학년용 권장도서

제 목	글/그림	출판사
지각대장 존	존 버닝햄	비룡소
거짓말	고대영/김영진	길벗어린이
거짓말이 찰싹 달라 붙었어	신순재/김이랑	아이세움
거짓말을 왜 할까요?	박혜숙/ 한완희, 김가영, 박나물, 여미경, 이윤희	한림출판사
거짓말 세 마디	이용포/김언희	시공주니어
구름빵: 콩닥콩닥 거짓말	백희나/DPS	한솔수북
거짓말은 무거워!	유계영, 지경화/윤희동	휴이넘
거짓말쟁이 천재	울프 스타르크/히타 코시로	크레용 하우스
거짓말쟁이 카멜라	호세발레스테로스/ 로저 올모스	작은 책방

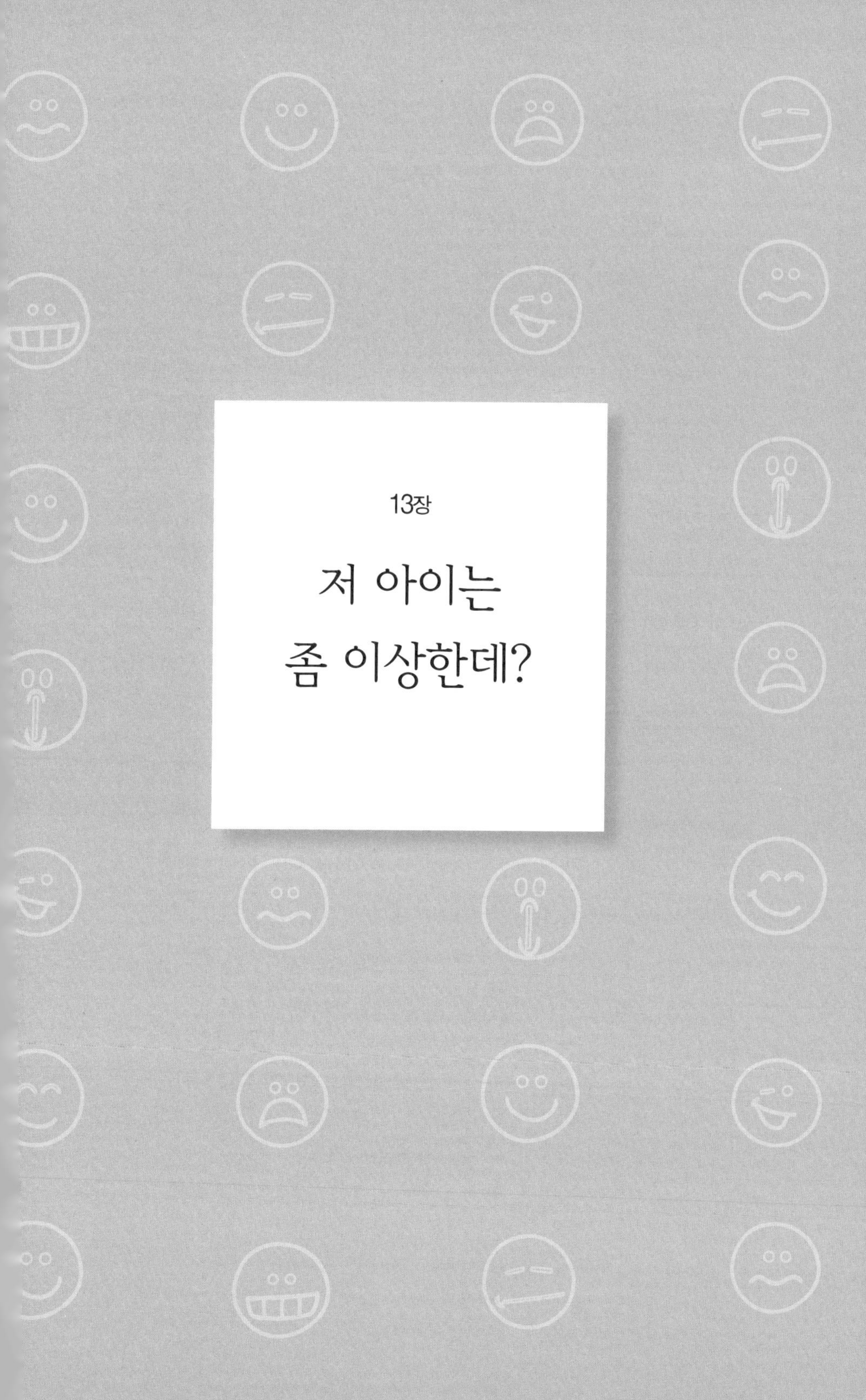

13장

저 아이는 좀 이상한데?

점심시간, 남자 아이들 사이에서 몸싸움이 났다.

"내가 왜 네 게임캐릭터인데?"

"야, 농담이라고. 장난이야!"

"시끄러워! 너 이미 내 몸에 약물 넣었잖아!!!!"

싸운 아이는 승민이와 은기. 이야기를 들어보니 3교시 쉬는 시간 승민이가 친구들에게 장난을 친 모양이다. 자신은 과학자이고 이번에 개발한 약은 상대방을 모바일게임 캐릭터로 변신시키는 약이라 말하고는 교실 곳곳을 돌아다니며 친구들 팔을 손가락으로 꾹꾹 찌르고 다녔다고 한다. 이 과정에서 은기도 그렇게 승민이의 손가락에 찔렸다고 한다.

함께 찔린 다른 아이들과 은기의 반응에 차이가 있다면 은기는 자신이 앞으로 게임 속 캐릭터가 될 것이라며 화를 냈고, 점심시간이 되자 승민이를 찾아가 빨리 되돌리라며 따진 것이다.

게다가 은기는 집에 가서도 이 일로 겁을 내며 방에서 나오려 하지 않았다. 은기를 몇 시간이나 어르고 달래며 듣게 된 이야기로 은기 어머니는 무척 당황했고, 시간이 지날수록 절망하고 분노하게 되었다. 일단은 저녁 식사를 하게 했지만 은기는 이마저도 거부했다.

"엄마, 나 방에서 나가면 큰일 나요. 핸드폰도 만지면 안 돼. 승민이가 나를 게임으로 부를거야. 캐릭터로 변하면 난 어쩌지?"

점심시간 다툼을 사과와 화해로 마무리했다고 생각하던 차에 은기 어머니로부터 온 전화를 받고 담임교사로서도 당혹스럽기는 마찬가지였다. 은기 어머니는 은기가 평소 상상력이 풍부하고 상상한 것을 실재인 것으로 믿기도 하는 순수한 아이여서 또래보다 어리다고 생각하던 차에 이렇게 친구한테 괴롭힘을 당해 속상하다고 하셨다.

은기가 평소 학급 분위기를 주도적으로 이끌지는 않고 가끔 엉뚱한 말을 하곤 하지만, 교실 내에서 배척을 당하거나 따돌림을 당하지는 않고 있으니 앞으로 더 잘 관찰하고 배려하고 돕겠다는 말씀을 드리고 전화를 끊었다.

왜 그럴까요?

상상력이 풍부하고, 가끔 상상과 현실을 혼동할 정도로 그 상상에 몰입하는 아이가 있습니다. 이렇게 심한 경우의 아이들은 아무리 이해하려 노력해도 이해되지 않는 말이나 행동을 하기도 합니다. 이런 아이들을 '개성이 강한/개성이 강하게 키워진 아이'로만 접근, 지도할 것인지, 정신건강의학적 질환의 가능성을 염두에 두고 접근할 것인지 가늠하는 일은 무척 조심스럽습니다. 우리는 정신건강의학적 질환을 진단할 수 있는 전문가가 아니기 때문이지요. 게다가 정도의 차이가 있을 뿐, 동기 부족, 우울감, 심한 감정 기복, 이상행동, 스스로 고립하기(사회적) 등은 정신적인 문제 유무를 떠나 많은 청소년에게서 어렵지 않게 발견할 수 있습니다. 하지만 아무리 허용적으로 접근하려 해도 당혹스러운 상황이 계속되고, 다른 아이들에게도 좋지 않은 영향을 주는 일이 반복된다면 전문가의 도움을 진지하게 고려할 필요가 있습니다.

도저히 이해하기 힘든 생각이나 행동으로 학급운영이 어려울 정도가 되게 만드는 아이가 있다면, 그 아이의 모습과 다음에 안내하는 내용을 비교하며 읽어보세요.

- TV나 게임에서 본 것, 종교 생활 중 들은 내용, 꿈에서 보거나 들은 것을 현실과 혼동해요.
- 실제로 존재하지 않는 대상이 보이거나 그 소리가 들린다고 합니다.
- 다른 친구들이 자기를 미워해 괴롭히려 하고, 자기 험담을 하고 있다고 믿고 있어요.
- 위축된 눈빛과 행동, 감정 기복이 심하고 자기 주변 정리를 잘 못해요.
- 대화에 맥락을 찾기 어려워 주변 친구들이 이 친구의 말을 납득하지 못하고, 행동 역시 이해하지 못할 때가 있어요.

조현병(schizophrenia)은 2010년 이전까지 '정신분열병'으로 불렸던 정신질환입니다. '분열'이라는 용어에 대한 부정적인 사회적 인식과 편견을 줄이기 위해 현악기의 줄을 고른다는 의미의 '조현(調絃)'을 쓴 것입니다. 이는, 신경계나 정신을 튜닝(tuning)하는 노력(치료)을 기울인다면 충분히 개선될 수 있다는 희망을 내포하는 명칭으로 개정된 것이라 할 수 있습니다. 그리고 무엇보다 조현병은 정신 상태가 '분열'된 상태가 아니라 뇌의 기능이 원활하지 않아 생기는 질환이므로, 질환을 충분히 설명하는 데 '정신분열병'은 적절하지 않았다고 여겨집니다.

조현병은 연구에 따라 수치가 조금씩 다르지만 전 인구의 0.3~2%가 겪는 질환입니다. 남성에 비해 여성의 경우 발병 시기가 늦은 편이지만 남녀 성별에 따른 발병률의 차이는 없습니다. 주로 사춘기를 전후로 발병하기 때문에 아동기에서는 쉽게 접하기 어려운 것은 맞습니다. 그러나 조현병은 어느 순간 갑자기 발생하는 질환이 아니라 시간을 두고 서서히 진행되고 변화하는 질환이므로 아동기에 전조 증상을 발견할 수 있습니다. 특히 가족 및 담임교사에 의해 발견되는 증상들은 상당히 유의미합니다.

조현병은 발병 초기에 크게 두드러지는 증상을 찾기 어려울 수 있습니다. 실제로 주변에서 이상함을 느껴 병원까지 내원할 정도가 되면 이미 병이 많이 진행된 경우가 많습니다. 어느 질환이나 마찬가지이나 조현병 역시 조기 발견 및 치료가 향후 치료 성공을 좌우합니다. 지속적으로 아이에게서 관찰되는 이상행동에 주의를 기울이십시오. 그리고 이로 인해 발생하는 문제행동을 지도하는 과정에서 조현병에 대한 가능성도 열어두시는 것을 조심스레 제안합니다.

전문가들은 조현병의 주요 증상을 크게 양성증상과 음성증상으로 나누어 설명하고 있습니다. 양성증상은 망상, 환각, 지리멸렬한 사고장애, 괴이하고 혼란스러운 행동 등이 해당하고, 음성증상은 무언증, 무쾌감증, 정동둔마(정서적 표현이 결여된, 전형적으로 외형적 감정 반응 또는 감정적 긴장이 없는 상태), 무의욕증, 사회적인 위축 상태 등이 있습니다.

성인 조현병에 비해 아동 및 청소년기에 발병하는 조현병은 그 증상에서 크게 차이가 없거나 조금 다를 수 있습니다. 그러나 그 발병 시점이 성인에 비해 빠르기에 한 개인의 생애에 있어 정서적, 사회적 발달은 물론, 학습적인 면까지 매우 큰 영향력을 끼칩니다. 게다가 그대로 방치하였을 경우 성인 조현병에 비해 그 예후가 매우 좋지 않습니다.

다른 정신질환처럼 조현병의 원인에 대한 명쾌한 정답은 없습니다. 다만 여러 연구를 통해 임상가들은 뇌의 기능, 유전적 요인, 산과적 요인, 환경적 요인 등의 다양한 변수가 만든 조합이 조현병을 유발하는 데 영향을 준다는 의견을 밝혀, 이에 대해 소개합니다.

신경생화학적 소인(뇌의 기능)

신경전달물질 중 하나인 도파민의 균형에 이상이 생기는 경우입니다. 우리 뇌는 복잡한 신경세포망으로 이루어져 있습니다. 신경전달물질이란 이런 신경조직 사이에서 서로 작용할 수 있도록 돕는 물질이라 할 수 있습니다. 즉, 외부로부터 자극(정보)을 받아들이고 처리하며, 새로운 환경에 적응할 수 있도록 돕습니다. 현재까지 학계에서 밝힌 신경전달물질은 수십 종이 넘습니다. 그중에서 특히 조현병 환자의 경우 도파민이 활성하면 환청, 망상, 사고의 혼란 등의 증상이 나타납니다. 이런 경우 도파민 차단제를 향정신성의약품으로 사용합니다. 그러나 근본적으로 도파민이 활성하는 원인에 대해 확실한 연구 보고는 없습니다. 최근 도파민 외에 세로토닌, 글루타메이트 등 여러 신경생화학적 물질의 변화 역시 조현병을 유발하는 요인으로 추정하기도 하며, 이런 생물학적 소인들이 유전적 영향을 받는 것으로 보는 흐름도 있습니다.

유전적 소인

조현병 발병에 유전적 요인이 작용한다는 소견은 오랜 시간 있었습니다. 일반인의 발병률이 0.3~2%인데 비해 어머니가 조현병을 앓는 경우 그 자녀는 약 12%의 조현병 발병률을, 부모 모두 조현병을 앓는 경우 약 25%의 조현병 발병률을 보인다는 연구 보고도 있었습니다. 더 나아가 이 연구에서는 정신분열형 인격장애, 비정형 정신병으로 조현병의 범위를 확대할 경우 앞서 제시한 발병 수치의 배 이상이 된다고 제시하기도 했습니다. 그리고 최근 하버드 의과대학, 보스턴 소아병원 연구진은 조현병 유발 유전자가 조현병 가능성을 촉진하는 것을 밝혀내기도 했습니다. 그러나 조현병 가족력이 있다고 모든 자녀에게 조현병이 발병하는 것은 아닙니다. 그리고 우리는 일반인 중에서도 조현병이 발병한다는 점에 주목할 필요가 있습니다. 즉, 조현병이 유전된다기보다는 발병하기 쉬운 유전적 소인이 유전되는 것이고, 여기에 외부 환경에 의한 요인이 작용한다고 보는 것이 더 타당하다고 보는 의견이 설득력 있게 받아들여지고 있습니다.

임신 기간 중(산과적) 소인

지금까지 학계에서는 임신 기간 중 심한 합병증, 인플루엔자 감염, 뇌실 주위의 손상, 저체중 등이 조현병 발병에 갖는 관계에 대한 연구가 진행되어 왔습니다. 이에 덧붙여 최근 한 연구에서는 임신 기간 태아의 뇌가 발달하는 과정에서 특정 유전자 경로에 생기는 오류가 조현병 발병의 원인이 된다는 결과를 얻기도 했습니다. 그러나 일부에서는 이런 산과적 소인이 모든 태아에게 조현병 발병률을 높이는 것이 아니라 조현병 발병 위험성이 있는(이하 '발병위험군') 태아에게만 영향을 줄 것이라는 가설을 제시하기도 합니다.

환경적 소인

조현병 발병위험군 아동이 일관성 없는 훈육, 과잉간섭, 아이에 대해 적개심을 표출하는 환경, 그리고 어머니가 성적으로 문란하고 사회적으로 불안정한 경우 조현병 발병 가능성이 높아지는 경향이 있습니다. 이는 부모가 조현병 환자가 아니지만 조현병이 발병한 아동의 경우에서도 비슷한 경향을 보였습니다. 즉, 왜곡되고 부정적이며 비판적인 의사소통 환경과 죄책감을 유발하는 정서 유형의 조합이 많이 발견된 것이지요. 그러나 이러한 연구들은 환경적 소인이 조현병 발병에 관여한다는 시사점을 제시하는 자료일 뿐, 환경적 소인 그 자체가 조현병의 결정적 발병 요인임을 증명하는 자료로 판단하기는 어렵습니다.

이렇게 해 봅시다

조현병은 심각한 정신질환이 맞습니다. 장기간 지속되고 그 기간에 주변인들이 겪는 고통 역시 큽니다. 게다가 최근 미디어를 통해 비쳐지는 조현병 환자들의 모습은 조현병 환자, 그 가족뿐만 아니라 사회구성원들에게도 적지 않은 충격을 주기도 합니다.

그러나 조현병은 그 증상에 따른 적절한 조치가 꾸준히 있다면 완화될 수 있습니다. 이는 교실에서도 다르지 않습니다. 교사는 담임하는 교실에서 학생들이 '더불어 사는 방법'을 배우기 원합니다. 그 과정은 나와 상대방에 대한 이해에서 출발하지요. 조현병 증상을 보이는 아이도 결국 한 교실에서 품어야 할 아이입니다.

그렇다면, 발병위험군 아이에게 우리는 어떻게 해야 할까요?

1. 아이의 말과 행동을 객관적으로 보려 노력하세요

조현병은 심각한 정신과 질환이지만, 조기에 진단하고 그에 맞는 치료가 진행된다면 상당히 증상이 호전될 수 있습니다. 게다가

치료가 안정적으로 진행되는 중에는 일상생활도 가능합니다. 조현병은 뇌의 질환이지 성격의 문제가 아닙니다. 마치 감기에 걸리면 우리 몸이 그 기능을 제대로 못하는 것처럼 뇌 기능에 문제가 생겨 제 기능을 못하는 것입니다.

이는 이 증상을 보이는 아이 스스로도 어쩔 수 없는 일이어서 자신에게 무언가 문제가 있다는 것을 인정하지 못하는 경우도 많습니다. 그러므로, 교사로서 발병위험군 아이를 싫어하거나 두려워하거나 기피하지 않도록 마음을 잘 다스리려 노력하시기 바랍니다.

다른 장(章)에 등장하는 문제행동을 접할 때도 비슷합니다. 그 아이의 문제행동과 그 아이 존재 자체를 구분하려는 노력이 필요합니다. 게다가 조현병의 경우 아이 스스로 선택할 수 없는 부분이 있음을 잊지 말아 주세요. 아이와 가족, 그리고 교사 자신을 위해 아이에게 적합한 도움을 찾아주는 것에 초점을 맞춰 주세요.

무엇보다 아이의 개인정보가 보호되는 선 안에서 주변의 도움을 얻도록 하세요. 발병위험군이라 의심할 정도의 아이라면 실제 조현병이 아닐지라도 많은 다툼의 원인을 제공하고 있을 가능성이 높습니다. 이런 경우, 담임교사 혼자 처리하려는 것은 결과적으로 볼 때 바람직하지 않은 경우가 많습니다. 가까이는 학년부장에서 상담교사, 인성 및 생활 업무 담당자, 관리자(교장, 교감) 등과 아이의 문제행동에 대한 협의를 진행하는 것도 좋은 방법 중 하나입니다.

2. 아이에 대한 객관적인 자료를 모으세요

교사는 하루에도 몇 번이나 학급 내에서 일어나는 다툼이나 신경전을 중재하고 해결 방안을 찾도록 돕습니다. 이때 유난히 다툼의 빈도가 높고 중재가 어려운 아이가 있기 마련이지만, 이런 아이를 모두 발병위험군이라 하지 않습니다. 그 가능성을 확인하기 위해서라도 그 아이에 대한 사례를 모으십시오. 아이의 문제행동과 진술 내용이 가감 없이 담긴 상담 내역이 자세하게 기록될수록 좋습니다. 전문가들도 진단에 앞서 매우 자세한 평가 과정을 거친다는 것을 상기하시기 바랍니다.

이렇게 아이에 대한 자료를 모으다 보면, 아이에 대한 과도한 정보 수집 및 자료 생산이라는 내용의 항의를 받게 될 경우가 있습니다. 학생 지도 및 관리, 학급운영에 필요한 자료를 제작, 활용하기 위해 매해 초 개인정보 제공 동의를 받고 있다는 것을 잊지 마세요. 자료 유출을 목적으로 작성하지 않고 필요시에 한해 활용하며 외부로 유출하지 않을 경우 법적 저촉을 받지 않습니다.

오히려 상황에 따라 아이에 대한 자료가 없거나 적을 경우 지도에 소홀했다는 비난을 면하기 어렵습니다. 상담 내용을 자세히 기록하기 위해 녹취하고자 할 경우도 비슷한 맥락으로 이해하시면 됩니다. 아래 내용을 참고하셔서 자료를 제작, 사용하신 후 자료 관리 및 폐기에 매우 주의하시기 바랍니다.

- 부모에게도 자료를 직접 보여주는 것은 금물, 자료의 요약본만 작성, 제공하세요.
- 자료 요약본에는 다음 내용을 기록하세요.

  날짜, 시간, 아이가 했던 말(교사가 재구성하지 않고 아이의 말을 그대로 옮긴 것), 교사가 교육적인 의도로 사용한 방법(제안, 충고 등), 교사가 부모, 경찰 등과 나눈 대화나 전화 통화 내용, 교사가 추천한 전문가 혹은 기관
- 외부 전문가와 연계할 때에도 원본은 절대 공유하지 않고, 부모의 동의하에 요약본을 공유합니다.
- 컴퓨터로 작성할 경우 파일에 비밀번호를 걸어두세요.

3. 전문가의 도움을 얻도록 학부모를 설득하세요

앞서 언급한 것처럼 자신의 자녀가 발병위험군이라는 말을 아무렇지 않게 받아들일 부모는 없습니다. 심지어 담임교사에게 육두문자를 날리는 경우도 예상 가능합니다. 그러나 자녀를 진정 사랑하는 부모라면 담임교사의 의견을 자세히 알고자 합니다. 이때 필요한 것이 아이에 대한 자세한 자료입니다. 지속적이고 일관되게 온정적인 시선으로 발병위험군 아이 및 그 부모와 라포르(rapport)를 형성해두는 것이 중요합니다.

처음부터 조현병 가능성을 언급하기보다는 아이의 스트레스 상황에 초점을 맞추고 상담심리 전문가의 도움이 아이의 적응 문제

에 필요함을 충분히 설명하세요.

학부모와 상담이 잘 진행되어 적당한 기관을 추천해달라는 요청을 받게 될 경우가 있습니다. 다행스럽게 학교에 전문상담교사가 상주하거나 부분 상주한다면 전문상담교사를 추천하면 됩니다. 이 방법이 여의치 않을 경우 인근 Wee센터나 정신건강증진센터, 전문 의료기관을 미리 알아두시기 바랍니다.

이마저도 어려울 경우 근무하는 학교에서 인성 및 생활 업무 담당자에게 도움을 요청하는 것도 좋은 방법입니다. 치료를 시작했는지 확인하는 것도 잊지 마세요.

4. 더 자세히 관심을 기울이세요

학부모님을 설득하는 것에 성공했고, 전문가의 도움을 받아 상담과 약물치료가 잘 병행되면 어떤 모양으로든 아이에게 변화가 있습니다. 조현병 치료는 무엇보다 약물치료가 중요하고 필수적이어서 그 변화 양상이 더 쉽게 눈에 띕니다.

약물치료의 영향으로 아이가 보일 수 있는 여러 증상(졸림, 피로, 손 떨림, 갈증, 더딘 반응 등)을 면밀히 파악하고, 보건실이나 상담실처럼 아이가 심리적으로 편안함을 느낄 수 있는 곳을 찾도록 돕습니다. 약물치료로 인한 집중도 변화를 고려, 수업 진행시 아이의 인지, 정서, 신체적 상태에 따라 융통성을 발휘하시기 바랍니다. 조현병을 앓는 아이의 지능은 평균 혹은 그 이상인 경우가 많습니다. 이 시기의 학업 능력 저하는 약물에 의한 것이므로 질병 치료에 초점을 두고 아이를 대하시기 바랍니다.

아이의 부정적인 언행에 집중하기보다는 긍정적인 행동에 대한 피드백을 통해 아이가 심리적으로 위축되지 않도록 합니다. 그리고 학부모, 전문가, 상담교사와 유기적인 협조 체제를 꾸준히 유지하는 것이 중요합니다. 무엇보다 중요한 것은 학급 내의 다른 아이들이 편견과 따돌림으로 또 다른 상처를 주지 않도록 담임교사로서 각별한 관심과 노력을 갖는 것입니다.

발병위험군 혹은 조현병 치료 중인 아이를 향한 학급 아이들의 편견과 따돌림을 없애기 위한 선부른 집단상담은 위험합니다. 이 과정에서 또 다른 낙인효과를 가져올 수 있기 때문입니다(아이 및 학부모님이 먼저 집단상담을 요청할 경우, 아이 주치의와 충분한 협의를 거치기 바랍니다).

온정적인 학급 분위기 형성을 위한 집단상담은 추천합니다. 이 과정 중 자연스럽게 해당 아이 스스로가 자신의 상황을 공개하는 경우도 있으나 이를 일반적인 사례로 추천하는 것은 조심스럽습니다. 그리고 학급운영 과정에서 문제 상황이 발생한 경우 상대방 아이에게 충분히 온정적인 분위기로 이해와 배려에 대해 이야기해 주세요.

한 걸음 더 알아볼까요?

앞의 내용에 덧붙여 전문가들이 조현병 진단에 활용하는 DSM-5의 진단 기준의 일부를 소개합니다. 일부 전문 용어는 보다 쉽게 풀어 설명하겠습니다.

A. 다음 증상 중 둘(혹은 그 이상)이 1개월의 기간(성공적으로 치료가 되면 그 이하) 동안의 상당 부분의 시간에 존재하고, 이들 중 최소한 하나는 (1) 내지 (2) 혹은 (3)이어야 한다.

(1) 망상(Delusion): 현실에 맞지 않은 잘못된 생각. 실제 사실과 다르고, 논리적인 설명으로 시정되지 않으며, 교육 정도나 문화적인 환경에 걸맞지 않은 잘못된 믿음 또는 생각.

(2) 환각(Hallucination): 감각기관에 아무 자극이 없음에도 마치 어떠한 사물이 있는 것처럼 지각하는 증상. 청각, 후각, 미각, 체질 감각 등의 환각도 포함하지만 환시의 의미

로 사용되기도 함.

(3) 와해된 언어(Disorganized speech): 말이 두서가 없고 뒤죽박죽이여서 이해하기가 어려운 상태.

(4) 극도로 와해된 또는 긴장성 행동(Disorganized or catatonic behavior): 심하게 혼란스럽거나(무감각, 무질서), 과도하게 긴장된 신체 상태.

(5) 음성증상(Negative symptom): 조현병 질환이 있는 사람들에게 특별히 결여되는 증상들을 말함. 음성증상으로는 동기와 의지의 저하, 감정표현의 저하 혹은 무의욕증, 사회생활의 결여 등이 포함됨.

B. 장애의 발병 이래 상당 부분의 시간 동안 일, 대인 관계, 혹은 자기 관리 같은 주요 영역의 한 가지 이상에서 기능 수준이 발병 전 성취된 수준 이하로 현저하게 저하된다(혹은 아동기 또는 청소년기에 발병하는 경우, 기대 수준의 대인관계적·학문적·직업적 기능을 성취하지 못함).

C. 장애의 지속적인 징후가 최소 6개월 동안 계속된다. 이러한 6개월의 기간은 진단 기준 A에 해당하는 증상(예: 활성기 증상)이 있는 최소 1개월(성공적으로 치료되면 그 이하)을 포함해야 하고, 전구증상이나 잔류증상의 기간을 포함할 수 있다. 이러한 전구기나 잔류기 동안 장애의 징후는 단지 음성 증상으로 나타나거나, 진단 기준 A에 열거된 증상의 2가지 이상이

약화된 형태(예: 이상한 믿음, 흔치 않은 지각 경험)로 나타날 수 있다.

D. 조현정동장애와 정신병적 양상을 동반한 우울 또는 양극성 장애는 배제된다. 왜냐하면 ① 주요우울 또는 조증 삽화가 활성기 증상과 동시에 일어나지 않기 때문이거나, ② 기분 삽화가 활성기 증상 동안 일어난다고 해도 병의 활성기 및 잔류기 전체 지속 기간의 일부에만 존재하기 때문이다.

E. 장애가 물질(예: 남용 약물, 치료 약물)의 생리적 효과나 다른 의학적 상태로 인한 것이 아니다.

F. 자폐스펙트럼장애나 아동기 발병 의사소통장애의 병력이 있는 경우, 조현병의 추가 진단은 조현병의 다른 필요 증상에 더하여 뚜렷한 망상이나 환각이 최소 1개월(성공적으로 치료가 되면 그 이하) 동안 있을 때에만 내려진다.

현재의 심각도를 명시할 것

심각도는 망상, 환각, 와해된 언어, 비정상적 정신운동 행동, 음성 증상 등과 같은 정신병의 일차 증상에 대한 양적 평가를 통해 등급화된다. 이러한 증상 각각은 현재 심각도(지난 7일 중 가장 심한)에 대하여 0(증상 없음)부터 4(고도의 증상이 있음)까지의 5점 척도를 이용해 등급화될 수 있다.

주의점: 조현병의 진단은 이러한 심각도 명시자의 사용 없이 내려질 수 있다.

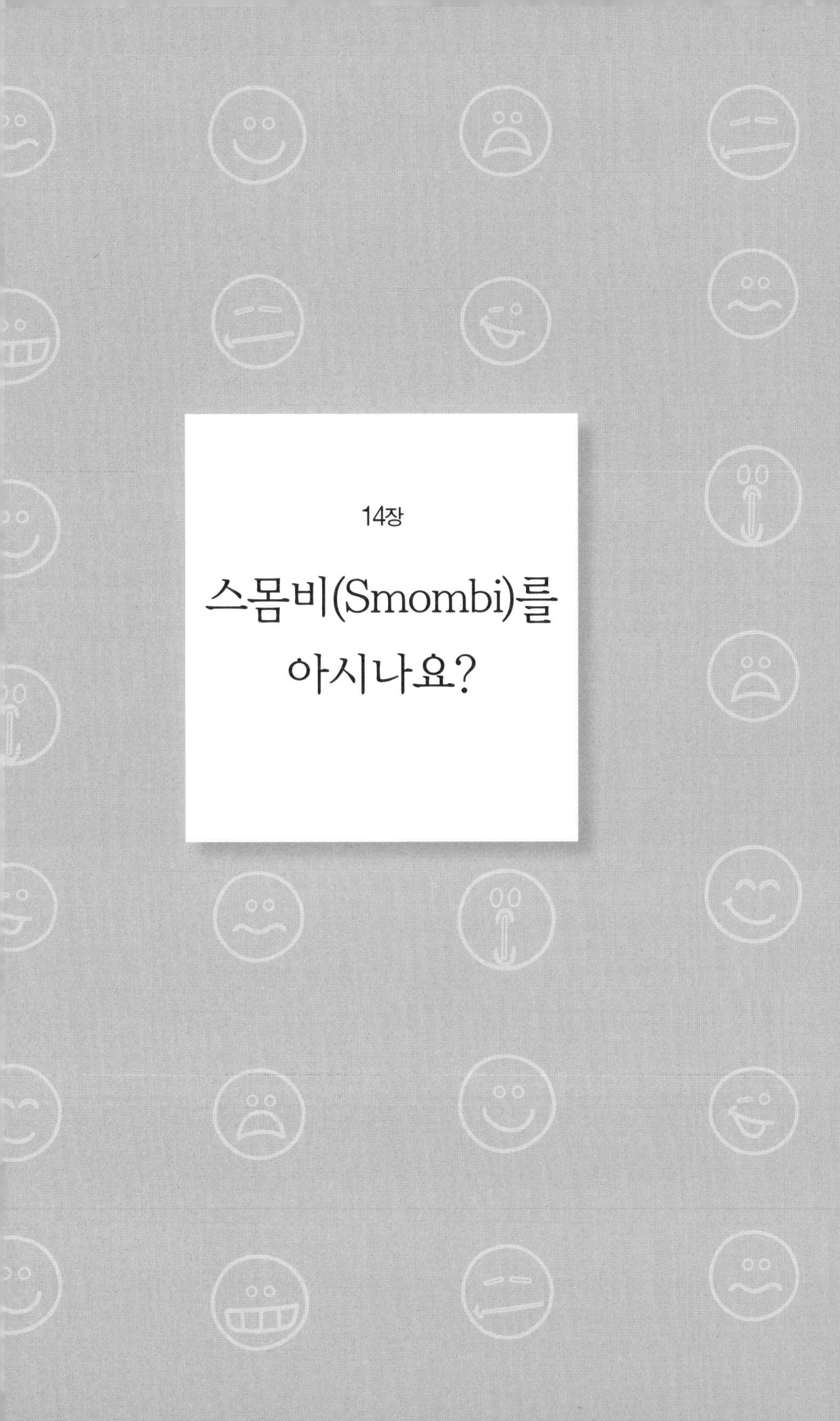

14장

스몸비(Smombi)를 아시나요?

나른해지는 오후라서 평소보다 높은 목소리로 수업을 진행하고 있는데 복도에서 갑작스럽게 요란한 소리가 들렸다. 귀를 쫑긋거리며 수업에 한참 집중하던 아이들도 일제히 고개를 들어 두리번거리기 시작했다. 가만히 들어보니 누군가 악을 쓰며 고래고래 소리를 지르고 있었다. 옆 반 선생님은 발령받은 지 얼마 안 되는 저 경력 선생님이어서 혹시 무슨 일이 생긴 건가 걱정이 되어 슬그머니 나가 보았다.

살짝 문을 열어 보니 작년 우리 반이었던 주영이가 담임 선생님 손에 들린 무언가를 달라고 떼를 쓰는 모습이 보였다. 담임 선생님 손을 바라보니 주영이의 것으로 짐작되는 스마트폰 한 개가 들려 있었다. '아이쿠! 저 녀석 작년에도 그러더니, 수업 중에 선생님 몰래 스마트폰을 또 훔쳐보다가 들켰나 보네! 다른 친구들은 비교가 안 될 정도로 유별나게 스마트폰에 집착해서 나한테도 여러 번 혼이 났었는데, 올해도 여전하군! 내년이면 중학교에 올라가야 하는데…' 그러면서 주영이가 나에게 핸드폰을 압수당했을 때 보이던 일종의 금단증상 장면이 떠올랐다.

"선생님 주시면 안 돼요? 언제 주실 거예요, 네?"

"주영아 이러면 안 되지! 오히려 너에게 더 손해일 텐데!"

아무리 단호하게 강하게 이야기해도 소용이 없었다. 퇴근 후에도 주영이의 목소리가 귀에 맴돌 정도로 끊임없이 징징거리며 따라다녔었기 때문에 사실 온종일 내가 시달린거나 마찬가지였다.

"선생님, 선생님! 켜진지 몰랐어요. 진짜에요."

"친구가 보자고 한 거예요. 알람소리였어요!"

"이번 한 번만 봐주시면 안돼요?"

주영이는 다양한 변명을 하며 필사적으로 나에게 매달렸었다. 아무리 그래도 돌려주지 않는다는 것을 알면서도 계속 주변을 맴돌거나 내 앞을 가로막으면서 거칠게 주장을 하곤 하였다. 도무지 업무를 보기 힘들 정도로 따라다니다 결국 마지막에는 아이들이 여럿 있는 복도 같은 곳에서 악을 쓰고 소리를 질렀다. 하지만 이제는 좀 깨달았겠지 하고 돌려주면, 수업이 끝난 후 집에 갈 생각은 안 하고 복도에 죽치고 앉아 모바일 게임에만 빠져있는 주영이. 선생님들이 자기 옆에 다가오는지도 모른 채 스마트폰만 바라보고 있었다. 해가 갈수록 주영이가 더욱 심해지는 것 같은데 어떻게든 도와줄 방법이 없을까?

왜 그럴까요?

정보화시대를 이끈 인터넷 혁명은 일상생활에 커다란 변화를 가져왔습니다. 비디오나 DVD를 빌려 영화를 보던 방식은 온라인 다운로드(On-Line Download)나 넷플릭스(Netflix)로 대체되었고, CD player나 MP3로 듣던 음악은 스마트폰 기능 속으로 통합되었습니다. 인터넷 사용률과 스마트폰 보급률이 세계 최고인 우리나라 커피숍이나 식당에서 아기가 울면 부모는 곧바로 스마트폰으로 만화영화를 보여주곤 합니다. 3~4세 아이에게는 아예 스마트폰을 주고 놀게 합니다. 그런데 학습심리학의 관점에서 보면 이것은 부모가 유아에게 지속적으로 스마트폰을 노출시키는 경험을 반복해서 제공하는 것입니다.

서울 지역 초등학생 가족 1800명을 대상으로 한 현대해상교통기후환경연구소의 보고에 따르면, 초등학생 10명 중 7명은 스마트폰을 가지고 있고, 4명이 보행 중 스마트폰을 사용한다는 조사 결과가 나왔습니다. 또, 스마트폰을 보면서 걷다가 사고를 당했다고 답한 학생은 267명이었는데 자동차 충돌 108명, 혼자 넘어짐 77명, 오토바이 충돌 31명, 자전거 충돌 20명 등이었습니다. 초등학생의 보행 중 스마트폰 사고는 점점 증가하는 추세입니다.

이른바 스몸비의 출현입니다. 스몸비는 스마트폰(smart phone)과 좀비(zombi)를 합성한 신조어로, 스마트폰에 빠져 좀비처럼 걷는다고 붙여진 별명입니다. 스몸비(smombi)가 등장하자 결국 우리나라 일부 지자체에서는 '바닥 신호등'까지 설치하였습니다.

스마트폰의 등장은 그 자체로 혁명이었습니다. 사람들은 점점 일상생활의 많은 영역에서 컴퓨터보다 스마트폰을 더 편하게 생각하게 되었습니다. 이제는 전 세계적으로 컴퓨터보다는 스마트폰과 같은 모바일(Mobile) 장치를 사용하여 인터넷에 접속하는 사람들의 수가 두 배라고 합니다. 이 분야에서 첨단을 달리는 우리나라는 스마트폰을 이용한 인터넷 접속자가 약 70% 정도 됩니다(한국정보화진흥원, 2014, 2018).

이러한 통계 수치의 의미는 두 가지로 볼 수 있습니다. 기술 진보라는 긍정적인 관점에서 보면 초등학교 교실에서 스마트 기기를 이용한 다양한 교육방법이 가능해졌다는 뜻입니다. 실제로 일부 학교에는 무선 인터넷(Wireless Internet Protocol)이 개방되어 와이파이(Wireless Fidelity) 사용이 수월해졌습니다. 그래서 과학실 같은 특별실에서는 스마트폰이나 1인용 태블릿(Tablet PC)으로 검색한 자료와 영상을 마음껏 사용하는 '스마트 수업'이 진행되고 있습니다. 한편, 과다 사용으로 인한 부작용에 주목하는 부정적인 관점에서 보면, 언제 어디서나 접속이 편리한 스마트폰에 더욱 의존하여 게임, 유튜브(YouTube) 시청, 그리고 SNS(Social Network Service) 활동으로 일상생활에 지장을 받는 인구가 증가한다는 것을 의미합니다.

여기서 잠시 과거로 돌아가 보겠습니다. 스마트폰이 나오기 훨씬 전인 1990년대 중후반 시기에 '바람의 나라', '스타크래프트', '리니지'로 이어지는 게임 열풍이 불었습니다. 그러자 정부는 게임 산업을 활성화시키기 위한 사업과 과다한 의존에 따른 부작용을 치료하려는 연구를 동시에 진행하게 됩니다. 순기능의 강화와 중독 현상으로 인한 역기능의 예방을 병행하려는 움직임이었습니다. 그런데 당시에는 인터넷 중독이란 무엇인가에 대한 명확한 개념 정의가 없어 중독이라는 주장과 일종의 과몰입 현상일 뿐이라는 주장 등 논란이 많았습니다. 그렇다면, 과연 중독이란 무엇일까요? 스마트폰 중독 또는 과의존을 이해하기 위해서는 먼저 중독에 대한 개념을 살펴볼 필요가 있습니다.

중독이란 특정 대상에 대한 의존 상태로서 내성과 금단 증상이 포함됩니다. DSM-5에서는 중독에 대해 물질 관련 및 중독 장애로 접근하여 술, 담배, 마약 등과 같은 중독성 물질을 사용하거나, 도박과 같은 중독성 행위에 몰두함으로써 생겨나는 다양한 부적응적 증상으로 정의합니다. DSM-5에서는 '이후 추가적 연구를 통하여 포함을 고려할 수 있는 연구 기준'으로 인터넷 게임 중독을 인터넷 게임 장애(Internet Gaming Disorder)로 명명하고, 인터넷 게임 중독과 관련된 병리 현상에 대한 임시 진단 기준을 제시하였습니다(APA, 2013).

인터넷 게임 장애는 소위 중독으로 알려진 물질사용장애나 도박 장애와 많은 유사성을 나타낼 뿐만 아니라 최근 여러 국가들에 걸쳐 문제되었다는 점에서 주목을 받았으나, 아직 표준적인 정의가 마련되지 않았다는 점을 근거로 추가 연구가 필요한 진단적 상태로서 DSM-5에 포함되었습니다. 이는 인터넷 게임과 관련하여 난립하던 개념 정의들을 하나로 통일하고 수렴하는 경험적 연구들이 진행될 수 있는 기반을 제공하게 될 것입니다. 그리고 새로운 진단 기준에서는 기존의 내성과 금단 증상 외에 인터넷 사용 통제 노력의 실패, 인터넷 사용에 대한 몰입, 인터넷 사용으로 인한 관계, 직업, 학업 손상 및 기타 흥미 감소, 그리고 기분을 조절하기 위한 시도 등을 인터넷 사용의 진단 기준에 포괄적으로 추가하였습니다(권석만, 2013; 한국정보화진흥원, 2014).

중독은 의존 상태를 기준으로 볼 때 각종 약물에 의존하면 약물중독(intoxication), 활동에 의존하면 행위중독(addiction)으로 구분합니다. 정신의학 분야에서 행위중독에 관한 연구는 중독을 특정한 기호, 습관 또는 행위에 빠지거나 자신을 내맡기는 상태로 정의한 골드버그(Ivan K. Goldberg, 1996)에 의해서 출발하였습니다. 그는 DSM-4의 물질중독 기준을 바탕으로 인터넷 중독에 대해 처음에는 인터넷 중독 장애(Internet Addiction Disorder)로, 나중에는 포괄적인 의미에서 '병리적 컴퓨터 사용'(Pathological Computer Use)이라는 용어를 사용하였습니다. 같은 해 심리학자 영(Kimberly S. Young)은 미국심리학회에서 인터넷 중독 척도를 발표하면서 인터넷 중독(Internet Addiction)이라는 개념을 쓰기 시작하였습니다. 영은 인터넷 중독을 충동조절에 문제가 있는 행위중독으로 규정하면서 DSM-4의 병리적 도박 중독 기준을 근거로 집착, 내성, 금단, 도피 등 여덟 가지 진단 기준을 제시하였습니다. 그리고 인터넷을 이용하는 동안 스트레스를 주는 현실의 문제를 잊을 수 있다는 점에 주목하여, 인터넷 중독은 결국 현실로부터의 도피처를 제공받는 것이라 주장하였습니다.

앞에서 언급한 연구자들의 주장은 게임 중독만이 아니라 스마트폰 중독에 대한 연구로 이어졌습니다. 많은 국내 연구자들도 스마트폰의 고기능이 과도한 사용과 통제력 상실을 일으키기 쉬어 오히려 더 심각한 역기능이 나타날 수 있다고 보았습니다. 그 이유는 먼저, 아동이나 청소년이 성인보다 더 쉽게 새로운 문화와 매체를 받아들이기 때문입니다. 다음으로, 충동 억제와 자기 통제 측면에서 아직 미성숙한 아동 및 청소년 세대는 부모 세대와의 갈등과 학업 스트레스에 적절히 대처하기보다는 도피하는 경향이 있기 때문입니다(김동일 외, 2012; 김병년, 2013; 권정혜, 2000).

이것은 개인 차원에서 전 인생이 걸린 장기적인 손실이며, 국가 차원에서도 시급히 해결해야만 하는 한국 사회의 병리현상으로 볼 수 있습니다(김동일 외, 2012: 김예지, 2015; 박지선, 2011).

그러나 최근 연구의 초점은 중독에서 '과의존'으로 바뀌게 되었습니다. 중독이라는 좁은 관점으로 보기에는 스마트폰 사용이 너무 보편화되었기 때문일 것입니다. 서울과 수도권 초등학교 교실에서 스마트폰을 쓰지 않는 아이는 한두 명에 불과합니다. 사람이 모여 있는 곳이면 어디서나 초등학교 저학년에서 노년층까지 모두 스마트폰을 들여다보는 모습을 목격하게 됩니다. 이러한 현실을 반영하여 중독이란 용어가 사라지고 보다 완화된 '과의존'이라는 용어가 부상하였습니다. 이것은 스마트폰에 대한 지나친 의존 행동을 중독이라는 병리적 관점보다는, 과의존이라는 보다 덜 심각한 관점에서 바라보고 대응하자는 새로운 현실에 대한 반영이기도 합니다.

그렇다면, 초등학생들이 가정, 방과 후 학교 또는 학원에서 틈만 나면 스마트폰에 얼굴을 파묻고 사는 이유는 무엇일까요?

1. 내 손에 들어온 고성능 스마트폰

개인용 컴퓨터나 노트북보다 편리한 휴대성과 이동성 때문입니다. 이제 컴퓨터가 거의 필요 없을 정도로 스마트폰 기기의 성능이 좋아졌습니다. 이러한 스마트폰이 나오기 전에는 컴퓨터로 게임을 많이 하는 자녀를 통제하기 위해 회사에 출근하는 아빠가 컴퓨터 자판을 가지고 출근한다든지, 아예 선을 잘라버린다든지 하는 극단적인 방법이 사용되기도 하였습니다. 그러나 이제 자녀의 손에서 스마트폰을 빼앗아 버리지 못하는 한 누구도 과도한 사용을 억지로 막아낼 방법이 없어졌습니다. 간편하게 휴대하는 스마트폰은 언제 어디서나 무선 데이터 네트워크와 와이파이를 통해 인터넷에 접속할 수 있게 되었습니다. 내 손에 쏙 들어와 있는 스마트폰을 타인이 강제로 빼앗을 수 없어 실질적인 통제가 불가능하기 때문입니다.

2. 너무 쉽고 재미있는 스마트폰

2007년 6월 29일 애플사가 최초의 스마트폰인 오리지널 아이폰을 판매한 이후 세상은 크게 변화하였습니다. 스마트폰은 단순한 휴대폰이 아니라 휴대성과 편리성이 극대화된 고성능 컴퓨터가 되었습니다. 복잡한 접근 과정도 없습니다. 그저 스마트폰의 액정 화면을 보고 사용자 편리성 중심으로 맞춤 설계된 앱(application)을 가볍게 '터치'하면 새로운 인터넷 세상에 접속할 수 있게 되었습니다. 현란한 화면 구성, 바로 해결되는 궁금증, 언제나 쉽게 찾아볼 수 있는 유튜브 영상과 무한정한 인터넷 접속은 그 자체로 화려한 유혹이 되어 도무지 싫증이 나지 않기 때문에 오래 접속할 수 있습니다.

3. 스트레스를 날려주고 욕구를 충족시켜주는 스마트폰

대부분 초등학교에서는 등교할 때 스마트폰을 꺼서 아이가 직접 보관하게 됩니다. 그러나 방과 후 시간이 되면 상황이 달라집니다. 복도나 운동장 어디에서든 초등학생들은 둥그런 원 모양으로 둘러싸고 같은 스마트폰을 경쟁적으로 쳐다봅니다. 이와 같이 아이들이 마음대로 스마트폰을 볼 수 있는 시간은 정규 수업이 끝난 방과 후 시간과 학원을 오가는 사이 그리고 가정에서 잠들기 전입니다. 이 시간에 사용하는 스마트폰은 초등학생들에게 단시간에 학업 스트레스로부터 잠시나마 벗어날 수 있게 해주는 중요한 여가 활동의 일부입니다. 즉, SNS로 실시간 대화하면서 소통하고 싶은 욕구를 채우고 친구들과 친밀감을 느낍니다. 또한 유튜브로 동영상을 보거나 제작해 올려 자신을 표현하면서 타인과 세상으로부터 인정받고 싶은 욕구도 채울 수 있습니다.

4. 감각추구 성향(sensation seeking)의 아동과 스마트폰

유전적으로 뇌의 감각추구 성향이 남들보다 발달한 아동이 있습니다. 참고서, 문제집, 그리고 교과서는 펴자마자 재미없고 지루함을 느껴 산만해지기 쉬운 반면, 화려하게 바뀌는 스마트폰 화면에서는 오래도록 집중할 수 있는 성향의 아동이 여기에 해당합니다. 이들은 즉각 강한 시각적, 청각적, 행동적 자극을 지속적으로 추구하려는 경향을 태어날 때부터 가지고 있습니다. 이처럼,

뭔가 새롭고 자극적인 것에 유달리 관심을 두는 감각추구 성향은 스마트폰 과의존에 빠지기 쉬운 첫 번째 성격 특성이라고 할 수 있습니다.

5. 대인 관계가 힘들어도 괜찮은 스마트폰

스마트폰은 뛰어난 상호작용 능력을 가지고 있습니다. 다양한 SNS 기능을 통해 글을 실을 수도 있고 실시간으로 댓글을 확인할 수 있어 이를 통해 개인과 개인의 상호작용만이 아니라 개인과 집단, 또는 집단과 집단의 상호작용이 모두 가능해졌습니다(김영미, 2015). 어떤 아동들은 SNS를 통해 만나는 온라인 대인 관계는 편안하게 여기지만, 현실 세계의 인간관계는 힘들고 불안해합니다. 이것은 스마트폰 과의존에 빠지기 쉬운 두 번째 성격 특성입니다. 사회성이 떨어져 정상적으로 친밀감을 유지하면서 대인 관계를 만들어가기 힘들어하는 일부 초등학생이 여기에 해당합니다. 이들은 직접 대면으로 만나는 활동에서 긴장감과 불안이 크기 때문에 외롭지 않게 혼자 놀면서 즐기는 데 스마트폰이 거의 유일한 도구처럼 사용되기도 합니다.

이렇게 해 봅시다

이제 내 손안에 들어온 컴퓨터와 같은 스마트폰 사용 교육을 어떻게 하는 것이 바람직할까요? 방법은 크게 두 가지 방향으로 추진되어야 합니다.

첫째, 스마트폰이 지닌 순기능의 강화입니다. 앞에서 말한 것처럼 스마트폰이나 태블릿 컴퓨터가 이미 교실에 들어와 있습니다. 그러므로 선생님들께서는 스마트폰을 이용한 다양한 교육방법을 교실에서 선도적으로 가르칠 필요가 있습니다.

둘째, 스마트폰이 지닌 역기능의 조절입니다. 외부 통제가 어려울 때는 내부 조절 방법을 생각해야 합니다. 예방 차원에서 다양한 대안을 제시하고 교육시켜 아동 스스로 스마트폰 사용을 조절하고 절제하는 힘을 키워주어야 합니다. 스마트폰 사용은 학교보다 가정에서 더 자주 이루어지기 때문에 교실에서 이루어지는 아동 대상 교육과 함께 학부모들에게도 올바른 스마트폰 사용지도법을 안내하는 교육이 진행되어야 합니다.

1. e-러닝의 관점에서 스마트폰을 긍정적으로 사용하는 모범을 보이세요

인터넷과 그 이외의 다양한 디지털 기술을 사용하는 e 러닝에서 BYOD(Bring your own devices) 또는 BYOP(Bring your own phone)가 교육 환경에서 하나의 추세로 자리 잡았습니다. 이제 스마트폰은 대면으로 이루어지는 오프라인 교육을 벗어나서 다양한 매체와 영상을 마음껏 사용하는 온라인 교육을 위한 최적의 도구가 되었습니다. 조만간 교실에서 스마트폰을 이용하여 다양한 교육 매체와 인터넷 사이트를 연결하여 보고, 듣고, 경험하는 스마트 교육이 보편화될 것입니다.

그러므로 선생님들께서 직접 스마트폰을 사용한 교육적 차원의 시범을 보일 필요가 있습니다. 예를 들어, 살만 칸이 만든 비영리 교육서비스인 '칸 아카데미'(Khan Academy)는 수학, 과학, 컴퓨터공학 등에서 세계적인 수준에 이른 4000여 개의 동영상 강의를 무료로 제공하는 단체입니다. 현재 '모두에게, 무료로, 영원히'라는 칸 아카데미의 미션은 '칸 아카데미 한국'에서도 공유되고 있습니다. 이처럼 교실에서 선생님께서 무료로 공유되는 다양한 디지털 콘텐츠를 스마트폰으로 연결하는 시범을 보이는 것만으로도 아이들에게는 훌륭한 모범이 될 것입니다.

2. 학교에서 수업이나 활동이 진행되는 시간에는 학생이 스마트폰을 만질 수 없도록 하는 규칙이 필요합니다

스마트폰을 아예 학교에 가져오지 못하게 하는 방법은 없지만 그렇다고 아무런 방침이나 규정 없이 방치해서도 안 된다고 생각합니다. 스마트폰 보관에 대한 일치된 규정 없이 무조건 가지고 있을 수 있다고 허용하고, 이를 어기고 사용하다 걸리면 압수한다거나 벌점을 부과하겠다는 방침은 앞의 사례에서 보듯이 선생님과 학생 사이에 여러 가지 갈등을 일으킵니다. 그러므로 학생이 자기 신발 가방에 넣어 개별 보관하거나, 아니면 서랍장을 준비하여 조례 때 스마트폰을 거두고 종례 때 돌려주는 것도 좋은 방법이 될 수 있습니다.

3. 학부모에게 정기적인 가족회의 시간을 권유하세요

아이가 초등학교에 입학하면 가정에서도 정기적인 가족회의를 시작해 보세요. 효율적인 의사소통으로 가족 사이의 사소한 갈등을 예방하고 함께하는 가족 문화를 만드는 데 크게 도움이 됩니다. 가족회의는 준비 없이 일방적으로 진행하면 망치기 쉽습니다(뒤에 스마트 가족 헌장 예시가 있습니다).

가족회의 사전 준비 사항으로 첫째, 사전 협의가 필수적입니다. 부모님의 입장을 설명하면서 자녀 의견도 듣고, 스마트폰 사용 조절 교육을 잘하기 위해 엄마와 아빠가 먼저 의견을 조율하는 등

공동 대응 전략을 세울 필요가 있습니다.

둘째, 진행 방법에 대해 합의하세요. 정기적으로 가족 구성원이 돌아가며 사회를 보는 가족회의를 연다면, 자녀는 주인 의식을 가지고 민주적으로 소통하는 방법을 학습하게 될 것입니다.

셋째, 자녀가 표현하는 감정에 언어로 반응해 주세요. 가족회의에서 제일 중요한 것은 자녀가 말한 내용이 전부가 아닙니다. 내용 아래 깔려있는 아이의 감정을 포착하고 반응해주어야 합니다.

넷째, 그런 다음에 스마트폰 사용 규칙을 정하거나 긍정적인 습관 형성에 대해 이야기하는 것이 좋습니다.

4. 함께 만든 가족 헌장은 스마트폰 사용에서 학생의 긍정적인 습관 형성에 도움이 됩니다

의외로 스마트폰의 장단점에 대해 이야기해 본 적이 없다거나 자녀의 스마트폰 사용에 관한 규칙을 가지고 있지 못한 가정이 많습니다. 식사 시간이나 취침 시간에는 스마트폰을 한 곳에 모아두는 규칙을 제안하고 실천해 보세요. 식탁과 침대에서 스마트폰 사용을 금지하는 규칙입니다. 어릴 때 형성된 올바른 습관이 인성교육에 매우 중요합니다. 식사 시간에 식탁에서 핸드폰을 보거나 잠자리까지 핸드폰을 들고 들어가지 말고 가족이 정한 장소에 모두 핸드폰을 보관하도록 정하는 것은 그러한 인성교육의 중요한 기점이 될 수 있습니다. 무엇보다 부모님의 스마트폰 사용 시간부터 줄여야 합니다.

자녀 스마트폰의 애플리케이션을 관리해야 합니다. '앱'은 '가족이 함께 또는 부모님이 먼저' 사용해 보는 규칙을 권장합니다. 자녀가 스마트폰에서 새로운 '앱'을 다운로드 받고 싶어 한다면 우선 가족 전체나 부모님이 먼저 사용해보는 것입니다. 또는 아이가 자주 사용하는 '앱'을 모두 모아서 잠금장치를 설정할 수도 있습니다. 최근 아이폰에서는 소프트웨어에 내재된 프로그램으로 각 '앱'의 사용 시간을 스스로 설정하여 제한해두고 남은 시간에 대해 알려주는 기능도 등장하였습니다.

5. 스마트 기기 이외의 다양한 실외 대안 활동을 경험할 수 있도록 해주세요

인터넷과 유튜브를 상상할 수 없었던 1990년대에는 부모님들이 밖에 나가 놀기만 하는 아이들을 집으로 데려오고, 학원으로 보내느라 고생하였습니다. 그러나 이젠 실내에서 스마트 기기만 쳐다보는 아이들을 어떻게 하면 밖으로 내보낼 수 있을까 고민하는 시대가 되었습니다. 심지어 가족 여행을 가도 방 안에서 스마트폰만 보면서 놀겠다는 아이들과 갈등해 본 경험이 있는 부모님들이 계실 것입니다.

혼자 스마트폰을 가지고 노는 실내 활동보다 부모님과 함께 다양한 실외 활동을 하는 것도 신나고 재미있는 경험이라는 점을 깨닫는다면 스마트폰에 의존하는 시간이 줄어들 것입니다. 자녀는 부모님과 함께 밥을 먹고 취미나 여가 활동을 같이하면서 시간을 보내는 것을 가족과 함께하는 사랑의 시간으로 기억합니다. 따라서 '추억이라는 통장'에 사랑의 잔고를 높이는 활동은 최고의 부모교육이 될 것입니다.

6. 무엇보다 친밀감을 느끼는 부모가 되는 것이 중요합니다

부모와 자녀 사이에 아무리 친밀감이 중요하다고 해도 부모와 자녀가 친구처럼 지낸다는 것은 우리나라 문화와 풍토에 맞지 않습니다. 친구 같은 부모 역할보다는 2002년 한일월드컵에서 보여준 히딩크 감독과 같은 역할이 한국적인 상황에 맞습니다. 축구선수로 엘리트 코스와는 거리가 멀었던 박지성 선수가 좌절했을 때 히딩크 감독의 지지와 격려가 박지성 선수를 다시 일으켜 세웠습니다. 이처럼 자녀를 끝까지 믿어주고 자녀가 좌절했을 때 지지와 격려로 자녀의 울타리가 되어준다면 자녀는 자기 내면으로부터 잠재력을 만들어 나갈 것입니다.

자녀의 행복을 원한다면 자녀를 어떤 학원에 보내고, 자녀의 문제행동을 어떻게 수정하고, 어떤 처벌과 보상을 줄 것인가를 생각하기 전에 먼저 자녀가 현재 가지고 있는 욕구와 희망을 읽어내야 합니다. 반복적인 잔소리나 지루한 설교와 같은 훈계로 우리 아이들의 행동이 변화할 것이라고 기대해서는 안 됩니다. 자녀는 자신

이 존중받고 있다는 것을 알고 있을 때 비로소 긍정적으로 변화하고자 하는 용기를 키워갈 수 있습니다.

스마트 가족 헌장

우리 가족은 스마트폰(휴대폰, PC 등)의 올바른 사용을 위해 아래와 같이 정하고 성실히 준수하며 이용할 것을 서약합니다.

1. 식탁에서는 스마트폰이나 태블릿 PC를 사용하지 않겠습니다.

2. 화장실에 스마트폰이나 태블릿 PC를 가지고 들어가지 않겠습니다.

3. 밤　시가 넘으면 스마트폰이나 태블릿 PC를 사용하지 않겠습니다.

4.

5.

20 년　　월　　일

서약자: 이름　　　　(인)
서약자: 이름　　　　(인)
서약자: 이름　　　　(인)
서약자: 이름　　　　(인)

한 걸음 더 알아볼까요?

학교에서 진행하는 단기 상담은 일반 상담보다 구조화된 과정을 요구합니다. 이형초 · 심경섭(2006)은 학교에서 학생을 변화시키기 위한 6단계 CHANGE 전략을 설명한 바 있는데 여기에서는 이를 4단계로 보다 간단하게 만든 모델을 소개하고자 합니다. 'CARE 상담의 과정'이란, 확인하고(Check), 분석하고(Analysis), 개혁하고(Reform), 효과를 내자(Effect)는 의미의 앞 글자를 따서 구조화된 상담을 진행하기 위한 하나의 학교상담 모델입니다.

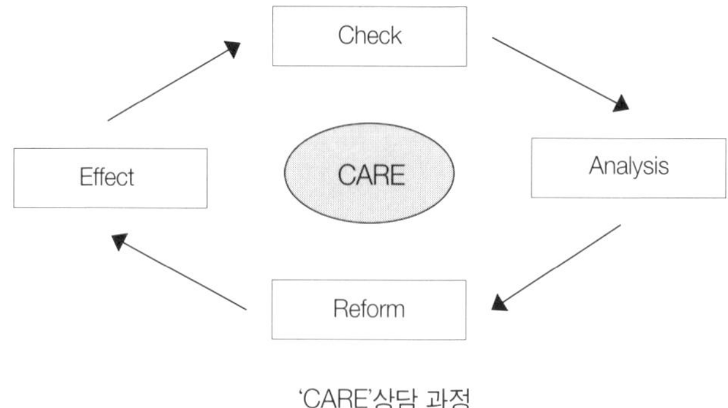

'CARE'상담 과정

1단계 Care	check	① 출석과 대인관계 ② 문제행동의 시작과 과정 ③ 가정 상황

1단계는 아이를 직접 만나 상담을 시작하기 전에 관찰하고 파악해야 할 사항에 관한 것입니다. 먼저, 아이가 가정에서 스마트폰을 언제, 얼마나, 어떻게 사용하는지에 대해 부모님과 충분히 의견을 교환하는 작업이 필요합니다. 다음으로, 양육 환경에 대한 부모님의 가치관이나, 형제 서열에 따른 아이의 상황 등 여러 가지 가족에 대한 정보를 모을 필요가 있습니다.

2단계 caare	analysis	① 스마트폰 사용 관련 욕구 분석 ② 자기 인식 수준과 변화 욕구 파악

2단계에서는 먼저, 아이의 정서적 욕구에 대한 분석을 시작해야 합니다. 스마트폰에 과다하게 의존하는 욕구 유형은 재미를 추구하는 욕구, 친구들과 놀고 싶은 욕구, 달리 할 일이 없거나 무기력한 기분을 털어버리고 싶은 욕구, 스트레스에서 벗어나고 싶은 욕구 등 4개로 구분할 수 있습니다. 이 4개 정서적 욕구에 따라 담임 선생님이나 상담 선생님의 대처 방법이 달라져야 할 것입니다.

다음으로, 아이가 현재 자기 상황을 그다지 문제가 되지 않는 일반적 이용자로 보는지, 과의존 또는 심각한 이용자로 인식을 하고 있는지를 파악해야 합니다. 아직 자신이 그다지 문제가 되지 않는다고 본다면, 담임 선생님이나 상담 선생님은 직접적인 개입을 하기보다는 아이의 말을 충분히 경청하는 편이 좋습니다. 그러나 자신이 일반적인 이용자를 넘어선다는 인식과 함께 변화하고 싶다는 의지를 보인다면, 교사는 다음 단계로 넘어가 구체적인 개선을 위한 직접적인 개입을 시작하는 편이 좋습니다.

3단계 care	reform	① 자기 상황을 개선하기 위한 방법 ② 긍정적인 대안 행동 선택하기 ③ 새로운 습관 형성 목표 설정

3단계에서는 무엇이 바뀌어야 하는지 그 구체적인 방법을 함께 찾아가는 단계입니다. 그러나 먼저 담임 선생님이나 상담 선생님이 칭찬과 격려를 통해 아이에게 자신감과 용기를 주는 작업이 필요합니다. 격려를 통해 자신감이 생긴다면 아이들은 스스로 무엇을 하고 무엇을 하지 말아야 하는지 선택하고 판단하며, 새로운 습관 형성을 위해 실천해 나가는 내면의 힘을 발휘합니다.

4단계 care	effect	① 목표 점검 및 변화 측정 ② 전문 기관 정보 안내

4단계는 다시 부모님과 담임 선생님, 그리고 상담 선생님이 대화하여 아이의 행동 변화를 살펴보고 결과를 함께 나누는 시간입니다. 담임 선생님을 축으로 학부모와 상담 선생님 사이의 의견

및 정보 교환이 원활하다면 아이의 부적응 문제를 상담하는 것이 그리 어렵지 않을 수 있습니다. 그 결과, 아이의 상태가 학교에서 담당하기에 매우 힘들거나 심각한 상황이라고 판단되면 각 구청의 아이윌센터나 한국정보화진흥원 산하 스마트쉼센터(☎1599-0075)와 같은 보다 전문적인 3차 기관으로 안내해야 합니다.

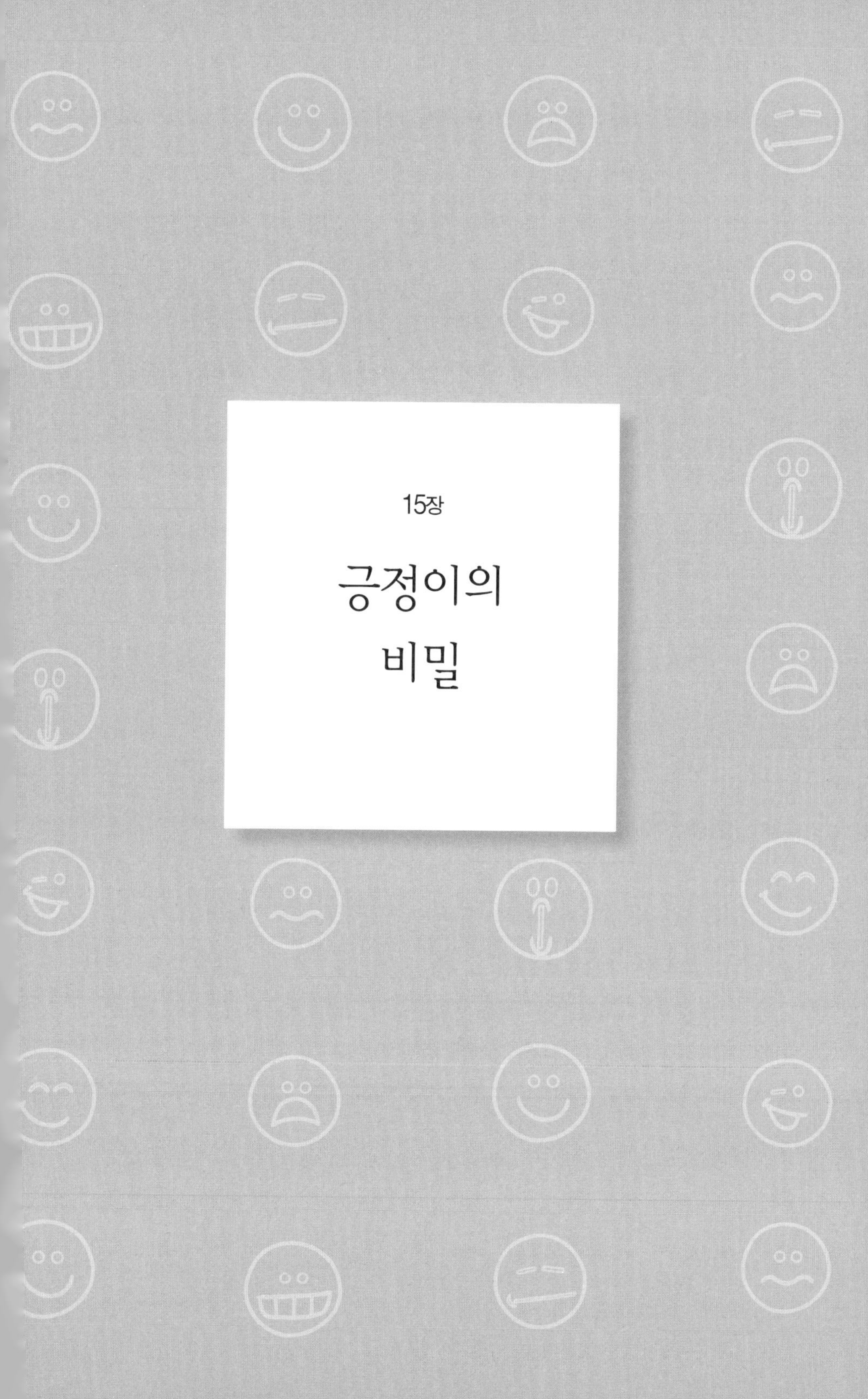

15장

긍정이의 비밀

초등학교 6학년 소리는 우리 반 회장이다. 밝고 긍정적인 모습으로 친구들의 신뢰를 한 몸에 받는 아이다. 뭘 맡겨도 믿음직스러운 아이라, 학급의 궂은일을 시킬 때가 많았다.

우리 반에는 친구들과 잘 어울리지 못하는 효원이가 있는데, 효원이는 지능이 살짝 부족하고 외양이 지저분하며 덩치가 작고 눈치까지 없다. 학급 행사가 있을 때마다, 소리와 효원이를 같은 모둠으로 만들었다. 놀이공원으로 현장체험학습을 갈 때도 소리에게 효원이를 맡겼다. 그런데 현장체험학습 당일 소리가 시무룩해져 있어서 이유를 물었더니,

"나도 친구들과 재미있게 놀고 싶어요. 근데 모둠 친구들이 효원이가 끼면 재미가 없다고, 제가 효원이를 데리고 다니면 좋겠다고 했어요."

소리도 아이인데 속상하겠다는 생각이 들었다. 그래도 본인이 같이 안 가면 효원이는 누구랑 놀겠냐며, 자신이 효원이랑 같이 다니겠다고 했다.

그런데 놀이공원을 다녀온 후 소리가 쓴 소감문에는 현장체험학습이 참 즐거웠다고 했다. 놀이 기구를 타러 다니면서 자연스럽게 모둠 친구들과 어울리게 되었다고 한다. 친구들은 효원이가 본인들과 다른 것 같아서 안 놀려고 했는데, 같이 놀아보니까 본인들과 하나도 다른 게 없다고, 참 재미있었다고 말했다고 한다.

체육 시간에 청백으로 나눠서 발야구를 할 때도, 소리와 효원이는 같은 팀이었다. 팀장인 소리가 공을 차는 순서를 정하는데, 효원이는 운동능력이 떨어지다 보니 순번이 맨 뒤였다. 경기 시작 전부터 표정이 좋지 않았던 효원이는 공을 찬 후 뒤로 갈 때마다 짜증을 내고, 공을 차는 친구에게 야유를

보냈다. 팀 분위기가 험악해지는 것을 느꼈는지 소리가

"효원아, 제일 중요한 사람이 뒤로 가는 거야."

라고 하며, 효원이를 달래서 뒤로 보냈다. 소리의 말에 기분이 나아졌는지, 효원이는 화를 내는 것을 멈추고 같은 팀 친구들이 공을 찰 때 응원을 하며 적극적으로 경기에 참여했다.

소리는 우리 반의 긍정 비타민이다. 갑작스럽게 체육을 못하게 돼서 아이들이 웅성거리거나 불평을 하면,

"그럼 수학도 국어도 다 보충해야 되잖아."

하고 말한다. 본인은 성적이 중상 정도인데, 같은 반 친구가 백점을 맞으면, "오구오구, 잘했어 내 새끼."

하고 어깨를 토닥인다. 도대체 소리가 가진 긍정의 힘은 어디에서 나오는 걸까?

왜 그럴까요?

'학원에 가고 싶지 않을 땐 이렇게 엄마를 씹어 먹어 삶아 먹고 구워 먹어……' 이 동시는 몇 년 전 논란이 된 초등학교 5학년 학생 글의 일부분입니다. 교육부가 초등학생 4학년~6학년을 대상으로 실시한 '2018년 1차 학교폭력 실태조사'에 의하면 100명 중 3명꼴로 '학교폭력을 당했다.'고 응답했습니다. 최근에는 청소년 사이에서 SNS에 '자해 인증샷'을 올리는 게 유행처럼 번지면서 큰 충격을 주고 있습니다. 이 일련의 사건들은 초등학생들이 겪는 스트레스와 우울감 등으로 일어나는 문제들을 여실히 보여줍니다.

모든 부모가 자녀의 행복을 바랍니다. 부모 상담을 하다 보면 자녀의 교우 관계와 학습 태도에 대한 고민이 많습니다. 아이들은 가정과 학교, 학원에서 크고 작은 사건들을 겪으며 스트레스와 우울감을 겪습니다. 평소 밝고 긍정적인 아이는 부정적인 감정들을 잘 이겨내고 본래의 행복 수준으로 되돌아옵니다. 반면에 어둡고 부정적인 아이는 자신의 감정을 제대로 표현하지 못하고, 자신이 받은 스트레스를 주변인들에게 짜증이나 화를 내며 공격적인 방식으로 해소합니다. 또한 자신과 타인에 대한 확신이 부족하여 의사결정이 어렵고 자존감이 낮아져서 학습된 무기력에 빠지기도 합니다. 이러한 차이는 무엇으로 설명할 수 있을까요?

그것은 회복탄력성으로 설명할 수 있습니다. 회복탄력성(resilience)은 '곤란에 직면했을 때 이를 극복하고 환경에 적응하여 정신적으로 성장하는 능력'입니다.

회복탄력성에 관한 정의는 크게 두 가지로 나눌 수 있는데, 먼저 회복탄력성을 개인의 특성(trait)인 성격적 변인으로 보는 관점입니다. 정신분석적 관점에서는, 회복탄력성을 하나의 성격 유형으로 정의하고, 회복탄력적인 사람은 불안에 민감하지 않을 뿐 아니라 새로운 상황에 개방적이며 긍정적인 정서를 경험하고 환경의 요구에 따라 자아 통제의 수준을 유연하게 조절할 수 있는 능력을 지닌다고 봅니다.

그러나 이 관점은 역경에 직면한 사람들이 적응을 하지 못하는 원인을 그들의 선천적인 능력 부족으로 돌릴 수 있고, 환경과의 상호작용을 통해서 적응이 이루어진다는 점을 간과하는 한계점을 가지고 있습니다. 따라서 회복탄력성을 과정으로 보는 관점으로 관심을 옮기게 되었습니다.

회복탄력성에 대한 또 하나의 정의는 점차적으로 발달해가는 역동적인 변화의 과정이며 개인의 변화하는 속성으로 보는 관점입니다. 위험한 환경에 처한 개인들이 예상외의 심리적 괴로움을 나타내지 않는다는 점에서 회복탄력성을 역경과 성공적 적응을 중재하는 요인으로 보았습니다. 또한 회복탄력성을 발달상의 적응 과정으로 보고, 개인의 적응을 위협하는 외적 자극으로부터 잠재적인 적응을 유지하는 기제가 성장해가는 과정에 주목하였습니다. 회복탄력성은 소수만 가지는 특별한 능력이나 속성이라기보다 일반적인 사람들이 위험한 환경에 적응하는 과정에서 보이는 보편적인 적응기제라고 볼 수 있습니다. 따라서 이를 구체적으로 분석하고 적극적으로 강화하는 것이 중요합니다.

회복탄력성 연구는 조현병 환자 가족의 긍정적인 적응 연구에서 시작되었습니다. 조현병 환자 자녀의 일부는 병리적 위험성이 높았음에도 불구하고 건강하게 적응하는 것이 발견되었습니다. 이후 연구자들은 회복탄력성에 주목하게 됩니다.

얼마 지나지 않아 에미 워너(Emmy E. Werner)는 하와이에서 태어난 집단에 대한 첫 번째 보고서를 발표하였습니다. 1950년대 하와이 카우아이 섬의 주민들은 대부분 극심한 경제적 어려움을 겪고 있거나, 다수가 범죄자나 알코올 중독자였습니다. 1955년 이 섬에서 태어난 신생아 833명을 대상으로, 이들이 어른으로 성장해 가는 모습을 40년 동안 추적 조사하는 연구가 시작되었습니다. 어떤 요인들이 범죄나 우울증 등을 유발하는지 알아보고자 하는 취지였습니다.

그러나 연구 결과는 상식과 크게 다르지 않았습니다. 대부분의 아이들이 사회적 부적응자로 성장했습니다. 이에 워너 교수는 833명 중 가정환경이 가장 열악한 201명을 추려내어 고위험군으로 분류했고, 이 가운데 가정환경의 열악함과 상관없이 훌륭하게 성장한 72명에게 집중했습니다. 72명은 별다른 문제를 보이지 않았을 뿐만 아니라 신체적 · 정신적으로 건강했으며 그중 몇몇은 학업성취도가 매우 높았습니다.

워너 교수는 72명의 공통된 특징을 '회복탄력성'이라고 불렀습니다. 그리고 이것을 계기로 무엇이 아이들을 사회적 부적응자로 이끄는가의 문제 대신 역경에도 불구하고 아이들이 훌륭하게 성장할 수 있었던 이유를 찾는 것으로 연구가 진행되기 시작했습니다. 아이들 72명의 공통점은 아이의 입장을 전적으로 지지해주는 어른이 한 명 이상 있었다는 것입니다. 워너 교수가 발견한 회복탄력성의 핵심은 인간관계였습니다. 관계성이 높을수록 회복탄력성이 높다는 것입니다. 하지만 지지해주는 어른이 없어도 훌륭하게 성장하는 사례를 주변에서 찾을 수 있는 것을 보면 워너 교수가 말하는 인간관계는 회복탄력성을 높이는 하나의 요인으로 볼 수 있습니다.

이후 회복탄력성의 중요성이 인식되기 시작하면서 교육학과 심리학에서 많은 연구가 진행되기 시작했습니다. 회복탄력성이 역경과 고난에도 불구하고 그것을 극복해내는 심리적 자원임을 고려한다면, 이것은 아이들이 직면하는 문제를 적절하게 대처하고 긍정적으로 성장할 수 있도록 도와주는 능력을 밝히는 데 핵심적인 개념입니다. 회복탄력성이 높은 아이일수록 높은 스트레스 상황에서도 적극적이고 긍정적이며 유연한 대처 행동을 하고, 학교에 더 잘 적응하고 융통성이 있으며, 과제 해결을 위해 보다 효율적으로 행동합니다.

후천적 노력으로 회복탄력성을 높이려면 어떻게 해야 할까요? 어렵고 힘든 상황을 이겨내는 마음의 힘, 회복탄력성은 마음의 근육에서 나옵니다. 마음의 근육은 몸의 근육과 같이 반복적인 훈련과 연습을 통해 키울 수 있습니다. 리코더 연주를 예로 들어보겠습니다. 리코더 연주는 많은 연습을 통해 얻은 일종의 암묵적 지식입니다. 리코더를 처음 배우는 아이에겐 일단 바른 자세와 운지법을 지도해야 합니다. 이렇게 연주 방법을 안다고 해서 리코더 연주를 잘할 수는 없습니다. 많은 연습을 통해서 몸에 배게 해야 합니다. 몸에 배게 한다는 것은 손가락 근육이 아닌 손가락 움직임을 관장하는 뇌를 발달시킨다는 뜻입니다. 리코더를 잘 부는 아이는 연주법을 떠올리는 것이 아니라 리코더 연주가 뇌에 새겨져 있어서 아무 생각 없이 연주를 할 수 있습니다.

회복탄력성도 리코더 연주와 같이 반복적인 연습과 훈련을 통해 높일 수 있습니다. 회복탄력성을 높이는 것은 긍정성입니다. 긍정성을 뇌에 습관화해 놓음으로써 아이가 어렵고 힘든 상황을 만났을 때 저절로 부정적인 감정에서 벗어나 좋은 방향으로 결정하고 나갈 수 있도록 합니다.

회복탄력성의 향상을 위한 긍정성 훈련 중에서 가장 포괄적이고 과학적으로 입증된 것은 '강점'의 계발입니다. 강점을 발견하고 그것을 발휘하는 삶이 진정한 행복에 이르는 길이라고 합니다. 회복탄력성을 높일 수 있는 또 다른 방법은 감사하기와 규칙적인 운동하기입니다. 심장과 뇌는 서로 밀접하게 관련이 있으며, 심장이 약하면 부정적인 감정에 쉽게 휩싸이게 됩니다. 불규칙한 심장박동은 심장에서 뇌로 가는 신호를 불규칙하게 하고, 이로 인해 뇌는 공포와 불안감을 느끼게 됩니다. 심장박동을 규칙적이고 느리게 유지하면 긍정적 정서를 유지할 수 있습니다. 심장박동을 규칙적으로 유지시킬 수 있는 가장 좋은 방법이 감사하는 마음입니다. 그리고 운동을 하면 뇌가 행복해집니다. 뇌의 혈액 순환을 원활하게 하여 스트레스를 감소시켜서 사고 능력을 높입니다. 행복한 뇌는 긍정적 감정을 불러일으키고, 타인과의 긍정적인 관계를 맺게 도와주고 창의성을 높여줍니다.

이렇게 해 봅시다

1. 장점을 발견할 수 있는 활동을 통해 관점을 바꿔주세요

나에게 좋고 행복하고 의미 있는 일은 계속 일어나고, 싫고 괴롭고 고통스러운 일은 적게 일어나는 쪽으로 생각하는 지혜가 필요합니다. 좋은 일이 계속 일어나게 하려면 어떻게 하면 좋을까요? 불교에서는 일체유심조를 말합니다. '모든 것은 마음먹기에 달려있다.'라고 합니다. 싫고 괴롭고 고통스러운 상황에서도 마음먹기에 따라 행복을 찾을 수 있는데, 그 마음을 움직이게 하는 행동을 찾습니다.

- 다섯 고개 퀴즈: '다섯 고개 퀴즈' 활동을 통해 나를 소개합니다. 퀴즈를 만드는 동안 나의 외모, 취미, 특기, 장단점을 알아 볼 수 있습니다. 시간이 있다면 친구를 소개하는 퀴즈도 만들어 봅니다.
- 장점 경매: '장점 경매' 활동은 '다섯 고개 퀴즈' 활동에서 알아낸 자신의 장점을 친구들에게 팔고, 자신이 가지고 싶은 장점

을 사보는 것입니다. 자신의 장점을 적는 과정에서 장점이 하나밖에 없다고 하면, 그 하나의 장점을 여러 번 팔아도 된다고 말해 주세요. 장점이 없다고 하는 학생이 있다면 선생님이 도와줘도 좋습니다. 예를 들면 "지난번에 친구에게 지우개를 빌려줬잖아. 친구를 배려하는 마음이 너의 장점인 것 같은데."라고 격려해 줍니다.

- 자기소개서 쓰기: '자기소개서 쓰기' 활동을 하며 긍정적인 자화상을 갖도록 해주세요. 자신의 장점을 중심으로 구체적인 사건이나 행동과 연결하여 글쓰기를 할 수 있도록 합니다. 자신의 장점이 배려심이라면 '나는 배려심이 깊다. 친구들에게 준비물을 잘 빌려주기 때문이다.' 이제까지는 비의도적이었지만 자신의 장점을 알고 있으니까 장점을 활용해서 결과를 긍정적으로 바꿀 수 있습니다.

2. 감사를 표현하는 활동을 통해 긍정적인 마음을 가질 수 있도록 합니다

감사는 심장박동을 규칙적으로 유지시키며, DHEA라는 활력/안정 호르몬의 지속 효과를 높여줍니다. 감사를 자주 경험하는 아이는 집중력이 높고, 리더십이 좋으며 주위에 친구가 많습니다. 감사는 사람, 동물, 자연에게 할 수도 있고, 어떤 특정한 상황에서도 할 수 있습니다. 예를 들면 '10분이나 늦었잖아.'라는 마음이 들었을 때 '10분밖에 안 늦어서 다행이야.'라고 생각하면 감사하는 마음이 들면서 긍정적 에너지를 회복할 수 있습니다.

- 하루에 좋았던 일 세 가지씩 기록하기: 이 활동을 하면서 일상에서 감사의 대상을 찾는 연습을 합니다. 사소한 일상을 감사하게 여기는 습관은 언젠가 겪게 될 어려움을 이겨내는 마음의 근육 역할을 해 줄 수 있습니다.
- 감사 편지: '감사 편지'를 쓰고 낭독하도록 합니다. 친구나 가족에게 썼다면, 직접 읽어주고 전달해 줄 수 있도록 합니다. 이때 편지에는 감사한 마음만 담아야지 부탁이나 서운함을 표현하지 않도록 합니다. 그리고 감사한 마음을 구체적인 사건이나 행동과 연결해서 쓰면 감사한 마음이 잘 전달될 수 있습니다.

3. 경청과 공감, 칭찬하기 활동을 통해 좋은 관계 맺기를 연습합니다

부모 · 교사 · 친구와의 좋은 관계는 뇌에서 '도파민'이라는 신경전달물질을 활발히 생성하게 합니다. 도파민은 행복감을 느끼게 하고 집중력을 높여 줍니다. 경청, 공감, 칭찬하기를 통해 좋은 관계 맺기를 시작할 수 있습니다. 경청이 돼야 공감이 되고, 공감할 수 있을 때 진정한 칭찬이 될 수 있습니다.

공감은 상대방이 듣고 싶어 하는 이야기에 초점을 맞추어 대화를 하는 것을 말합니다. '몸에 좋은 약은 쓰다'고 하는데 이 말만

들으면 몸에 나쁘더라도 듣기 좋은 말만 해주라는 말 같습니다. 하지만 누구나 상대방과 같은 상황에 놓이게 되는 것은 아닙니다. 같은 상황이 아니더라도 다른 사람에게 공감해서 칭찬할 수 있습니다. 노력을 알아주거나 과정을 칭찬할 수 있습니다. 선생님에게는 칭찬이 필요한 상황을 알아내는 기술도 필요합니다. 억지로 찾아낸 것일지라도 칭찬이 필요한 장면을 찾아내는 자체가 상대방의 마음을 헤아리는 것입니다. 위로와 격려가 필요할 때 누군가의 말은 눈물을 빼고, 누군가의 말은 입에 발린 소리 같습니다. 상대방이 내 맘을 헤아리고 있다는 느낌을 받는 것에 따라서 받아들이는 것이 달라집니다.

- '누구일까요?': 친구 외모의 일부분을 보여주거나, 친구 목소리를 녹음하여 들려주면서 누구인지 알아 맞히는 활동을 합니다.
- '당연하지!', '그랬구나!': 일대일로 한 아이가 어떤 이야기를 하면 다른 아이는 무조건 '당연하지!', '그랬구나!'라고 대답합니다. 이것을 역할을 바꾸어서 반복합니다. 단순한 활동이지만 경청과 공감을 연습하며 친밀감을 형성할 수 있습니다.
- 네 마음을 보여줘: 이 활동을 통해서 친구의 마음을 알아주는 표현을 해봅니다. 아이들이 흔히 겪는 문제 상황들을 카드로 만듭니다. 짝 활동으로 남학생이 먼저 문제 상황 카드를 읽습니다. 여학생은 상황을 경청한 후 친구에게 적절한 공감 표현을

문제 상황 카드

운동장에서 넘어진 친구에게 어떤 말을 해줄까요?	외모에 자신 없는 친구에게 어떤 말을 해줄까요?
운동회에서 다른 반에게 질까봐 걱정하는 친구에게 어떤 말을 해줄까요?	친구가 별명을 불러서 속상한 친구에게 어떤 말을 해줄까요?
발표를 하는 것이 힘든 친구에게 어떤 말을 해줄까요?	놀 친구가 없어 쓸쓸한 친구에게 어떤 말을 해줄까요?
복도에서 술래잡기를 하는 친구에게 어떤 말을 해줄까요?	수업 시간에 집중하는 것이 힘든 친구에게 어떤 말을 해줄까요?

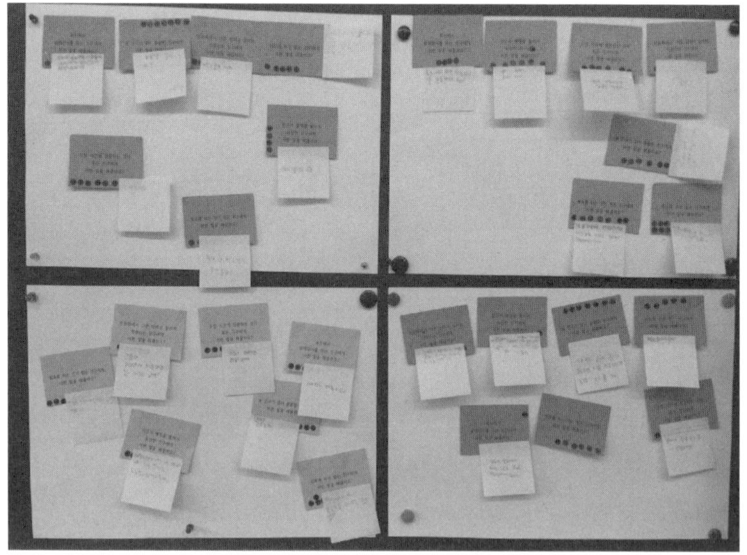

[그림 8] 공감 표현 게시

포스트잇에 씁니다. 그리고 역할을 바꿔서 해봅니다. 이때 정답이 아니라 친구가 듣고 싶은 말을 할 수 있도록 지도합니다.

4. '긍정적인 대화하기' 활동을 통해 좋은 관계를 유지하는 연습을 합니다

화가 났을 때의 말과 행동을 바꿔 써 봅시다. 행복에 다가가기 위해서는 대화법이 중요합니다. 대화법은 연습을 통해서 좋아질 수 있습니다. 긍정 대화법에는 중요한 3가지 규칙이 있습니다. 첫째, 대화를 '너'가 아니라 '나'로 시작합니다. 둘째, 불만이 아니라 소망을 표현합니다. 셋째, 긍정적인 감정 단어를 사용합니다.

- 나에게 보내는 선생님의 부탁: 교실에서 아이들이 지키기를 바라는 학급 규칙을 긍정 대화법을 활용하여 아이들에게 부탁합니다. '나는 사랑하는 ○반 어린이들이 다른 친구들을 너무 오래 기다리게 하지 말았으면 합니다. 여러분이 주인공이듯이 기다려주는 친구들도 주인공입니다.' 선생님의 부탁이 나에게 보내는 것이라고 느껴진다면 본인의 이름을 씁니다.
- 친구에게 보내는 나의 부탁: 친구가 하지 않기를 바라는 행동이나 말에 대해 부탁하는 글을 씁니다. 부탁할 것이 없으면 '사이좋게 지내자'와 같은 말도 된다고 격려해 줍니다. 부탁 편지를 돌아가며 읽고 나에게 하는 말이라고 느껴진다면 자신의 이름을 씁니다.

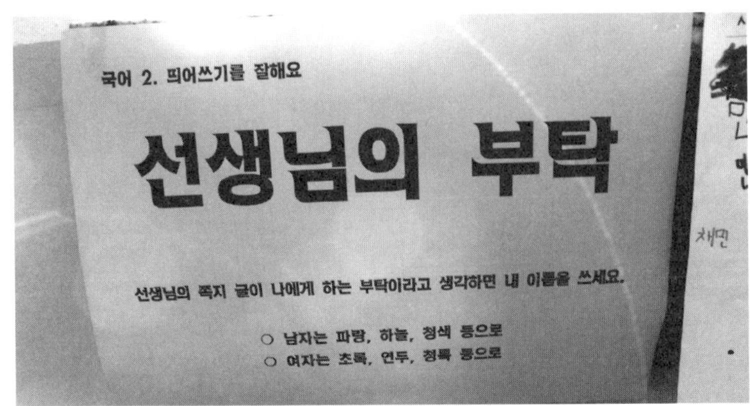

[그림 9] 선생님의 부탁 타이틀

한 걸음 더 알아볼까요?

1. 성격강점 검사(VIA Survey)

긍정심리학에서 널리 쓰이는 척도로서 www.viacharacter.org에서 무료로 진행할 수 있습니다. 실시 방법은 다음과 같습니다.

(1) 인터넷 주소창에 http://www.viacharacter.org를 입력합니다.

(2) Take The Free VIA Survey를 클릭합니다.

(3) 노란 사각형의 상단에서 한국어를 선택합니다.

(4) 이름, 성, 이메일, 비밀번호 등을 기입한 후 REGISTER를 클릭합니다.

(5) 검사가 시작됩니다. 총 120개 문항으로 이루어져 있고 검사 시간은 10~15분 정도 걸립니다.

(6) 모든 문항에 응답한 후 Complete Survey를 클릭합니다.

(7) Download Free Character Strengths Profile를 클릭하면 검사 결과를 다운받을 수 있습니다. 자신의 성격 강점이 1순위부터 소개됩니다.

2. 회복탄력성을 기르기 위한 수업 활동

도입, 전개, 정리는 편의상 나눈 것일 뿐이니 수업 상황에 따라 적절히 사용할 수 있습니다.

단계	활동 내용
도입	• 문장에 숨은 내 모습 찾기 - (예) ○○은 급식을 골고루 잘 먹습니다. • '딱지 따먹기' 노래 속 주인공 마음 찾기 - 딱지를 잃은 아이의 억울한 마음을 발표해보기 • '1백만 명의 기적 (4학년 2학기 도덕)' 영상 시청하기 - 수많은 사람들이 모여든 이유가 상황에 공감이 되어 움직였음을 알기
전개	• 다섯 고개 퀴즈를 통해 나를 설명하기 - 다섯 고개 퀴즈를 통해 나와 친구에 대하여 알아보기 • 장점 경매하기 - 내가 가진 장점을 친구와 교환하기 • 공감, 경청이 먼저야! - 친구의 목소리, 실루엣을 보고 누구인지 알아보기 • 공감, 네 마음을 보여줘! - 문제 상황에 공감 표현하기 • 칭찬 고리 만들기 - 나에게 힘이 되는 말을 적고 고리로 만들어 반 전체와 연결하기 • 나에게 보내는 선생님의 부탁 - 선생님의 부탁 편지를 듣고 '나'를 찾아보기 • 친구에게 보내는 나의 부탁 - 친구의 부탁 편지를 읽고 '나'를 찾아보기
정리	• 공감 표현 발표하기 - 내 마음에 쏙 드는 공감 표현을 적어 발표하고 게시하기 • 줄줄이 말하기 - 활동 후 느낀 점을 줄줄이 릴레이 말하기

[참고문헌]

고영건, 김진영 (2016). 멘탈 휘트니스 긍정심리 상담 및 치료 프로그램 초급 워크숍. 고려대학교 심리학과 미간행자료집.

곽은진 (2002). 고등학교 학생들의 Holland의 직업적 성격유형과 학습양식과의 관계. 부산대학교 대학원 석사학위논문.

교육부 (2015). 학부모를 위한 학업중단 예방프로그램.

교육부 (2017). 학교에서 손쉽게 할 수 있는 학업중단 예방프로그램.

교육부 (2018). 선생님을 위한 뉴스레터 특별편, 7, 학생정신건강지원센터.

국립정신건강센터 (2002). 조현병의 초기증상은 어떤 것입니까? http://www.ncmh.go.kr/kor/counsel/counselFAQView.jsp?no=46&fno=41&gubun_no=0&pg=1&search_item=0&search_content=&menu_cd=K_09_02_00_00_00&order_by=visit_desc에서 2019.1.8. 인출.

권석만 (2010). 현대 이상심리학. 학지사.

권영자, 양지웅 (2016). 초등학교 고학년의 집단따돌림 방관경험과 해결방안 인식에 대한 분석. 교육문화연구, 22(3), 151-178.

권은주, 김태승 (2016). 마음이 자라는 인성 디자인. 즐거운학교.

권희경 (2017). 초 · 중 · 고 학업중단 학생 현황. 한국교육개발원 교육정책포럼 288호.

김경은, 이신동 (2014). ADHD인가? 영재인가?: 판별 오류 가능성. 특수아동교육연구, 16(3), 119-137.

김계현, 김동일, 김봉환, 김창대, 김혜숙, 남상인, 천성문 (2009). 학교 상담과 생활지도. 학지사.

김기정 (2017). 자기조절능력의 뇌과학적 이해와 교육적 시사점. 서울교육대학교 교육전문대학원 석사학위논문.

김남은 (2018). 거짓말하는 아이는 나쁜 아이일까?. 전자신문 etnews. http://www.etnews.com/20180410000191 에서 2018. 12. 1. 인출.

김대호 (2015). 아동기 외상과 조현병의 망상, 환각 및 임상 경과. 한양대학교 의학대학원 석사학위 논문.

김동일, 신을진, 이명정, 김형수 (2011). 학습상담. 학지사.

김동일, 이윤희, 이주영, 김명찬, 금창민, 남지은, 강은비, 정영주 (2012). 미디어 이용 대체 · 보안과 중독: 청소년과 성인의 인터넷 및 스마트폰 사용 형태를 중심으로. 청소년상담연구, 20(1), 청소년상담복지개발원.

김미라, 이영만 (2008). 인지행동적 분노조절 훈련이 아동의 분노조절 능력과 교우관계에 미치는 효과. 초등상담연구, 7(2), 101-115.

김미영, 은혁기 (2018). 학교폭력예방을 위한 해결중심 집단상담이 초등학생의 가해 및 피해 행동과 방관자적 태도에 미치는 영향. 교육치료연구, 10(1), 75-88.

김민정, 박미향, 이정희, 한영진 (2013). 교사를 당황하게 하는 아이들 1. 학지사.

김석희 (2005). 초등학교 집단따돌림의 원인과 문제점에 관한 연구. 중부대학교 교육대학원 석사학위논문.

김성효 (2014). 교실 속 변화를 꿈꾸는 기적의 수업 멘토링. 행복한 미래.

김양현 (2002). 초등학생의 집단 따돌림 대처 프로그램 개발과 효과에 관한 연구. 초등상담연구, 1, 51-86.

김영미, 조한익 (2012). 홀랜드 직업성격에 따른 학습기술과 학업성적 간의 관계분석. 청소년학연구, 19(4), 139-160.

김영봉, 권순희, 장성화, 황인호, 김옥진, 유홍위 (2011). 생활지도와 상담. 서현사.

김은경 (2018). 학령후기 아동의 공감능력이 대인간 갈등해결 방식에 미치는 영향: 분노정서 및 행동의 매개효과를 중심으로. 한양대학교 대학원 석사학위논문.

김주환 (2011). 회복탄력성. 위즈덤하우스.

김진희, 나현주 (2017). 긍정심리치료 프로그램이 지역사회 조현병 대상자의 긍정정서, 대인관계, 극복력 및 정신건강회복에 미치는 효과. 대한간호학회지, 47(5), 638-650.

김청송 (2016). 사례중심의 이상심리학(DSM-5, 제2판). 싸이북스.

김표민 (2013). 초등학생의 따돌림 피해경험과 대처행동에 대한 현상학적 연구. 청소년상담연구, 21(1), 319-339.

나동석, 서혜석, 이대식, 강희양, 곽의향, 김미혜, 신경애 (2015). 최신 정신건강론. 양서원.

나은영, 김은미, 박소라 (2013). 청소년의 사회자본과 공감능력: 면대면, 음성 및 문자매체 따돌림 가해와 피해에 미치는 영향. 한국언론학보, 57(6), 606-635.

대구광역시교육청 (2015). 초등학교(1~6학년) 위기대응능력 개발을 위한 감정조절프로그램. 마음 나누기 행복 채우기. 대구광역시교육청.

대한소아청소년정신의학회 (2015). 교사를 위한 학교정신건강 핸드북. 강원도교육청.

대한신경정신의학회 (2014). 정신이 건강해야 삶이 행복합니다 - 학교폭력에 대처하는 방법. NAVER 지식백과. https://terms.naver.com/entry.nhn?docId=2109890&cid=51011&categoryId=51011 에서 2017.11.24. 인출.

대한조현병학회 (2011). 정신분열병 클리닉 1-5권. http://www.schizophrenia.or.kr/network/clinical.php?q=clinical01에서 2018. 8. 2. 인출.

대한조현병학회 (2013). 조현병, 마음의 줄을 고르다. 군자출판사.

도상금, 박현주 (2000). 충동통제 장애: 참을 수 없는 어리석음. 학지사.

류남애 (2014). 등교거부 학생을 위한 학교상담자용 단기개입모형의 개발 및 적용. 부산대학교 박사학위논문.

문재현 등 (2012). 학교폭력 멈춰!. 살림터.

박경숙 (2013). 문제는 무기력이다. 미래엔.

박성희, 김희화 (2008). 초등학생과 중학생의 학업스트레스와 학습된 무기력 간의 관계. 청소년학연구, 15(3), 159-182.

박수현 (2013). 정신분열증 환자를 위한 정서지각 향상 프로그램의 개발과 그 효과. 고려대학교 대학원 석사학위논문.

박찬옥, 권향숙 (1990). 아동의 거짓말 판단에 관한 연구. 한국교육문제연구, 6, 33-41.

박향숙, 박성희 (2008). 아동의 분노 체험분석. 초등상담연구, 7(2), 159-168.

박현선 (2004). 학업중퇴 청소년의 적응유연성. 청소년상담연구, 12(2), 69-82.

박효정, 김기은, 이희현, 이수연, 이혜선, 임경희 (2014). 개정판 어울림 학교폭력예방 프로그램 (의사소통 초등학교 저학년 학생용). 한국교육개발원.

박효정, 김현진, 양경선, 정재찬 (2013). 어울림 학교폭력예방 프로그램 (감정조절 초등학교 고학년 학생용). 한국교육개발원.

반지정 (2009). 분노조절프로그램이 공격성향이 있는 아동의 분노통제능력과 또래 관계에 미치는 효과. 대구대학교 대학원 석사학위논문.

봉미미, 황아름, 송주연 (2010). 학생들의 자기효능감과 성취목표 형성에 영향을 미치는 교사의 말과 행동. 교육방법연구, 22(1), 167-193.

서울대학교 행복연구센터 (2011). 행복교과서. 월드김영사.

서울아산병원 (2014). 질환백과-조현병(schizophrenia). http://www.amc.seoul.kr/asan/healthinfo/disease/diseaseDetail.do?contentId=31578에서 2018. 2. 18. 인출.

송정수 (2015). 초등학생의 지각된 충동성, 정서조절, 공격성 및 대인관계능력 간의 구조적 관계. 대구교육대학교 교육대학원 석사학위논문.

신성웅, 조수철 (2000). 소아 · 청소년 정신분열병 환자의 또래 관계에 관한 고찰. 소아 · 청소년의학. 대한청소년정신의학회, 11(2), 262-281.

신의진 (2011). 신의진의 아이심리백과 초등 고학년 편, 4-6학년 부모가 꼭 알아야 할 아이 성장에 관한 모든 것. 걷는나무.

신혜민 (2016). 아동.청소년을 위한 분노 조절 치료 프로그램의 효과에 대한 메타분석, 한양대학교 대학원 석사학위논문.

안동현 (2009). 청소년 정신건강장애. 대한의사협회지, 52(8), 745-757.

양선아 (2015년 9월 15일). 아이의 거짓말은 검지 않다. 베이비트리. http://babytree.hani.co.kr/407929 에서 2018.12. 1. 인출.

양수진, 신현숙 (2003). MBTI성격유형과 Holland의 직업적 유형과의 관계, 학생생활연구, 35, 19-42.

유국화, 유형근, 권순영 (2011). 초등학생의 집단따돌림 방관태도 개선을 위한 집단상담 프로그램 개발. 교육치료연구, 3(2), 65-83.

유안진, 이정숙, 김정민 (2005). 신체상, 부모와 또래애착, 탄력성이 청소년의 생활만족에 미치는 영향. 한국가정관리학회지, 23(5), 123-132.

윤민형(2014). 중 · 고등학생을 대상으로 한 등교거부척도 개정판(SRAS-R) 국내 타당화 연구. 홍익대학교 대학원 석사학위 논문.

이경희, 고재홍 (2006). 유형별 초등학생 집단따돌림 발생원인의 비교: 사회관계모형분석. 한국심리학회지: 일반, 5(1), 23-45.

이동훈, 김세진, 조미영, 이진현, 방소희 (2011). 청소년 절도행동의 이해: 문헌고찰을 중심으로. 청소년상담연구, 19(1), 23-47.

이명진, 봉미미 (2013). 청소년기의 학습된 무기력. 교육학연구, 51(1), 77-105.

이문자 (2003). 초등학생 집단따돌림 가해행동의 생태체계적 변인에 관한 연구. 서울여자대학교 대학원 박사학위논문.

이미경 (2006). 초등학생의 분노유발상황에 초점을 둔 인지행동적 분노조절 프로그램의 개발과 효과. 전주교육대학교 교육대학원 석사학위논문.

이미숙, 구신실, 노진아, 박경옥, 서선진 (2016). 예비교사를 위한 특수교육학 개론. 학지사.

이보연 (2018). 학교공포증. 이보연 아동.가족상담센터. http://www.sangdam.kr/book/uriai.html 에서 2018. 12. 1. 인출.

이소희, 노경선, 김창기, 고복자 (2000). 등교 거부 청소년의 환경 및 심리 상태. J Korean Neuropsychiatr Assoc, 39(6).1036-1044.

이아영, 김유미 (2015). 정서조절 프로그램이 아동의 분노 및 공격성에 미치는 영향, 초등상담연구, 14(4), 519-536.
이영주, 이귀옥 (2004). 주의력 결핍/과잉행동장애(ADHD)와 영재의 행동특성과 판별의 문제점에 대한 고찰. 사회과학연구, 20(2), 75-89.
이유상, 권준수 (2011). 조현병, 정신분열병의 새로운 명칭 탄생, 신경정신의학, 20(1), 16-19.
이윤경 (2015). 아동의 분노정서가 우울과 공격성에 미치는 영향 : 분노대처방식과 자아존중감의 중재효과. 카톨릭대학교 대학원 박사학위논문.
이윤주, 신동미, 선혜연, 김영빈 (2004). 초심상담자를 위한 집단상담기법. 학지사.
이은영(2007). 인지적 동기요인 향상 프로그램이 초등학생의 학습된 무기력에 미치는 효과. 한국교원대학교 대학원 석사학위논문.
이주희, 곽민정 (2014). 국내 등교 (원) 거부 연구 고찰. 한국놀이치료학회지, 17(4), 379-400.
이지영, 권예지, 고예나, 김은미, 나은영, 박소라 (2016). 한국 청소년의 집단 따돌림에 대한 심층인터뷰 연구: 따돌림의 유형화 및 소셜미디어의 역할을 중심으로. 언론정보연구, 53(1), 267-309.
이진아, 안병곤 (2017). 한일 양국 초등학생 학교폭력 실태 비교연구. 일본근대학연구, 57, 411-432.
이진주 (2017). 학령기 아동의 분노조절과 관련변인들 간의 구조적 관계. 대구카톨릭대학교 대학원 석사학위논뉸.
이창호, 신나민, 하은빈 (2014). 청소년 사이버불링 실태 및 대응방안 연구. 한국청소년정책연구원.
이형초, 심경섭 (2006). 인터넷중독 완전정복. 시그마프레스.

인현우 (2016. 1. 28.). 조현병 일으키는 유전자 발견했다. 한국일보. http://www.hankookilbo.com/v/7c1a33dfbb8746a9be20fc8eccbb01e5에서 2018.8.1. 인출.

임용순 (2012. 3. 7.). 새 학기 초등학생들이 가장 많이 하는 고민은. 아시아투데이

임은희, 남현주 (2008). 부모와의 관계 및 청소년 스트레스 간의 상호작용이 비행에 미치는 영향. 청소년학연구, 15(3), 23-48.

임지향, 여동원 (2004). 미술치료가 정신 신체화증상 아동의 신체적 심리적 증상에 미치는 영향, 정서행동장애연구, 20(3), 311-338.

전훈, 봉미미, 김성일 (2010). 지각된 유능감과 교실목표구조에 의한 동기 변인 예측에 있어서 사회적 지지의 매개효과. 교육심리연구, 24(4), 999-1027.

정상희, 이정윤 (2012). 아동의 완벽주의와 신체화의 관계 : 스트레스 대처행동의 조절효과. 상담학연구, 13(2), 1029-1042.

정은순, 김이순, 이화자, 김영혜, 송미경 (2002). 초등학생들의 집단따돌림에 관한 연구. 아동간호학회지, 8(4), 422-434.

정찬승 (2018.10.12). 마음의 전염병, 자해. 이제 우리 모두가 나서서 치유할 때다. 대한신경정신의학회 네이버포스트https://m.post.naver.com/viewer/postView.nhn?volumeNo=16869029&memberNo=41664487&searchKeyword=%EC%A0%95%EC%B0%AC%EC%8A%B9&searchRank=1 에서 2018. 10. 25. 인출.

조영미, 임영식 (2015). 집단 따돌림 역할자 유형분석 및 학교 영향요인검증. 청소년학연구, 22 (9), 111-135.

조은경 (2002). 거짓말의 특징과 탐지. 한국심리학회지: 일반, 21(2), 33-65.

질병관리본부(2016, 12, 27). 조현병(정신분열증, 정신분열병). http://

health.cdc.go.kr/health/HealthInfoArea/HealthInfo/View.do?idx=2400&subIdx=1&searchCate=&searchType=&searchKey=&pageNo=&category=1&category_code=301&dept=1&sortType=viewcount&page=1&searchField=titleAndSummary&searchWord=에서 2018. 8. 1. 인출.

차지량 (2007). 부모양육 태도와 아동의 불안 및 정서표현성과 신체화 증상과의 관계. 숙명여자대학교 대학원 석사학위 논문.

채혜정 (2004). 학령기 아동의 분노 경험 및 특성에 관한 연구. 아동권리연구, 8(4), 671-703.

천성문 (1999). 신경증적 비행청소년의 분노조절을 위한 인지 행동적 집단치료 효과. 영남대학교 박사학위논문.

최명선, 송현정, 정유진 (2012). 등교거부 아이 달래기. 이담북스

최성애 (2014). 나와 우리 아이를 살리는 회복탄력성. 해냄출판사.

최정연 (2018. 3. 8.). 정신질환, 조현병은 유전될까?. 하이닥. http://www.hidoc.co.kr/healthstory/news/C0000358817에서 2018. 8. 1. 인출.

표내숙, 정상훈, 표경희 (2008) 초등학생의 집단따돌림 경험유형에 따른 애착관계와 교우관계기술의 차이. 교과교육학연구, 12(3), 815-835.

한국정보화진흥원 (2014). 2013년 인터넷중독 실태조사 최종보고서. 한국정보화진흥원.

한국정보화진흥원 (2018). 2017년 스마트폰 과의존 실태조사 최종보고서. 한국정보화진흥원.

한국청소년 상담원 (2002). 청소년 도벽의 이해와 대처. 한국청소년상담원.

한상철, 김혜원, 설인자, 임영식, 조아미. 한국청소년정책연구원(편),

(2014). 청소년심리학. 교육과학사.

한성간 (2017. 3. 1.). 조현병(정신분열증), 자궁에서 시작된다. 연합뉴스. http://www.yonhapnews.co.kr/bulletin/2017/03/01/0200000000AKR20170301028700009.HTML 에서 2018. 8. 1. 인출.

한영희, 조아미 (2009). 고등학교 청소년의 등교거부 경향성에 대한 연구. 미래청소년학회지, 6, 23-44.

홍강의 (2014), DSM-5에 준하여 새롭게 쓴 소아정신의학. 학지사.

홍은숙 (2006). 탄력성(resilience)의 개념적 이해와 교육적 방안. 특수교육학연구, 41(2), 45-67.

황미선 (2017). 초등학생 고학년의 내현적 자기애가 상태분노에 미치는 영향: 자기노출과 또래 관계의 순차적 이중매개효과. 한국교원대학교 교육대학원 석사학위논문.

황태연 (2014). 초등학생의 집단 따돌림 실태와 인식에 관한 연구. 전북대학교 교육대학원 석사학위논문.

Ainsworth, M. D. S., Blehar, M. C., Waters, E., & Wall, S. (1978). Patterns of attachment: A psychological study of the Strange Situation. Hillsdale, NJ: Erlbaum.

American Psychiatric Association. (2000). Diagnostic and statistical manual of mental disorders. 4th edition (Text Revision). Washington DC; American Psychiatric Press.

American Psychiatric Association. (2013). Diagnostic and statistical manual of mental disorders. 5th edition. Washington DC; American Psychiatric Press.

APA (2018). 정신질환의 진단 및 통계 편람. [Diagnostic and statistical manual of mental disorders]. (권준수, 김재진, 남궁기, 박원명, 신민섭, 유범희, 윤진상, 이상익, 이승환, 이영식, 이헌정, 임효덕 옮

김). 학지사. (원서 출판 2013년)

Baek, Un-hak (1981). Journal for the Study of elementary school children tend to reject. Unpublished master's dissertation, Daegu: Yeungnam University.

Baumrind, D. (1971). Current patterns of parental authority. Developmental Psychology Monographs, 41(1), 1-103.

Berg, I., Nichols, K., &Pritchard, C. (1969). School phobia—its classification and relationship to dependency. Journal of Child Psychology and Psychiatry, 10(2), 123-141.

Bong, M. (2003). Choices, evaluations, and opportunities for success: Academic motivation of Korean adolescents. In F. Pajares & T. C. Urdan(Eds.), Adolescence and education: Vol. 3. International perspectives(pp. 323-345). Greenwich, CT: Information Age.

Bowlby, J. (1969). Attachment and Loss. Vol, 1: Attachment. New York: Basic Book.

Bussey, K. (1999). Children's categorization and evaluation of different types of lies and truths. Child Development, 70(6), 1338-1347.

Csikszentmihalyi, M. (2008). 몰입, flow 미치도록 행복한 나를 만나다. [Flow: The Psychology of Optimal Experience]. (최인수 옮김). 한울림. (원서 출판 1990년)

Dyer, J. G., & McGuinness, T. M. (1996). Resilience: Analysis of the concept. Archives of Psychiatric Nursing, 10, 276-282.

education: Vol. 3. I nternational perspectives(pp. 323-345). Greenwich, CT: Information Age.

Evans, A. D. & Lee, K. (2013). Emergence of lying in very young children. Developmental psychology, 49(10), 1958.

Evertson, C., M., & Emmer, E., T. (2010). 초등교사를 위한 학급 꾸리기. [Classroom Management for Elementary Teachers] (8/E). (박종필, 강영하 옮김). 아카데미프레스. (원서 출판 1993년)

Fonagy, P., Steele, H. & Steele, M. (1991). Maternal representations of attachment during pregnancy predict the organization of infant-mother attachment at one year of age. Child Development, 62, 891-905.

Gervais, J., Tremblay, R. E., Desmarais-Gervais, L., & Vitaro, F. (2000). Children's persistent lying, gender differences, and disruptive behaviours: A longitudinal perspective. International Journal of Behavioral Development, 24(2), 213-221.

Goldberg, I. (1996). Internet addiction disorder. Retrieved April 20, 2011, from http://www.cog.brown. edu/brochure/people/duchon/internet. addiction/html.

Greenberger, D. & Padesky, C. A. (2018). 기분 다스리기. [MIND OVER MOOD]. (권정혜 옮김). 학지사. (원서 출판 1995년)

Hayden, T. L. (1980). "Classification of Elective Mutism,"Journal of the American Academy of Child and Adolescent Psychiatry, 19(1), 118-133.

Hiroto, D. S. & Seligman, M. E. P.(1975). Generality of learned helplessness in man. Journal of Personality and Social Psychology, 31, 311-327.

Jellison, J. M. (1977). I'm sorry, I didn't mean to, and other lies we love to tell. Chatham Square Press; Chicago: distributed by

Contemporary Books.

Jung, Man-il (2004). With a focus on elementary and middle school truancy issues guidance measures. Jeonbuk Education, 13, 142-166.

Maccoby, E. E. & Martin, J. A. (1983). Sociallization in the context of the family: Parent-child interaction. In P. H. Mussen (Eds.). Handbook of child psychology (pp, 1-101). New York: Wiley.

Main, M. & Solomon, J. (1990). Procedures for identifying infants as disorganized/disoriented during the Ainsworth Strange Situation. In M. T. Greenberg, D. Cicchetti, & E. M. Cummings (Eds.). Attachment in Preschool Years (pp. 121-160). Chicago: University of Chicago Press.

Martin E. P. Seligman (2008). 학습된 낙관주의. [LEARNED OPTIMISM]. (최호영 옮김). 북이십일 21세기북스. (원서 출판 1990년)

MBC (초등학생 보행 중 스마트폰 사용률 40%... 사고위험 http://imnews.imbc.com/replay/2018/nw1800/article/4598510_22625.html 에서 2018.05.04 인출.

Piaget, J. (1932). The moral development of the child. Kegan Paul, London.

Ruthig, J. C., Perry, R. P., Hall, N. C., & Hladkyj, S. (2004). Optimism and attributional retraining: Longitudinal effects on academic achievement, test, anxiety, and voluntary course withdrawal in college students. Journal of Applied Social Psychology, 34, 709-730.

Ruthig, J. C., Perry, R. P., Hall, N. C., & Hladkyj, S. (2004).

Optimism and attributional retraining: Longitudinal effects on academic achievement, test, anxiety, and voluntary course withdrawal in college students. Journal of Applied Social Psychology, 34, 709-730.

Ryan, A. M., & Patrick, H. (2001). The classroom social environment and changes in adolescents'motivation and engagement during middle school. American Educational Research Journal, 38, 437-460.

Ryan, A. M., & Patrick, H. (2001). The classroom social environment and changes in adolescents'motivation and engagement during middle school. American, Educational Research Journal 38, 437-460.

Schaefer, E. S. (1959). A circumflex model for material behavior. Journal of Abnormal and Social Psychology, 54, 226-235.

Simmons, Rachel (2015). 소녀들의 심리학. [Odd Girl Out] (정연희 옮김). 양철북. (원서 출판 2002년)

Strichartz, A. F., & Burton, R. V. (1990). Lies and truth: A study of the development of the concept. Child development, 61(1), 211-220.

Sunderland, M. (2007). 분노와 증오에 사로잡힌 아동을 도우려면. [Helping children locked in rage or hate]. (한국심리치료연구소 편집부 옮김). 한국심리치료연구소. (원서 출판 2000년)

Talwar, V., &Lee, K. (2002). Development of lying to conceal a transgression: Children's control of expressive behaviour during verbal deception. International Journal of Behavioral Development, 26(5), 436-444.

Vernon, A. (2005). 생각하기 느끼기 행동하기: 중 · 고등학생을 위한 사고 및 정서교육과정. [Thinking, Feeling, Behaving: Grades 7-12. An Emotional Education Curriculum for Adolescents]. (박경애, 신예덕, 권숙경, 김수형 옮김). 시그마프레스. (원서 출판 1989년)

Wilson, A. E., Smith, M. D., &Ross, H. S. (2003). The nature and effects of young children's lies. Social Development, 12(1), 21-45.

Word, M. J., & Carlson, E. A. (1995). Associations among adult attachment representations, maternal sensitivity and infant-mother attachment in a sample of adolescent mothers. Child Development, 66, 69-79.

Young, K. S. (1996). Internet addiction: the emergence of a new clinical disorder. Cyber Psychology and Behavior, 1(3), 237-244.

삶과 교육을 바꾸는
맘에드림 출판사 교육 도서

교사는 수업으로 성장한다

박현숙 지음 / 값 12,000원

그동안 교사는 수업에서 아이들을 만나지 못해왔다. 관계와 만남이 없는 성장의 결손을 낳았다. 이 책에서는 교사, 학생, 학부모, 지역사회가 공동체로서 서로 관계를 맺을 때에만 배움은 즐거운 활동으로서 모두가 성장하는 삶의 일부가 될 수 있음을 보여준다.

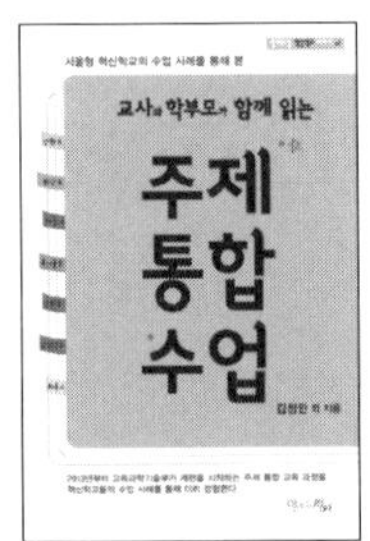

교사와 학부모가 함께 읽는 주제 통합 수업

김정안 외 지음 / 값 15,000원

'서울형 혁신학교'로 지정된 일곱 개 혁신학교들이 지난 1~2년 동안 운영한 주제 중심 통합 교육 과정과 수업 사례를 소개한 책이다. 이 학교들의 교육과정은 전국적으로 이루어지는 혁신학교들의 성과를 반영하였고, 자신의 지역사회의 실제 환경과 경험을 살려 실제 수업에 적용한 것이다.

수업 딜레마

이규철 지음 / 값 14,000원

이 책을 관통하는 키워드는 '사람'이다. 저자의 노하우를 전수하는 것이 아니라, 수업 속에서 딜레마에 맞닥뜨려 고통 받고 있는 선생님들의 고민, 신념을 담고, 그것을 이겨내기 위한 한 분 한 분의 마음을 담고 있다. 이 책은 다시 한 번 교사로 잘 살아보고 싶은 도전을 하게 한다.

엄선생의 학급운영 레시피

엄은남 지음 / 값 14,000원

34년 경력의 현직 교사가 쓴 생동감 넘치는 학급운영 지침서. 초등학교에서 아이들은 문자와 숫자를 익히는 것보다 학교와 교실에서 낯설고 모험적인 사건을 겪으면서 더 많은 것을 배운다. 이 책은 초등학교에서 교과서 지식보다 더 중요한 학교생활과 학급문화를 만드는 담임교사의 역할을 다룬다.

수업 디자인

남경운 · 서동석 · 이경은 지음 / 값 15,000원

서울형 혁신학교의 대표적인 수업 혁신을 담은 이야기. 아이들이 서로 협력하면서 배우는 수업을 목표로 삼은 저자들은 공동 수업설계를 대안으로 제시한다. 아이들은 서로 '옥신각신'하며 함께 문제에 도전할 때 수업에 몰입하고 배우게 된다. 이 책은 이러한 수업을 어떻게 만들어가는지 잘 보여준다.

땀샘 최진수의 초등 수업 백과

최진수 지음 / 값 21,000원

초등학교에서 20여 년간 아이들을 가르쳐온 저자가 초등학교 수업에 대해서 기록하고 연구하고 실천하며 쌓아온 경험을 바탕으로 초등학생들과 수업을 함께하는 방법을 담고 있다. 초등학교 교사가 아이들을 가르칠 때 알아야 할 가장 기본적이면서도 가장 중요한 모든 것을 다루고 있다.

교실 속 비주얼씽킹

김해동 지음 / 값 14,500원

이 책은 비주얼씽킹 기본기부터 시작하여 교과별 수업, 생활교육, 학급운영 등에 비주얼씽킹을 응용하는 방법을 설명하고 있다. 특히 교사들이 초등학교 1학년부터 고등학교 3학년까지 국어, 수학, 영어, 과학, 사회 등 모든 교과 수업에 비주얼씽킹을 활용할 수 있도록 수업 지도안을 상세하면서도 간결하게 제시하고 있다.

수업, 놀이로 날개를 달다

박현숙 · 이응희 지음 / 값 13,500원

교육계에서 최근 가장 중요한 과제로 삼고 있는, OECD의 여덟 가지 핵심 역량(DeSeCo)에 따라 여러 놀이들을 분류해서 설명하고 있다. 이 책의 저자들은 수업이 놀이를 만났을 때 어떻게 핵심 학생들의 핵심 역량이 강화되는지 이야기하고 있다.

수업 코칭

이규철 지음 / 값 15,500원

가르치는 일을 함으로써 학생들의 배움을 돕는 교사들에게 수업은 시간적으로도, 공간적으로도 학교에서 자신이 하는 일의 중심을 이룬다. 그래서 수업에 관한 고민은 교과를 가리지 않고 교사들에게 일반적으로 드러난다. 이 책은 그중에서도 '수업 코칭'이라는 하나의 흐름을 다룬다.

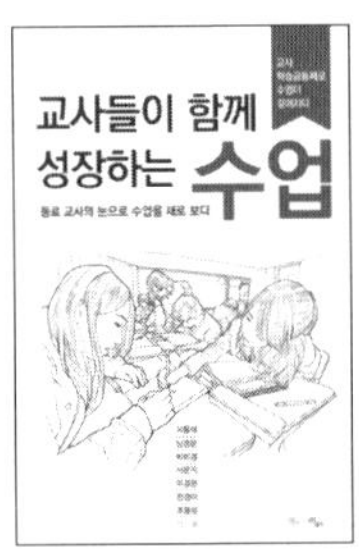

교사들이 함께 성장하는 수업

서동석 · 남경운 · 박미경 · 서은지,
이경은 · 전경아 · 조윤성 지음 / 값 15,000원

이 책은 배움 중심 수업을 위해 서로 다른 여러 교과 교사들이 수업을 디자인하고 연구하는 '수업 모임'에 관해 다룬다. 수업 모임 교사들은 함께 교과 수업을 디자인하고, 참관하고, 발견한 내용을 공유하고 평가하는 피드백을 통해 수업을 개선해간다.

땀샘 최진수의 초등 학급 운영

최진수 지음 / 값 19,000원

이 책의 저자는 학급운영의 출발은 아이들을 '가르치는 대상'에서 '존중받는 존재'로 바라보는 것에서 시작해야 한다고 이야기한다. 또한 아이들과 함께하면서 교사는 성장한다. 이러한 성장은 교사 스스로 자신을 되돌아보고 성찰할 때 비로소 이루어지며, 그 결과 올바른 학급운영이 이루어진다고 이 책은 말한다.

얘들아, 하브루타로 수업하자!

이성일 지음 / 값 13,500원

최근에는 교사 위주의 강의 수업에서 학생 위주의 참여 수업으로 많은 변화가 이루어지고 있다. 이는 4차 산업혁명 시대를 살아가야 할 학생들을 위해서는 당연한 것이다. 교실에서 실제로 질문하고, 토론하는 하브루타 참여 수업의 성과를 담은 이 책은 수업을 통하여 점점 성장해가는 아이들의 모습을 보여준다.

핵심 역량을 키우는 수업 놀이

나승빈 지음 / 값 21,000원

이 책은 [월간 나승빈]으로 유명한 나승빈 선생님의 스타일이 융합된 놀이책이다. 이 책은 교실에 갇혀 넘치는 에너지를 발산하지 못하는 아이들과, 단순한 재미를 뛰어넘어 배움이 있는 수업을 고민하는 선생님을 위한 것이다. 본문에서는 수업 속에서 실천이 가능한 다양한 놀이를 제시하고 있다.

교실 속 비주얼 씽킹 (실전편)

김해동 · 김화정 · 김영진 · 최시강,
노해은 · 임진묵 · 공세환 지음 / 값 17,500원

전 편이 교과별 수업, 생활교육, 학급운영 등에 비주얼씽킹을 응용하는 방법을 이론적으로 설명했다면, 《교실 속 비주얼씽킹 실전편》은 실제 초 · 중 · 고 학생을 대상으로 수업을 진행한 교사들의 활동지를 담았다.

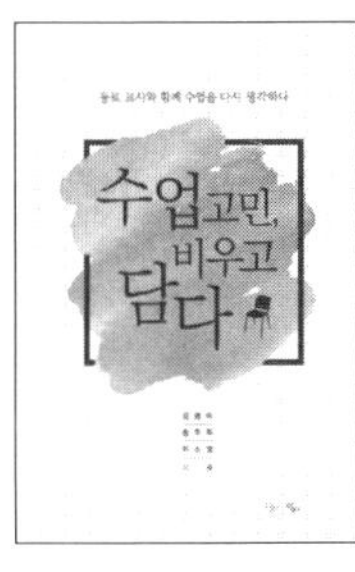

수업 고민, 비우고 담다

김명숙 · 송주희 · 이소영 지음 / 값 15,500원

이 책은 수업하기의 열정을 잃지 않고 수업 보기를 드라마 보는 것만큼 재미있어 하는 3명의 교사가 수업 연구에 대한 이론적 체계가 아닌, 현장에서의 진솔한 실천 과정을 순도 높게 녹여낸 책이다. 이 속에는 자신의 교실을 용기 있게 들여다보며 묵묵히 실천적 연구자로 살아가는 선생님들의 고민과 성장이 담겨 있다.

색카드 놀이 수학

정경혜 지음 / 값 16,500원

몸짓과 색카드로 초등학교 1학년부터 6학년까지 배우는 수와 연산을 익힐 수 있도록 가르치는 방법을 다룬다. 즉, 색카드, 수놀이, 수 맵, 몸짓 춤, 스토리텔링, 놀이가 결합되어 아이들이 다양한 감각을 통해 몸으로 수학의 개념과 원리를 터득하게 하는 것이다. 놀이처럼 수학을 익히면서 개념과 원리를 터득해나갈 수 있다.

처음부터 다시 시작하는 수업

민수연 지음 / 값 13,500원

1년 동안 아이들과 교사가 함께 행복한 교실을 만들어나간 기록들이 담겨 있다. 교육의 본질과 교사의 역할, 교육관과 인간 본성에 관한 철학적 고민부터 구체적 방법론, 아이들의 참여와 기쁨에 이르기까지 교육과 관련된 다양한 요소가 버무려져 마치 한 편의 드라마 같다.

영화 만들기로 창의융합 수업하기

박현숙 · 고들풀 지음 / 값 13,000원

창의융합 수업의 좋은 사례로서 아이들과 영화를 만든 이야기를 담았다. 시나리오, 콘티, 촬영, 편집과 상영까지 교과의 경계를 넘나드는 영화 만들기 수업 속에서 아이들은 다양한 역량을 발휘하며 훌쩍 성장한다. 학생들과 영화 동아리를 운영한 사례들도 담겨 더욱 깊이 있는 노하우를 얻을 수 있다.

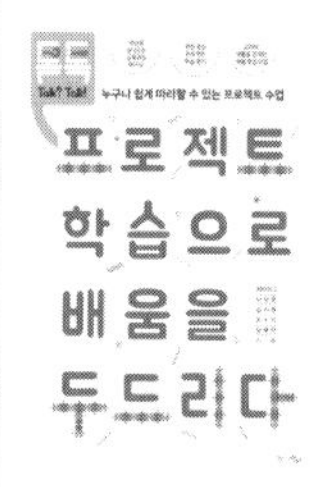

톡?톡! 프로젝트 학습으로 배움을 두드리다

최미리나 · 이성준 · 김지원 · 조수지 · 심혜민 지음 / 값 19,500원

이 책은 학생들이 흥미를 느끼는 주제로 탐구 활동을 진행해 배움의 진정한 즐거움을 발견하고, 나아가 한층 더 깊은 탐구로 이어지는 선순환이 가능한 프로젝트 수업을 위한 거의 모든 것을 다룬다. 이 책을 통해 의미 있는 프로젝트 수업을 만들어갈 수 있는 다양한 아이디어를 얻을 수 있을 것이다.

주제와 감수성이 살아나는 공감 수업

김홍탁 · 강영아 지음 / 값 16,000원

교육의 본질은 수업이며, 학생들은 수업에서 삶을 배워야 한다. 저자들은 그 연결 고리를 '공감'으로부터 찾아냈다. 역사와 정치, 민주주의를 관통하는 주제가 살아 있는 수업, 타인과 사회를 공감하는 수업을 통해 아이들은 성숙한 민주시민으로 성장해나갈 것이다.

나쌤의 재미와 의미가 있는 수업

나승빈 지음 / 값 21,000원

이 책의 저자는 '재미'와 '의미'를 길잡이 삼아 수업의 길을 뚜벅뚜벅 걸어가고 있다. 책 속에서 제안하는 다양한 재미있는 활동들을 통해 학생들을 좀 더 적극적으로 배움의 세계로 초대하고, 학생들은 자유롭게 생각을 펼쳐나갈 것이다. 아울러 그러한 생각들은 깊이 있는 토론을 통해 의미 있게 확장해나갈 것이다.

하브루타로 교과 수업을 디자인하다

이성일 지음 / 값 14,500원

다양한 과목별 하브루타 수업 사례를 담은 책. 각 교과 수업에 활용할 수 있도록 한 하브루타 맞춤 수업 안내서다. 책 속에는 실재 교실에서 하브루타를 적용한 수업 사례들이 교과목 별로 실려 있다. 각 사례마다 상세한 절차와 활동지를 담아서 누구나 수업에 바로 적용하고 쉽게 따라할 수 있도록 했다.

하브루타 수업 디자인

김보연 · 교요나 · 신명 지음 / 값 16,000원

저자들은 이 책에서 하브루타를 하나의 유행이 아니라 시대의 흐름으로 보면서, 하브루타가 문화로 자리 잡아야 한다고 주장한다. 이 책은 질문과 대화가 인간의 모든 지적 활동에서 핵심적인 역할을 한다는 저자들의 믿음을 바탕으로 집필되었다. 아울러 학교생활뿐 아니라 가정에서도 하브루타를 실천하기 위한 재미있고 다양한 방법들을 제시한다.

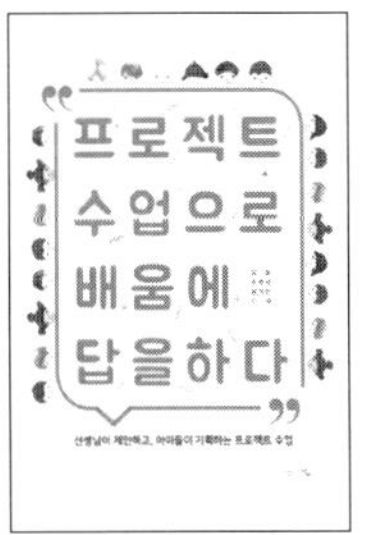

프로젝트 수업으로 배움에 답을 하다

김 일 · 조한상 · 김지연 지음 / 16,500원

이 책은 중학교와 고등학교 교육에서 프로젝트 수업을 적용해서 실천한 내용을 담고 있다. 교육과정을 재구성하고, 성취기준에 따라 다양한 방식으로 평가하고, 마지막으로 학생부에 기록을 남기는 방법까지 실제 사례를 통해 상세히 설명한다.

온작품 읽기

로고독서교육연구소 지음 / 값 15,500원

한 학기에 책 한 권을 읽는 수업을 통해 아이들에게 하나의 작품을 온전히 읽음으로써 깊게 성찰할 수 있는 기회를 제공해줄 수 있다. 이 책은 온작품 읽기를 통해 학생 중심, 활동 중심의 수업을 어떻게 디자인해야 하는지와 함께 다양한 독서 수업 방법을 상세히 설명해준다.